René Pollesch, geboren 1962, studierte Angewandte Theaterwissenschaft in Gießen. Erste Inszenierungen eigener Stücke auf der TAT-Probebühne, nebenher Übersetzungen und Bearbeitungen. 1996 Arbeitsstipendium am Royal Court Theatre/London, 1997 Stipendium der Akademie Schloss Solitude in Stuttgart. In der Spielzeit 1999/2000 Hausautor am Luzerner Theater, ab Herbst 2000 Hausautor am Deutschen Schauspielhaus Hamburg, von 2001 bis 2007 künstlerischer Leiter des Praters der Volksbühne am Rosa-Luxemburg-Platz, Berlin. Dort entstand u. a. die Trilogie Stadt als Beute, Insourcing des Zuhause. Menschen in Scheißhotels und Sex, die 2002 zum Theatertreffen eingeladen wurde. Im selben Jahr wurde er in der Kritikerumfrage von «Theater heute» zum besten deutschsprachigen Dramatiker gewählt. Pollesch erhielt 2001 für www-slums sowie 2006 für Cappuccetto Rosso den Mülheimer Dramatikerpreis. 2008 wurde er mit Liebe ist kälter als das Kapital, 2009 mit Fantasma, 2012 mit Kill Your Darlings! Streets of Berladelphia und 2014 für Gasoline Bill erneut nominiert. 2012 wurde René Pollesch mit dem Else Lasker-Schüler-Dramatikerpreis für sein dramatisches Gesamtwerk ausgezeichnet. Neben seiner Arbeit an der Volksbühne, deren Intendant er von 2021 bis zu seinem plötzlichen Tod 2024 war, hat Pollesch an zahlreichen anderen Theatern gearbeitet, an den meisten davon kontinuierlich wie am Burgtheater (Akademietheater) Wien, Deutschen Theater Berlin, den Münchner Kammerspielen, dem Schauspielhaus Zürich, dem Staatstheater Stuttgart und dem Deutschen Schauspielhaus Hamburg. René Pollesch starb am 26. Februar 2024 in Berlin.

René Pollesch

Kill Your Darlings

Stücke

Mit einer Laudatio von
Diedrich Diederichsen

Rowohlt Taschenbuch Verlag

3. Auflage Dezember 2020
Originalausgabe
Herausgegeben von Nils Tabert
Veröffentlicht im Rowohlt Taschenbuch Verlag,
Reinbek bei Hamburg, Januar 2014

Umschlaggestaltung any.way, Cathrin Günther
Satz aus der Courier und Bembo PostScript (InDesign)
bei Pinkuin Satz und Datentechnik, Berlin
Druck und Bindung BoD – Books on Demand GmbH,
Bad Hersfeld
ISBN 978-3-499-26758-1

Inhalt

Stücke

Diedrich Diederichsen

Laudatio auf René Pollesch zur Verleihung des Else-Lasker-Schüler-Preises 2012 für das dramatische Gesamtwerk

Ich war mir nicht ganz sicher, ob es mir gelingen würde, den Bogen von René Pollesch zu Else Lasker-Schüler zu schlagen. Bzw. umgekehrt. Der Gemeinsamkeiten sind wenige. Selbst die Einführung stilisiert exotischer Sehnsuchtsnamen, die es in beider Autoren Werk gibt – Jussuf von Theben, Pablo in der Plusfiliale –, ist jeweils komplett anders gemeint. Vielleicht kann man es bei der Feststellung belassen, dass René Pollesch einen Preis verdient hat, der ihren Namen trägt, und sie diesen Preisträger verdient. Vielleicht gibt es jenseits dieser Verdienste keine Gemeinsamkeit; und daher wende ich mich jetzt dem einen der beiden Verdienste zu, dem von René Pollesch. Dem müsste dieses Wort – VERDIENST – zunächst allerdings verdächtig vorkommen: Denn ein Misstrauen, ein selbstverständlich berechtigtes Misstrauen gibt es in vielen seiner Stücke gegenüber der Naturalisierung ökonomischer Metaphern. Wie soll denn bitte ein Autor, Regisseur heute Verdienste erwerben, die von so einer abstrakten Art sind, dass man sie vergleichen könnte mit denen einer Dichterin einer ganz anderen Epoche; was für merkwürdige Tauschbeziehungen will man herstellen in diesem universellen Netz der verdienten Preise?

Okay, bleiben wir beim Misstrauen, nicht beim Verdienst. Alle anderen Preisträger sind klar identifizierbar als Autoren von Stücken, hier wäre eine wunderbare Äquivalenzkette über einen, wenn auch sehr kleinen gemeinsamen Nenner herstellbar. Jedoch: René Pollesch ist natürlich nicht einfach ein Autor von Stücken. Es gibt, das ist ja gerade der Punkt, überhaupt keine der konventionellen Job-Descriptions und

Funktionsbeschreibungen innerhalb des Theaters, ja der Künste, die er nicht in Frage gestellt hätte. Ein Text von Pollesch, so sagte er selbst einmal, «will noch etwas wissen. Er soll keine Bilanz sein.» Das, was René Pollesch macht, ist mithin nicht fertig, wenn der Text fertig ist. Darum führt er anschließend Regie bzw. erarbeitet den Text mit seinen berühmten Band-artigen Kollektiven, von denen er einige über die deutschsprachige Welt verteilt, unterhält. Ich will das natürlich nicht so erotisierend verstanden wissen, wie der Ausdruck «unterhalten» in diesem Zusammenhang klingen mag – a collective in every port, wie der *Sailor* bei Howard Hawks sagen könnte: in jedem Stadttheater ein Mikro-Ensemble; auch wenn uns seine Stücke der letzten Jahre nahelegen, die Beziehungen Einzelner zu Gruppen und Vielheiten zu erwägen und zu bedenken. Schließlich geht es dort immer wieder um die Liebe zu Chören, Netzwerken und anderen vielteiligen Subjektverkettungen.

Nein, mir geht es darum, dass es keine Kleinigkeit, keine Marotte, kein bloßes ATTRIBUT des hier geehrten Autors ist, dass er sich als solcher nur im Zusammenhang mit seinen anderen Tätigkeiten und seinen anderen Autoren verstanden wissen will, sondern dass es in seiner Arbeit seit mehr als zehn Jahren um nichts anderes geht, als grundsätzlich die Funktion der einzelnen Beteiligten des arbeitsteiligen Unternehmens Theater neu zu bestimmen: Autorin, Darstellerin, Souffleur, Ensemble, Text, Musik – und soweit ich sehe, hat das nicht nur seit Ewigkeiten sonst keiner versucht. Es gibt auch kein Wort für diese grundstürzende Tätigkeit. Neuerfindung ist jedenfalls schon für zwangsflexible Lebensentwürfe unter neoliberalen Bedingungen vergeben.

Mein Background, um kurz vom Laudator zu reden, ist ja weniger das Theater als Bildende Kunst und Popmusik. Für diese Präferenz sprach, als sie sich während der 80er Jahre verfestigte, pauschal gesprochen, dass ich mich meistens darauf verlassen konnte, dass in diesen beiden Disziplinen die Gegenwart auch formal sich schneller und plastischer artikulierte und diskutierbar wurde, während das Theater immer nur eine längst von Feuilleton und Massenmedien durchdiagnostizierte Realität zu sich hereinließ, um sie dann auf Klassikerstoffe zu projizieren. Doch schon in den späten 90er Jahren ließen mich meine Stammkulturbereiche im Stich: Der Gegenwartsbezug verblasste, weil niemand mehr die radikalen Formfragen stellte, die in der Bildenden Kunst in der ersten Hälfte der 90er neokonzeptuell und unter dem Eindruck der neuen Verhältnisse nach '89 so heftig gestellt wurden. Vor allem aber vernachlässigten diese Künste jenen in den 90ern erstmals diagnostizierten epochalen Wechsel in der zweiten Hälfte des 20. Jahrhunderts: den Übergang von der Disziplinar- zur Kontrollgesellschaft, von der Dominanz fordistischer zu postfordistischer Produktion, von Repression zu Zwangspartizipation, von sedierender Passivierung durch Konsum und Massenkultur zu aktivierender Überidentifikation mit McJob und interaktiver Massenkultur, von Rollenspielenmüssen zu Authentischseinmüssen, von Industrie zu Information, vom externen Befehl zum internen Befehl, von Schizophrenie zur Depression, von körperlicher Unterdrückung zu seelischer Überforderung, von Märkisches Viertel zu Prenzlauer Berg, von Stammtisch zu Facebook – für die meisten Künste war dies nur ein Thema, kein Grund, die eigenen Formate neu zu bedenken. René Pollesch, ein Theaterkünstler war der Erste überhaupt, der im deutschsprachigen Raum die Konsequenzen der neuen Verhältnisse nicht einfach nur thematisierte und benannte, sondern sich daranmachte, seine Kunstform, eben das Theater, neu zu bestimmen.

Aber anders, als das bei solch avantgardistischen Unternehmungen normalerweise der Fall ist, sind René Polleschs

Stücke große Erfolge. Eine große und in den letzten Jahren immer noch zunehmende Zahl deutschsprachiger Theater möchte auf sie nicht mehr verzichten, und pflichtgemäß werden ihre Aufführungen von den Feuilletons und Fachzeitschriften registriert, leider meist nur als Phänotyp. Alles, was es über die Shows zu sagen gibt, ergibt sich aus dem, was man sieht. Was man nicht unmittelbar sieht oder nicht versteht, wird den Eigenarten des Autors zugerechnet, als typisch Pollesch. Dabei ist dieser Autor nun endlich mal einer, der nicht aus der Schatulle der liebevoll gehegten Idiosynkrasien oder der Überfülle seiner Emotionen lebt, noch als Könner eines lange eingeübten Könnens nervt, sondern in Übereinstimmung mit selbst entwickelten und mit anderen geteilten guten Gründen seine künstlerischen Entscheidungen trifft. Innerhalb dieser Gründe gibt es große Spielräume, in denen tatsächlich Kontingenz und so etwas wie das Selbst sich austoben kann: Verwundert sind die Leute aber vor allem darüber, dass jemand ein neues Genre darstellender Kunst entwickelt hat. Ärgerlich ist oft, dass man ihnen diesen Akt als bloße Autorenmacke und Eigenart verkauft.

Auch ich war von solchen Fehlern natürlich nicht immer frei. Als ich das erste Mal einen längeren Text über René Pollesch geschrieben habe, nannte ich seine Erfindungen noch Regeln. Ich zählte Regeln auf, nach denen Polleschs Theater funktioniert – so als hätte er sie wie eine Versuchsanordnung ex nihilo festgelegt: Es gibt kein Drama. Die auftretenden Personen stellen keine je ihnen zurechenbare einzelne Person dar: Mal spielen mehrere einen oder einer mehrere, Zuordnungen wechseln zuweilen mitten im Satz; die Auftretenden verkörpern keine Rollen, sondern Subjektpositionen, in erster Linie tragen sie dazu bei, dass Sätze auf den Widerstand einer Person treffen, um die Sätze selbst dann wieder als übertragbar und austauschbar vorzuführen. Theoretische Texte sollen wie Bekenntnisse und Liebeslyrik gesprochen werden, emotionale Texte wie reine Reflexion. Als theoretisches Textmaterial wird der Diskussionsstand in avancierter kunst- und kulturwissenschaftlicher und politischer Diskussion herangezogen – die anderswo zum Gegenstand gemachten Texte werden hier zu Akteuren, die über die Versetzung in die erste Person Erfahrungen machen; «nicht Bilanz» werden oder bleiben.

Diese Regeln, die sich inzwischen auch ein bisschen geändert haben, sind aber eigentlich keine Regeln wie die eines Spiels, die man sich ausdenkt, um vielversprechende Strukturen zu generieren, sondern sie sind viel eher direkte Reaktionen auf verschiedene Typen von Elend der Theatersituation, also auf bereits bestehende, meistens unmarkierte Regeln. Konkrete Negationen! Es sind unterschiedlich dauerhafte, wiederholbare künstlerische Eingriffe, die alle unmarkierten, scheinbar natürlichen Voraussetzungen des Theaters, auch der meisten des sogenannten Regietheaters und des sogenannten postdramatischen Theaters, durch sichtbare Methoden ersetzen – ohne allerdings die Attraktionen des Theaters zu kassieren. Schneller Wechsel von Ereignissen, Menschen, die sich nach formalen Regeln bewegen und sprechen, schöne Körper, Katharsis, Musik und, wie die Performance-Theorie sagt, Ko-Präsenz von Darstellern und Darstellerinnen mit Zuschauerinnen und Zuschauern in einem Raum.

Die mit dem Drama verbundene Idee von Entwicklung und Verstrickung setzt eine immer schon gegebene Idee eines sich entfaltenden oder an der Entfaltung gehinderten Subjekts normativ voraus, die Pollesch mindestens anachronistisch findet und wenigstens der Markierung wert, wenn nicht drastischerer Maßnahmen; also kein Drama oder ein markiertes Drama, keine klassische zeitbasierte Entwicklungsarchitektur, sondern Wiederholungen, Schleifen, Loops, keine Dialoge, sondern Monologe, keine

Vernichtung, sondern Insistieren, keine Plotpoints, sondern Zusammenbrüche oder Musik oder beides. Dass mitten in dieser Operation gerade die Kicks und Reize des Theaters überleben, ist eine Art von Beweis, sozusagen die Probe aufs Exempel: Man kann das auch alles – Drama, Rollenspiel – weglassen, und es geht trotzdem. Was geht? Reiner Surplus? Theater an sich? Marmelade ohne Brot?

Nicht zu verwechseln wäre dies jedenfalls mit einer Befreiung zu wahrer Natur, wie in der klassischen Performance-Art, die rausfinden wollte, wie Schauspiel ohne Rollen geht, Auftritt ohne Repräsentation, es geht vielmehr im Gegenteil darum, allem, was sich aufführt, als wäre es Natur, eine Maske aufzusetzen, auf dass es kenntlich werde. Oder zum Verschwinden zu bringen. Zum Beispiel die Vorstellung von einer Lebenswelt und ihrer Repräsentierbarkeit, die Idee des Sittengemäldes und Gesellschaftsporträts: stattdessen sprechen die Darsteller theoretische Texte. Texte, die an ihnen, an den Darstellern die Erfahrung machen, geprüft und getragen zu werden wie Kleidungsstücke. Die gesellschaftliche Realität setzt sich auf solchen Fetzen schon ganz von alleine fest.

Und wirft man nicht den kritischen, in Universitätssubkulturen diskutierten theoretischen Texten immer wieder vor, sie wären reine Modeerscheinungen? Das war schon bei der studentischen Kritischen-Theorie-Begeisterung der 60er so und ist heute immer noch so, wenn es um Haraway, Nancy oder Rancière geht. Genau, und hier treten sie offensiv als Mode auf, als das notwendig der Gegenwart zugewandte Supplement menschlicher Körper in einer gegebenen historischen Situation; verstecken sich nicht hinter der Naturwüchsigkeitsbehauptung bestimmter Repräsentationen von Gesellschaft, von Schicht und Szene, sondern sprechen als theoretische Behauptung alles Wissenswerte über die Lage heutiger Personen aus. Und damit der theoretische Text nicht einfach nur negativ fixiert eine Gegenposition zum milieuplausiblen Naturalismus oder zur literarisierenden Hochkulturprosodie einnimmt, wird die Sprachmelodie, die Körperlichkeit der Aufführung nun wiederum äußerst «naturalistisch» gestaltet, sodass er zu einer komischen Synthese kommt – einer überaus theaterfähigen. Doch alles, was der Rezension dazu in der Regel einfällt, ist entweder, Pollesch wolle Theorie popularisieren, predigen, mache seine Stücke also zum Sprachrohr eines *found objects* von Text, oder er wolle sich lustig machen, wolle die ganze verdammte Kopflastigkeit parodieren.

Komisch ist aber vielmehr das von den theoretischen Texten Beobachtete, die Erfahrung eben, die sie machen, wenn sie gesprochen werden. Die besteht unter anderem in der bittersüßen Einsicht, dass sie wie jeder andere heutzutage nur gut leben und überleben können, wenn sie rasend schnell und virtuos werden, wenn sie nicht zur Ruhe kommen. Vor allem in der letzten Zeit, wenn auch schon in Motiven wie der nur mikrosekundenlangen Heroin-Oper vor über zehn Jahren, wird in den Inszenierungen von René Pollesch aber auch immer klarer, dass selbst diese Flucht in die Geschwindigkeit noch eine alt-antirepressive Gewohnheit ist, das «Abhauen des Schizos», wie es bei Deleuze/Guattari heißt, und dass Figuren wie die von Fabian Hinrichs und teilweise auch von Sophie Rois aufgeführten Solisten oder auch die Rolle des alten litauischen Regieassistenten noch etwas anderes verkörpern als die Negation der Ideologie, die gegenwärtiges Leben im Theater vor der Folie vermeintlicher anthropologischer Konstanten repräsentieren und typisieren will. Darüber hinaus gelingt es Pollesch in der präzis eingespielten Arbeit mit diesen Darstellern, dass sie dort, wo sie purer, glänzender Effekt werden, das zeigen und sagen, was man nur in dieser historischen Sekunde zeigen und sagen kann. Der Effekt wird zur genauesten und gerechtesten Gegenwartsdiagnose. Dabei kann er oder sie oder es auch ganz ruhig werden. Die hohe Konzentration verfliegt dabei nicht.

So wie René Pollesch vor zehn Jahren das erste künstlerische Programm entwickelt hatte, das ich kenne, welches der neuen Zeit entsprach, die spätestens mit dem seit den frühen 90ern erkennbaren Ende des Endes der Geschichte begonnen hat, so glaube ich im Moment zu beobachten, dass er auch für die jetzt nach der Bankenkrise angebrochene Zeit dieses Programm entsprechend zu modifizieren begonnen hat. Er negiert die traditionellen Funktionen von Theaterleuten nicht abstrakt, indem er sie anarchisch abschafft, sondern konkret, indem er sie durch andere ersetzt: die von ihren Vorgängern etwas gelernt haben. Dabei ist auch mit ihm etwas Dialektisches passiert, ist er geworden, was er als Kategorie womöglich ablehnt, was ihn am Ende aber vielleicht auch mit Else Lasker-Schüler vergleichbar macht: zu einem der an einer Hand abzählbaren maßgeblichen Künstler der Gegenwart.

Fantasma

Sachiko Hara (**Sa**)
Sophie Rois (**S**)
Daniel Jesch (**D**)
Hermann Scheidleder (**H**)
Stefan Wieland (**St**)
Martin Wuttke (**M**)
Eine Pianistin

Regie: René Pollesch
Bühne: Bert Neumann
Kostüme: Nina von Mechow
Licht: Felix Dreyer
Video: Meika Dresenkamp
Dramaturgie: Sebastian Huber

 Premiere: 06.12.2008 Burgtheater (Akademietheater) Wien

Leseempfehlung: Boris Groys, «Das kommunistische Postskriptum» (Suhrkamp Verlag, Frankfurt am Main, 2005) und «Die Kunst des Denkens» (Europäische Verlagsanstalt, Hamburg, 2008)

S: Tja, meine Herren! Was machen wir jetzt? Wir haben hier eine Geisterbahn vor uns. Wir sind im falschen Bühnenbild. Wer ist dafür verantwortlich??

H: Es ist wirklich grauenhaft, was hier passiert ist, ich hoffe, dass Sie die Verantwortlichen finden.

S: Tut mir leid, dass ich nicht optimistischer sein kann, aber wir haben einen langen Weg vor uns. Es ist wie beim Sex: Es ist eine mühsame, anstrengende Aufgabe, die niemals ein Ende zu nehmen scheint, und gerade wenn man glaubt, die Sache würde endlich laufen, passiert gar nichts.
Jane!

M: Frank!

H: Was ist das hier?

S: Das ist unser Forschungslabor.

St: Hier werden Hunderte von Experimenten durchgeführt, und alle Temperaturen werden von der Maschinerie unter uns kontrolliert.

D: Viele unserer Wissenschaftler haben jahrelang gearbeitet und stehen jetzt kurz vor ihrem Durchbruch!

S: Die Frage, an der wir arbeiten, ist: Warum hat die chinesische Führung das kommunistische Projekt aufgegeben und ist zum Aufbau des Kapitalismus übergegangen? Warum nur? Das muss doch zu beantworten sein. Das

Hauptproblem einer Gesellschaft, die noch kein Ende hat, keinen Körper hat, keine historische Form, die wiederholt werden kann, ist es, ihre Projekte zu limitieren, zu begrenzen. Damit sie einen Körper bekommt, damit eine Gesellschaft eine historische Form bekommt und wiederholbar wird. Vielleicht komm ich so auf eine Lösung. Wie machen wir das? Etwas zu begrenzen, ohne auf den Tod warten zu müssen oder darauf, dass uns das Geld ausgeht.

M: Ja, genau. Wie kommt es, dass du von einem Tag auf den andern aufhörst, dich für mich zu interessieren? Ich kann dich das nicht fragen, obwohl das doch, wie bei der chinesischen Führung, auf dialektischer Vernunft beruht, du wirst es mir nicht sagen können.

S: Ich wusste nicht, dass du hier lebst!

M: Ich bin vor zwei Jahren hergezogen.

S: Wie geht's den Kindern?

M: Wir hatten keine Kinder.

S: Oh! Ja, du hast recht.

M: Frank, ähm, ich weiß, es ist eine dumme Frage, aber du bist doch nicht mehr besessen von unserer Beziehung, oder?

S: Besessen? Wer ist besessen!? Nur weil du kurz vor unserer Hochzeit einen Rückzieher

gemacht hast? Ich hab das völlig vergessen, es ist Vergangenheit!
Wie kam es dazu, dass er von einem Tag auf den andern aufhörte, mich zu lieben? Ich kann es mir nicht erklären. Es scheint auch keiner Logik zu folgen, also müssen wir es mit etwas zu tun haben, was auch die kommunistische Führung bewegt hat, den Übergang zum Kapitalismus zu unternehmen. Die großen Umwälzungen bringen einen vielleicht darauf, wie im Kleinen gedacht wurde.

H: Warum haben die kommunistischen Parteien der Sowjetunion und Chinas die Arbeit am kommunistischen Projekt eingestellt und sind zum Aufbau des Kapitalismus übergegangen? Warum nur?

M: Der Kommunismus ist weder tot, noch ist ihm das Geld ausgegangen, wie dem Kapitalismus. Also warum bricht er sein Projekt ab und geht zu seinem Kontext über? Warum wechselt er die Perspektive? Ich liebe dich. Und weißt du … manchmal, wenn ich vor dir stehe, denke ich auch und vor allem durch deine letzte SMS, ich bin ein Projekt, das du der schlechten Unendlichkeit entrissen hast, ihm einen Körper gegeben hast, aber leider einen historischen. Und vielleicht deshalb, damit es wiederholbar wird. Jetzt kann ich das wiederholen, dieses Abgeschlossene, dadurch, dass du dich einfach abgewendet hast. Und ich frag mich jetzt natürlich: War das Natur, oder war das einfach nötig, die Perspektive zu wechseln, und wenn ich an dich denke, denke ich nur noch an das Projekt der kommunistischen chinesischen Partei, die Arbeit am kommunistischen Projekt aufzugeben und sich an den Aufbau des Kapitalismus zu machen.

S: Was in dir hat bloß, wann hast du beschlossen, dass du mich nicht mehr verliebt ansiehst? Ich weiß, ich kann dich das nicht fragen. Es gibt keine Erklärung für diese Kälte, für diese Lieblosigkeit. Und man kann Wärme nicht einklagen. Da scheint etwas nicht mit mir zu sprechen. Da scheint etwas für keine Fragen zugänglich zu sein. Aber das Schicksal muss doch mit mir sprechen! Das kann doch nicht alles stumm sein. Wie krieg ich es dazu? Ich kann einfach nicht glauben, dass es vorbei sein soll. Ich weiß ja auch, dass es nicht vorbei ist, aber
20 das lässt sich nicht sagen. Woher weiß die chinesische kommunistische Partei, dass es nicht vorbei ist, während sie sich an den Aufbau des Kapitalismus macht? Vielleicht ist es gar nicht vorbei.

M: Dr. Meinheimer … Frank, das ist Albert Meinheimer.

St: Jedenfalls will ich nicht, dass du dieses Projekt hier abbrichst. Du kannst doch nicht dauernd die Perspektive wechseln und mich zum historischen Projekt erklären. Ich will kein historisches Projekt sein!

Sa: Ja, das war es! Diese eine Frage stieg immer wieder und wieder in mir auf. Was bewegte die Führung der chinesischen kommunistischen Partei, das kommunistische Projekt aufzugeben und sich an den Aufbau des Kapitalismus zu machen?

M: Ich würde mir jetzt gern den Rest ansehen. Wenn's nichts ausmacht, Dr. Steinberger.

D: Eine gute Idee! Er heißt übrigens Meinheimer!

M: Jane, was kannst du mir über den Mann sagen, den du gestern Abend gesehen hast?

S: Ähm, er ist ein Weißer …

M: Wal? Eisbär?

S: Nein, nein, ein weißer Mann. Mit Schnurrbart. Etwa ein Meter neunzig groß.

St: Na, das ist aber ein verdammt großer Schnurrbart.

S: Mir ist etwas wegen des Verbrechens eingefallen. Als ich aus dem Fenster sah, da war vor dem Bühneneingang ein roter Lieferwagen.

M: Ah, ein roter Lieferwagen, oh danke, das wird sehr hilfreich sein. Du hast deinen Spruch aufgesagt, jetzt kannst du abhauen. Frank! Ich dachte mir, dass ich dich hier finden würde.

S: Ed, setz dich, kramen wir ein paar Erinnerungen raus.

M: Du warst weg, bevor ich mit dir reden konnte.

S: Ich kann das nicht, ich kann hier nicht die Dubarry spielen! Das hast du ja schön eingefädelt!
Ist denn die ganze Welt verrückt geworden? Ich passe hier nicht rein …

M: Du denkst sicher schon wieder an ihn, nicht wahr? Wie war sein Name … Frank?

S: Ja.

M: Du kannst ihn einfach nicht vergessen!

S: Wen?

M: Frank!

22 **S:** Oh ja. Nein, ich kann es nicht. Ich hab's versucht, es ist nur … wenn du mal so einen Haufen Mann hattest … aber das … das kannst du nicht verstehen. Ich liege eigentlich die ganze Zeit irgendwo rum und liebe ihn in der Vorstellung.

M: Sie hat recht … In meiner Vorstellung bringt sie ein Käsesandwich zum Schmelzen. Dieses zarte wunderschöne Gesicht. Und ein Körper, der auf eine kilometerweite Entfernung ein Käsesandwich zum Schmelzen bringen konnte. Und Brüste, die zu sagen schienen: «Hey, sieh dir die an!» Sie war eine dieser Frauen, bei denen du auf die Knie fallen möchtest, um Gott zu danken, dass du ein Mann bist. Ja, sie erinnerte mich an meine Mutter, genau, da konnte kein Zweifel bestehen.

St: Frank, komm zu dir! Du siehst sie ja an, als wäre sie deine Mutter! Herrgott noch mal!

M: Das ist mir egal! Ich lass mir dieses Phantasma nicht als eine Minderung von Wirklichkeit diffamieren. Das war mal die Wirklichkeit. Dass jemand in unserer Vorstellung ein Käsesandwich zum Schmelzen bringt. Und ihr wisst, wie hoch mein Siedepunkt ist.

S: Wir lieben in unserer Vorstellung. Und vielleicht ist es sogar der einzige Ort, an dem wir Erfahrungen machen können.
Und jetzt küss mich!

M: Nein, das mach ich nur in der Vorstellung!

S: Ich möchte mich in die Krankheit flüchten, wenn du in der Nähe bist. *(Sieht in die Handtasche)*

M: Das ist doch aus der Dubarry! Hör sofort auf, in das Manuskript zu sehn.

S: Unsere Körper würden sich gar nicht begegnen ohne ein Manuskript. Wir begegnen uns hier doch.

M: Ja, aber das passiert nur in der Vorstellung.

S: Du willst doch nicht behaupten, dass sich unsere Körper hier nicht begegnen.

M: Doch. Nur wir beide sind nicht gemeint.

S: Ich finde aber gerade ganz gut, dass weder du noch ich gemeint sind. Und trotzdem begegnen wir uns!

M: Nein.

S: Doch.

M: Nein.

S: Doch, wir brauchen ein Manuskript, das uns verfehlt. So können wir uns lieben!

M: Aber du liebst mich ja nur in der Vorstellung! Und weil es zu eng hier ist! Ich will einen unmittelbaren Zugang zur Realität.

24 **S:** Wir können uns doch nicht einfach so ohne Geschichte aufeinanderstürzen. Oder? Und da ist es doch gut, überhaupt eine zu haben, das muss ja nicht meine sein. Und während ich mir was ganz anderes erzähle als mein Leben, begegnen wir uns doch. Das muss doch nicht immer ich sein.

M: Ja, genau. Du musst mich ja gar nicht meinen. Wie komm ich nur darauf, dass du mich immer meinen musst mit deinem Text? Wer weiß überhaupt, von wem der Text ist, welches undurchdringliche Wesen da überhaupt mit mir redet?

S: Küss mich!

M: Nein!

S: Einerseits darf ich dich nicht in der Vorstellung lieben, andererseits darf ich dich nur in der Vorstellung küssen. Was ist denn das? Das macht mich völlig verrückt.

D: Jetzt küss sie doch schon, sonst komm ich raus und mach's selber!

St: Wie es aussieht, werden Erfahrungen, die wir in der Vorstellung machen, als eine Minderung von Wirklichkeit diffamiert.

Sa: Vielleicht stimmt es, was Agamben sagt, dass wir von unseren Erfahrungen getrennt wurden, weil der Bereich, in dem sie einmal gemacht werden konnten, das Phantasma, ins Unendliche verbannt wurde.

M: Das macht mich noch ganz wahnsinnig, das mit der Vorstellung! Denkt hier außer mir vielleicht noch jemand an mich?

S: Vielleicht machst du es ja wie die chinesische Führung! Hast du unser Projekt abgebrochen, um uns zu limitieren und mir einen Körper zu geben? Darf ich dich daran erinnern, dass ich einen Körper habe, der auf eine kilometerweite Entfernung ein Käsesandwich zum Schmelzen bringen könnte. Und Brüste, die zu sagen scheinen: «Hey, sieh dir die an!» Und dass ich eine dieser Frauen bin, bei denen du auf die Knie fallen möchtest, um Gott zu danken, dass du ein Mann bist. Herrgott noch mal! Jetzt sieh mich nicht an, als wäre ich deine Mutter! Ich fühle mich wie ein Projekt, das aufgegeben wurde. Aber wenigstens habe ich jetzt einen Körper. Ich hab eine historische Form. Und ich wünschte, ich hätte sie nicht! Was hast du nur gemacht??

H: Dass du dich nicht mehr für mich interessierst, diese Frage kann nur im Kontext der Materialistischen Dialektik behandelt werden.

St: Vielleicht dachtest du, dieses Projekt immer weiter zu treiben bedeutet, einseitig zu agieren.

M: Allerdings! Das wäre grauenhaft! Das wäre wie eine Theatervorstellung, die einfach nicht aufhört! Wenn sie nicht aufhören würde, dann gäbe es sie gar nicht.

S: Vielleicht hast du dir gesagt, allein um das Schicksal loszuwerden, lohnt es sich, mich zu verlassen.

H: Moment mal! Auf dem Theater begrenzen wir doch auch einen Vorgang, um ihn wiederholbar zu machen. Wir setzen hier doch nicht auf die schlechte Unendlichkeit. Das kennt man ja. Man weiß doch, wie die zu Tausenden fliehen aus Vorstellungen, die 24 Stunden dauern.

M: Nein, wir begrenzen uns auf 90 Minuten und haben es mit einem Perspektivwechsel zu tun. Wir retten die Welt, indem wir sie auf 90 Minuten begrenzen und ihr eine historische Form geben, die wiederholt werden kann.

S: Wir retten die Welt, indem wir sie auf 90 Minuten begrenzen und ihr eine historische Form geben, die wiederholt werden kann.

D: Alles andere ist die schlechte Unendlichkeit. Das hier ist der Ort, an dem wir nicht auf die natürliche Beendigung unserer Leben warten müssen oder auf die ökonomische, bis uns das Geld ausgeht. Nein, wir geben uns über diese natürlichen und ökonomischen Begrenzungen hinaus weniger Zeit. Und zwar immer wieder, mit jedem neuen Vorhang, der auf- und dann wieder zugeht. Um gegen das Schicksal vorzugehen. Um uns nicht von Natur und Ökonomie beherrschen zu lassen.

Sa: Sie hat einen Freund in der Vorstellung.

H: Ja, genau. Ihr Freund war in der Vorstellung. Und jetzt kann sie ihn nicht mehr vergessen.

St: Sie lebt nur in der Vorstellung!

H: Nein, er war wirklich in der Vorstellung.

M: Dein Freund war in der Vorstellung?

S: Ja, und ich lass mir das von euch nicht als Wirklichkeitsminderung diffamieren.

St: Sie hatte einen Freund in der Vorstellung.

D: Die Arme.

St: Nein, ich hab auch eine Freundin in der Vorstellung.

S: Im Phantasma konnte ich mir das Objekt der Begierde aneignen.

H: Warum muss ich denn immer eins sein mit meinem Begehren? Es findet nun mal in der Vorstellung statt. Na und?

St: Aber du kannst mich doch nicht nur in der Vorstellung lieben.

S: Was haben denn bloß alle gegen die Vorstellung?!

M: Dein Freund sitzt in der Vorstellung.

S: Ja, zur Hölle, er ist in der Vorstellung, um mit mir zusammen zu sein.

H: Warum muss man das immer diffamieren, dass ich einen Freund in der Vorstellung habe.

S: Sag *ich* etwa dauernd, ihr habt einen Freund in der Vorstellung?? Was ist bloß los mit euch?

St: Komischerweise mag er da, wenn ich Texte spreche, die nicht meine sind. In der Realität hat er damit Probleme.

Sa: Warum wird das immer gemindert, dass jemand nur in der Vorstellung mit jemandem zusammen ist?

S: Wir können immer wieder neu beginnen. Mit jedem Manuskript, das wir in den Händen halten. Und auf dessen letzter Seite das Wort «Ende» steht. Eine Gesellschaft, die noch keinen Körper hat, keine historische Form, die wiederholt werden kann …

St: … fragt sich nämlich auch, wie können wir uns limitieren, wie können wir uns begrenzen? Wie machen wir das? Ohne auf den Tod warten zu müssen oder darauf, dass uns das Geld ausgeht. Eine Gesellschaft, die das nicht tut, sich selbst zeitlich zu limitieren, kann nur auf ihren Tod oder auf ihre Pleite warten.

S: Es lebe China und es lebe das Wort «Ende» in jedem Theatermanuskript.

M: Wir brauchen ein Script, das nicht das eigene ist. Das eigene Leben findet nur ein Ende, indem wir sterben oder uns das Geld ausgeht. Das Script, mit dem wir uns wirklich berühren können, das einzige, ist das, auf dessen letzter Seite «Ende» steht. Niemandem geht das Geld aus, und niemand stirbt dabei. Das ist Theater. Dieses eine Wort «Ende». Es hält jung, und es erhält einem sein Auskommen. Die einzigen Leben, die dadurch einen Körper bekommen, dass sie begrenzt werden, ohne zu sterben oder pleitezugehen. Die einzigen Leben, die sich berühren, sind die, die einem Manuskript folgen, das nicht das eigene ist.

D: Nur was sterblich ist, bekommt einen Körper. Und wenn wir nicht darauf warten wollen, dass uns der Tod ereilt und limitiert, nehmen wir uns eben ein Script zur Hand, das nicht unseres ist, mit dem schönen Wort «Ende» am Ende.

S: Als sie sagte «Verschwinde aus meinem Leben», wusste ich, dass es zu Ende war. Weißt du, manchmal denk ich an dich und Edna. Dann beneide ich dich, dass du jemanden hast. Du hast denselben Menschen jeden Tag seit über 30 Jahren. Du wachst mit ihr auf, isst mit ihr, liegst an ihrer Seite, schläfst immer mit derselben Frau. Ihr verbringt jeden wachen Moment miteinander. Während ich mich mit 20-Jährigen herumtreibe, die sich einfach nur amüsieren wollen und dazu nur billigen Sex, Sex, Sex. Mädchen, die nicht nein sagen können, Mädchen, die nicht genug kriegen können, «Mehr, mehr, mehr», Mädchen, die auf das alte Handschellenspiel scharf sind. Ich … ich möchte nur jemanden lieben, Ed.

Sa: Sie war so schön, die Arbeit am kommunistischen Projekt, ich kann nicht verstehen, dass das jetzt vorbei sein soll.

M: Warum kann ich mir das nur so erklären? Die Liebe. Was ist mit der los? Warum kann ich mir die Liebe nur erklären mit dem Aufbau des Kapitalismus in China?

St: Der Perspektivwechsel ist zur Erschließung des Ganzen unumgänglich. Ich kann nicht nur einseitig denken, ich muss mich befeuern lassen durch das Paradox, und deshalb verlassen wir, wenn wir lieben.

H: Denn nur was sterblich ist, bekommt einen Körper. Ungefähr so wie die chinesische Führung das kommunistische Projekt aufgegeben hat, um ihm eine historische Form zu geben.

M: Ich weiß doch, dass keine SMS zurückkommen kann, die sagt, warum du so kalt geworden bist. Sonst würde ich dich ja fragen. Du weißt doch auch, dass ich sehr glücklich war, wenn du ein paar Dinge gemacht hast, und ich würde dich so gerne fragen, warum du das jetzt nicht mehr machst, aber das geht nicht. Die Liebe lässt sich nicht befragen. Sie bleibt stumm.

D: Warum kann ich mir das nur so erklären? Die Opposition innerhalb von China und die Angriffsmöglichkeit von außen schrumpften so sehr gegen null …

Sa: … dass die chinesische Führung rein aus politischer Vernunft den Übergang zum Kapitalismus beschließen konnte.

H: Sie war absolut keinem Zwang unterworfen. Und diese Vernunft ist die dialektische.

St: Und das sage ich alles, obwohl es nicht gehört werden kann, solange diese Gesellschaft keine kommunistische ist.

S: Was hast du gesagt? Ich hab dich nicht gehört.

D: Warum kann ich mir das nur so erklären? Die Opposition innerhalb von China und die Angriffsmöglichkeit von außen schrumpften so sehr gegen null …

Sa: … dass die chinesische Führung rein aus politischer Vernunft den Übergang zum Kapitalismus beschließen konnte.

H: Sie war absolut keinem Zwang unterworfen. Und diese Vernunft ist die dialektische.

St: Und das sage ich alles, obwohl es nicht gehört werden kann, solange diese Gesellschaft keine kommunistische ist.

H: Die kommunistischen Parteien Chinas und der Sowjetunion warten nicht darauf, dass die Natur oder die Ökonomie ein Projekt beenden, und eine Theatervorstellung wartet auch nicht darauf.

D: Hier sind Natur und Ökonomie außer Kraft gesetzt. Hier stirbt niemand, und es geht auch niemandem das Geld aus.

S: Ja, genau, hier sind Natur und Ökonomie außer Kraft gesetzt! Aber wenn das hier schon subventioniert wird, kann man von dieser Elite auch verlangen, dass sie auf das Denkmaterial zurückgreift, das ihr zur Verfügung steht, und es nutzt!

Sa: Ja, genau. Wozu wird die ganze Scheiße hier denn subventioniert?

S: So, und jetzt wird es Zeit, dass ihr verschwindet!

Sa: Ich habe Hunger.

H: Was willst du denn? Vielleicht etwas Tomatensaft, Orangensaft, Traubensaft?

S: Himbeersaft?

M: Traubensaft. Wir könnten jetzt warten, bis uns das Geld ausgeht oder bis wir sterben, aber wir können diese Szene auch einfach abbrechen und von vorne beginnen, um die schlechte Unendlichkeit zu beenden.

S: Haben Sie denn gar keinen Himbeersaft?

M: Bitte auch davon ein bisschen. Und, ähm … zwei Rühreier, zwei Spiegeleier, zwei Eier im Glas und zwei mittelweiche Eier.

St: Und wir brauchen auch keine Rückblenden. Wir können ja alles noch mal machen. In Theatervorstellungen sind Rückblenden eh lächerlich.

H: Ja, genau. Limitieren und nicht imitieren!

Sa: Das ist ja keine Rückblende, wenn wir das einfach noch mal sagen. Da erinnert sich ja kein Selbst an etwas, was mal so schön gewesen ist.

M: Deshalb erinnert sich Peking bei den Olympischen Spielen auch nicht an den Kommunismus. Es gibt auch keinen Grund! Sie haben den ja nicht abgebrochen, um sich zu erinnern.

H: Es geht dem Kommunismus nicht um Kontinuität und Zusammenhang und um identitätsverheißende Strukturen, sondern um wechselhaftes Denken.

S: Der Kommunismus braucht keine Rückblende. Weder bei der Eröffnungsfeier noch im Kapitalismus. Die müssen sich nicht versichern, dass sie im Kommunismus leben.

M: Warum brichst du genau hier ab? Warum brechen deine Augen zusammen? Und machen was völlig anderes? Warum ist da keine Liebe mehr?

D: Ja gut, aber die Liebe wird ja als Feuer wahrgenommen. Und der sowjetische Kommunismus nur selten. Warum nur?

M: Ja, genau, du hast doch so viel investiert. Und plötzlich, wahrscheinlich wegen irgendeinem Börsengerücht, hast du aufgehört, mich zu lieben.

 H: Eine Theatervorstellung ist nur als endliche zu denken, sonst würde sie überhaupt keinen Sinn machen.

S: Im Gegensatz zu wirtschaftlichem Wachstum und sozialer Gerechtigkeit. Die sind uns unmöglich als endliche zu denken. Und trotzdem sind sie plötzlich weg, deine verliebten Blicke.

M: Und diese Frage muss doch zu beantworten sein! Warum du mich von einem Tag auf den andern verlassen hast!

St: Der Kommunismus hat sich ja nicht einfach für was anderes entschieden, sondern für seinen Kontext, und der ist nun mal der Kapitalismus, und bevor der Schicksal wird, ein Schicksal, das ja nicht zu einem spricht, arbeitet man lieber an seinem Aufbau, das ist nun mal notwendig, dass dem Kommunismus nichts Schicksal wird!

M: Bringen Sie drei ganz weiche Eier!

S: Drebin! Ich möchte nicht noch mal solche Probleme erleben, wie Sie sie letztes Jahr veranstaltet haben, verstanden? Das ist meine Politik.

M: Ja, aber wenn ich sehe, wie fünf Verrückte in Laken gehüllt mitten in einem Park einen unschuldigen Mitbürger umbringen, erschieße ich die Kerle. Das ist meine Politik.

S: Das war die Shakespeare-im-Park-Produktion von «Julius Cäsar», Sie Blödian! Sie haben fünf Schauspieler erschossen, sehr gute!
Und jetzt lass uns ein Häppchen essen gehen.

CLIP

S: Ach! Eine Geisterbahn! Ich schaff's nicht! Ich krieg's nicht hin! Ich kann hier nicht die Dubarry spielen!

H: Hier! Was zur Beruhigung!

S: Danke, Ed. Ich möchte jetzt nur eins wissen: Stimmt es, was du mir über Victoria geschrieben hast?

H: Ich fürchte, ja, Frank. Sie ist einfach mit so einem Kerl durchgebrannt. Sie haben in der letzten Woche geheiratet.

S: Alles ist vorbei. Alles ist vorbei. Alles ist bedeutungslos. Ich habe es für sie getan, ich habe alles für sie getan. Jetzt ist sie weg.
Und ihr? Ihr seid doch nur hier, um eine heiße Story zu kriegen, nicht wahr? Fotos von mir, die ihr an eure Schmierblätter verscherbeln könnt.

H: Frank …

S: Klar, ihr glaubt, ich bin ein ziemlicher Held, der Mann der Stunde! Aber weiß einer von euch, was ein Mann hier drinnen ertragen kann?

H: Frank, die sind nicht wegen dir da, die sind da wegen …

S: Was ist mit der Hochzeit? Was hat sie angehabt?

H: Quäl dich doch nicht selbst, streich sie einfach aus deinem Gehirn.

S: Einen so großen Radiergummi gibt's gar nicht. Was ist mit diesem Kerl? Weißt du irgendwas über diesen Penner, mit dem sie zusammen ist?

H: Nicht sehr viel. Nur, dass er ein Olympiateilnehmer ist und dass sie mit ihm mehr Spaß im Bett hat als jemals zuvor.

S: Vielleicht passen Polizisten und Theaterschauspieler einfach nicht zusammen. Wie kam es dazu, dass er von einem Tag auf den anderen aufhörte, mich zu lieben? Warum kann ich mir das nicht erklären? Warum spricht das Schicksal nicht zu mir?

H: Und warum kann ich es nicht umstimmen? Oder mit ihm diskutieren? Wahrscheinlich haben wir es mit etwas zu tun, dessen Medium nicht die Sprache ist. Und was könnte das sein?

M: Warum hast du aufgehört, mich so verliebt anzusehen? Und warum kann ich dich nicht umstimmen? Ja gut, das ökonomische Geschehen ist anonym und lässt sich nicht in Worte fassen. Und wenn das Schicksal, das nun mal im Kapitalismus die Ökonomie ist, nicht zu uns spricht und wir ihm deswegen nicht antworten können und es sich nicht diskutieren lässt und wir keine SMS schicken können und fragen, warum wir verlassen wurden, weil auch die Liebe stumm ist, wie kommen wir überhaupt an eine Sprache heran?

S: Das heißt ja wohl, Sprache ist im Kapitalismus prinzipiell stumm. Sie wird nicht gehört. Alles, was gesagt wird, wird nur daraufhin überprüft, ob es erfolgreich ist oder nicht. Der Kapitalismus lässt sich da auch nicht umstimmen. Er lässt nicht mit sich diskutieren.

M: Die Liebe spricht nicht mit uns! Deshalb macht es auch keinen Sinn, ihr per SMS Fragen zu stellen. Obwohl sie selbst dauernd welche verschickt. Und warum spricht sie nicht mit uns? Niemand kann mir vorwerfen, ich hätte nicht versucht, auf ein Schicksal zu antworten, aber warum spricht es nicht mit mir?

D: Warum hat mir das nichts gesagt, als du dich verabschiedet hast? Warum liebst du mich nicht mehr? Und warum kann ich dich das nicht fragen?

St: Wir müssen diese Gesellschaft, deren Medium Geld ist, mit dem Medium Sprache überschreiben. Solange wir unter den Bedingungen der kapitalistischen Ökonomie leben, bleiben wir stumm. Weil das Schicksal einfach nicht zu uns spricht außer in Zahlen. Ich muss doch den, der mich nicht mehr liebt, umstimmen können! Ich muss dich doch umstimmen können!

H: Erst wenn das Schicksal nicht mehr stumm ist, kann ich ihm auch antworten. Wenn es nicht mehr auf einer rein ökonomischen Ebene agiert.

D: Aber mit der Ökonomie lässt sich nicht diskutieren. Die Ökonomie, die im Kapitalismus Schicksal wird, weil sie der Kontext ist, der uns die Bedingungen diktiert, lässt sich nicht umstimmen. Das ist nun mal eine Gesellschaft, deren Medium Geld ist und nicht Sprache.

M: Und man kann den Übergang vom Kommunismus zum Kapitalismus jetzt neutralisieren, indem man sagt, der Kommunismus erfindet sich neu. Der erfindet sich aber nicht neu. Der überschreibt diese Gesellschaft des Geldes mit Sprache. Und zwar ausgerechnet, indem er zum Kapitalismus wechselt. Es ist ein souveräner Entschluss. Und der ist Sprache.

Sa: Wir müssen uns eben so zu unserem Schicksal verhalten, dass es zu uns spricht.

S: Ja gut, es kann ja sein, dass eine Liebe, die endlich ist, zu mir spricht, aber die will ich nicht! Das kann doch nicht alles vorbei sein. Das ist mir genauso unmöglich zu denken, wie das wirtschaftliche Wachstum als endliches zu denken. Oder den Kampf für soziale Gerechtigkeit. Nein, der muss auch aufhören! Wir müssen hier abbrechen, und zwar nicht aus Angst oder während einer Krise, sondern weil es das Ziel der Philosophie ist, sich den Abbruch, den Wechsel nicht von außen diktieren zu lassen.

Sa: Der Grund, warum ich lediglich so aussehe, wie ich aussehe, ist die Unterfinanzierung. Es wäre alles besser, wenn ich mehr Geld hätte. Und hier würde auch irgendwas stehen, wo ich mich draufsetzen könnte. Hätte ich unendlich viel Geld, wäre ich dauernd eine andere. Und damit ich überhaupt eine Form habe, dafür sorgt die Unterfinanzierung. Das, was man sieht, ist die Form, die durch die finanzielle Begrenzung des Projektes entsteht. Sonst würde es hier dauernd immer mehr werden und mehr und mehr. Die Dinge und alles, was man sieht, verdankt seine Form nicht der Kreativität und gestalterischen Kraft, sondern der Limitierung! Mehr war nun mal nicht drin. Das ist die Form.

H: Warum hast du das bloß beschlossen? Du siehst mich nicht mehr verliebt an. Und der muss doch mit Sprache zu tun haben, dein Entschluss, mich nicht mehr so anzusehen.

Obwohl die Liebe so stumm war, hat dein Entschluss, mich nicht mehr zu lieben, mit Sprache zu tun, und damit kann ich mich doch jetzt unterhalten! Ja gut, ich würde das lieber nicht, aber so ist es nun mal, ich sag «Ja» zum Kommunismus, damit die Liebe nicht stumm bleibt.

M: Die Liebe wird immer als Feuer wahrgenommen und der sowjetische Kommunismus nur selten. Warum nur?

S: Dieses Projekt wendet sich mit keiner Silbe mehr an mich. Deines. Es ist verstummt wie der Kapitalismus. Und ich fühle mich wie ein Projekt, das aufgegeben wurde. Aber wenigstens habe ich jetzt einen Körper. Ich hab eine historische Form. Und ich wünschte, ich hätte sie nicht! Was hast du nur gemacht??

St: Diese Frage muss doch zu beantworten sein! Warum du mich von einem Tag auf den andern verlassen hast!

M: Vielleicht bekomme ich nur eine Antwort in einer Gesellschaft, deren Medium die Sprache ist. Es ist gerade die totale Niederlage jeder Opposition und die vollständige Immunität gegen jede Intervention von außen, die die sowjetische und die chinesische Führung dazu gebracht haben, den Übergang zum Kapitalismus zu unternehmen. Eine Metaphysik ohne Seelenglaube, das heißt, ein radikaler Perspektivwechsel aus der dialektischen Vernunft ihrer Führer heraus, und nicht aus Angst oder einem Zwang. Aus Angst oder Zwang heraus lesen die kapitalistischen Führer im Augenblick Marx. Aber sie wissen, dass auch der nicht zu ihnen sprechen kann.

S: Ja gut, das kann ja sein, dass das nicht gehört werden kann, solange diese Gesellschaft keine kommunistische ist, aber ich sag's trotzdem.
Wenn der Kapitalismus seine Arbeit aufgibt und seine Führer sich zusammensetzen, um über Marx zu diskutieren, dann ist das keine politische Vernunft, das ist die formale Logik eines Horrorfilms. Die formale Logik, mit der man eine Geschichte einleitet, auf der dann alle wie auf einer Ölspur auf ihr absehbares Ende hin ausrutschen. Auf ihre Erlösung hin. Die souveräne Entscheidung aber der dialektischen Führer Chinas kann nicht verfilmt werden. Unsere Liebesgeschichte, mein Schatz, kann nicht verfilmt werden.

M: Ja, genau. Unsere Liebesgeschichte kann nicht verfilmt werden.

CLIP

S: Nachdem ich die Nacht durchgeschlafen hatte, beschloss ich, zur Spezialeinheit zurückzukehren. Was meine Arbeit anging, so hatte ich mich immer als einen alten Hasen betrachtet.

M: Ich dachte mir, das sei die bessere Art, Jane aus meinem Gedächtnis zu verbannen. Ich wollte mich auf den Fall konzentrieren, und es sah so aus, als könnte es dieser Fall auch gebrauchen. Ich hoffte, dass unser Labor aus den wenigen vorhandenen Spuren einige Schlüsse ziehen könnte.

S: Eine Geisterbahn! Wenn ich das Schwein in die Finger kriege!

H: Es geht um einen Mordfall, Miss Marple. Es ist grauenhaft. Die Ermittlungen bei laufendem Betrieb gestalten sich als äußerst schwierig … Sie sehen ja selbst.

S: Ah ja, was sehe ich selbst, Sherlock Holmes? Was macht die da?

H: Die ist vom Bodenpersonal.

S: Mein Gott, sind die hier alle vom Bodenpersonal?

M: Es handelte sich um eine ermordete Schauspieltruppe. Sie probten wohl gerade «Aufstieg und Fall des Römischen Reiches» bei laufendem Betrieb in einer Geisterbahn. Aber vielleicht waren diese Personen mit Manuskripten in den Händen auch nur als Schauspieltruppe denunzierbar, und sie probierten eigentlich etwas völlig anderes, wenn sie vor einer Tür standen, sie öffneten, dann wieder einen Schritt zurücktraten, wie um das Ganze noch mal zu probieren …

H: Was die Polizeiarbeit angeht, so passiert von Zeit zu Zeit etwas, worauf man durch nichts vorbereitet ist. Jedenfalls war ein geistesgestörter Wahnsinniger, wahrscheinlich besessen von Selbsthass oder vielleicht ein paar Monate mit der Miete im Rückstand, endgültig durchgeknallt.

M: Irgendwelche anderen Opfer?

S: Äh, ja, wir fahren grad über einen drüber, Frank. Kommt mal her, Jungs, der Lieutenant hat noch einen gefunden!

H: Captain, wir sind gerade mit der Untersuchung fertig geworden. Kein Anzeichen für einen Einbruch. Es fehlt kein müder Dollar. Mann, das war vielleicht eine tierische Explosion! Den hat's völlig überraschend erwischt. Wir versuchen immer noch herauszufinden, was die benutzt haben.

M: Wer ist das?

H: Das ist Monique DiCarlo, 210 Blackman Street.

M: Das ist ein Rotlichtbezirk. Ich frage mich, was hatte sie hier zu suchen?

St: Sex, Frank?

M: Äh, nein, im Moment lieber nicht, Ed. Wir haben zu viel Arbeit.
Tja, meine Herren, vielleicht können wir die Frage, warum die kommunistischen Parteien der Sowjetunion und Chinas die Arbeit am kommunistischen Projekt eingestellt haben und zum Aufbau des Kapitalismus übergegangen sind, veranschaulichen anhand der Arbeit einer Schauspielertruppe.

S: Vielleicht waren diese Personen mit Manuskripten in den Händen auch nur als Schauspieltruppe denunzierbar, und sie probierten eigentlich etwas völlig anderes, wenn sie vor einer Tür standen, sie öffneten, dann wieder einen Schritt zurücktraten, wie um das Ganze noch mal zu probieren …

H: Während einer Probe kann man sich über die Limitierung des Endes eines Theaterstücks hinaus *noch* weniger Zeit geben.

St: Indem man zum Beispiel einen Schritt zurücktritt und alles noch mal macht.

D: Bei einer Probe können sie kurz innehalten, die Szene abbrechen, zu ihrem Kontext wechseln und sie noch mal beginnen.

H: Wie wir schon gesagt haben, fragt sich bei einer Theatergruppe ja auch niemand: «Warum brechen die einfach ab und gehen zur Realität über, zu ihrem Kontext? Warum dauert diese Vorstellung nicht ewig?» Es ist wie bei der chinesischen Führung! Damit der Kommunismus nicht zur schlechten Unendlichkeit wird, muss er ganz im Sinne des Kommunismus zum Kapitalismus werden.

M: Die Materialistische Dialektik denkt die Einheit von etwas und seinem Gegensatz. Also die Einheit von einem Projekt und seinem Kontext. Wenn jetzt das Projekt eine Theatervorstellung ist, ist das Nicht-Projekt der Kontext dieses Projektes, also die Realität. Das Projekt Theatervorstellung immer weiterzutreiben bedeutete jetzt, einseitig zu handeln, weil dadurch der Kontext, also die Realität, für immer ignoriert wird.

St: Und schlimmer noch, der Kontext wird zum Schicksal des Projektes. Er diktiert nämlich die Bedingungen, unter denen das Projekt stattfindet. Also ist der nächste Schritt in der Realisierung eines Theaterprojektes der Übergang von der Theatervorstellung zur Realität, also das Ende der Theatervorstellung. Dadurch wird aber nicht unbedingt widerlegt, dass das ganze Projekt nicht doch weiter eine Theatervorstellung ist.

S: Du meinst, das hier ist weiter eine Vorstellung?

Sa: Ja, genau. Stellen wir uns doch mal vor, wir sind eine Theatertruppe.

S: Ja, ich stell es mir vor!

Sa: Und wir proben ein Stück. Zum Beispiel das hier: «Das purpurne Muttermal» von Agamben Christie. Und wir brechen es ab und gehen zur Realität über. Das heißt eben noch lange nicht, dass das Projekt Theatervorstellung in diesem Moment widerlegt ist.

S: Was ist mit ihr hier?

St: Na ja, sie lebt, Frank. Ich würde sagen, sie hat eine 50/50-Überlebenschance. Könnten allerdings auch nur 50 Prozent sein.

H: Alles um eine Vorstellung herum hat mit schlechter Unendlichkeit zu tun, außer die

Theatervorstellung ist unendlich lange, dann ist *sie* die schlechte Unendlichkeit.

Sa: Und niemand würde sagen, die hören auf, weil sie tot oder bankrott sind. Nein, die wollen schneller sein als die Zeit!

D: Um etwas wiederholbar zu machen, braucht es einen Körper. Es ist wie die Tatsache, dass die chinesische Führung das kommunistische Projekt abgebrochen hat und zum Kapitalismus übergegangen ist. Um dem Kommunismus eine historische Form zu geben, die wiederholbar ist. Vielleicht, um es auf eine weniger sentimentale Weise neu zu versuchen.

M: Wenn wir uns nicht begrenzen, haben wir keine Körper. Wir bekommen nur Körper, wenn irgendwo am Ende «Ende» steht. Sonst wären wir nur Metaphern, Gedanken, nur das, worüber jeder entzückt schwärmt und das Problem übersieht, dass unsere Körper kein Gewicht haben.

S: Diese Körper sollen unendlich gültige Gedanken durch die Gegend tragen, und diese Unendlichkeit des Geistes entzieht ihnen ihr Gewicht.

St: Nur der Perspektivwechsel verleiht den Körpern ein Gewicht. Nur wenn sie die unendlich gültigen Gedanken wechseln.

S: Nur wenn am Ende «Ende» steht, sind wir nicht körperlos in der schlechten Unendlichkeit gefangen.

M: Wir müssen uns um das Ende kümmern. Das kann keine Privatsache sein. Jeder muss im Moment selber sehn, wie er stirbt, aber das Leben wird gemacht! Was ist denn mit dem Versprechen dieser sich abzeichnenden Biomacht, sich um das Leben selber zu kümmern? Welche Stellung hat denn das Leben in einem Staat, der herrscht, indem er Leben macht und sterben lässt?

S: Da würde ich aber eine Gesellschaft vorziehen, die Leben lässt und sterben macht … Einen fliehenden Verdächtigen wegzupusten mit meiner .45er Magnum war immer das Größte für mich. Es war echt toll. Na ja, wer fände das nicht toll.

M: Drebin! Ich möchte nicht noch mal solche Probleme erleben, wie Sie sie letztes Jahr veranstaltet haben, verstanden? Das ist meine Politik.

S: Ja, aber wenn ich sehe, wie fünf Verrückte in Laken gehüllt mitten in einem Park einen unschuldigen Mitbürger umbringen, erschieße ich die Kerle. Das ist meine Politik.

M: Das war die Shakespeare-im-Park-Produktion von «Julius Cäsar», Sie Blödian! Sie haben fünf Schauspieler erschossen, sehr gute!

S: Und das ist doch eine Frage, was machen wir mit der faulenden Biomasse, die wir sind?

D: Kommunismus hin, Kapitalismus her.

Sa: Was sind das für Instrumente, mit denen der biopolitische Staat uns sterben lässt? Die Instrumente, mit denen frühere Herrscher das Sterben machten, sind klar: die .45er Magnum!

M: Ja, genau, wie Ludwig XV. in «Madame Dubarry»! Vielleicht ist das Stück gar nicht so schlecht!

S: Ja, kümmern wir uns um das Ende!

CLIP

M: Den Übergang, den Wechsel muss man herbeiführen, gerade dann, wenn keine äußeren Umstände einen dazu zwingen. Es gibt nichts, was weniger autonom ist als das Schicksal. Es wird nicht gewartet. Und auf keinen Fall, bis einem das Geld ausgeht. Und auf keinen Fall, bis man stirbt. Wir retten die Welt, indem wir sie als Ganzes denken! Und da ist noch was anderes, das die Arbeit bei der Spezialeinheit so schwer macht: Was machen wir denn mit den ganzen Leichen, die hier rumliegen? Was soll mit diesem Haufen potenzieller Leichen werden, die hier sitzen? Und ich? Wenn die mich auf die Müllkippe bringen oder auf den Friedhof, was passiert mit mir? Wir müssen uns um das Ende kümmern! Das kann doch keine Privatsache sein, das Ende! Wenn wir jetzt mal an einen radikalen Wechsel denken, der nicht mehr das Schicksal der Seele antizipiert, also nicht mehr die unsterbliche Seele denkt, sondern das Schicksal des Körpers nach dem Tod. Was dann? Dann frag ich mich nicht mehr, woher komme ich, sondern wohin werde ich gebracht – dann wird die Müllkippe, das Ende, zum Ausgangspunkt der Weltbetrachtung. Eine Metaphysik nicht der Seele, sondern der Leiche. Das wäre ein radikaler Perspektivwechsel, der von der postmortalen Dekomposition ausgeht, die im Leben immer schon begonnen hat. Der Körper transzendiert den Ort, an dem er sich in seiner Lebenszeit befand, vom Friedhof aus. Wie wäre das? Hä? Wäre das nicht auch eine nötige Limitierung, die der Seele? Es wird überhaupt zu viel Seele hineinprojiziert in das Leben, statt die Perspektive zu wechseln und die Welt als Leiche zu sehen. Wir müssen die Welt als Leiche sehen. Wir müssen uns als seelenlose Leichen denken, damit das Leben als Ganzes gesehen werden kann. Mein Freund Federov und ich sind Immortalisten und fordern aus dialektischer Vernunft heraus, als wesentliches und reales Recht des Menschen gilt sein Recht auf das Sein, sein Recht auf Unsterblichkeit, Auferstehung und Verjüngung. Und auf die Bewegungsfreiheit im kosmischen Raum. Und nicht die vermeintlichen Rechte, die in der Deklaration der bürgerlichen Revolution von 1789 verkündet wurden. Das kann man jetzt natürlich leicht als anarchistische Verirrung denunzieren und belächeln und damit den Widerspruch neutralisieren, der immer auftaucht, wo Leben gemacht wird und man sterben lässt … Nämlich die zynische Akzeptanz einer himmelschreienden Ungerechtigkeit; die Ausbeutung der Toten zugunsten der Lebenden und die Ausbeutung der heute Lebenden zugunsten der später Lebenden. Wir können doch unsere Körper nicht alleine lassen mit sich und ihrer Dekomposition, die im Leben schon begonnen hat. Natürlich ist das etwas peinlich, über die Unsterblichkeit zu reden, besonders über die persönliche Unsterblichkeit. Man ist etwas verlegen … Aber erst wenn wir uns als seelenlose Leichen denken können, finden wir zu einer neuen Perspektive, zu einer Sprache, die die Welt als Ganzes betrachten und denken kann.

D: Vielleicht solltest du eine Tablette einnehmen.

M: Warum hilft mir denn keiner? Bin ich denn der Einzige, der sich um meine Zukunft kümmert?

D: Hallo! Hab ich nicht gesagt, du solltest eine Tablette einnehmen?

M: Der Mord in der Geisterbahn hatte mich erschüttert und verwirrt. Und alle Fragen stiegen immer wieder und wieder in mir auf, wie die Bläschen in einer Flasche Clubsoda. Wie kam es zu dem Perspektivwechsel des Kommunismus? Es war beinah Mitternacht. Ich war ewig gelaufen. Wo war ich denn bloß gelandet? Ich wollte nur noch ein Gläschen Schlummifix trinken und dann unter meine Decke schlüpfen. Aber meine Nacht sollte erst so richtig anfangen.

S: Sie kommen spät.

M: Kommt drauf an, wofür ich zu spät komme.

S: Sie haben doch gesagt, wir wollen zusammen essen. Und heute Abend hab ich Zeit. Ich mache Schmorfleisch. Wie scharf und feucht mögen Sie es?

M: Mächtig scharf und furchtbar feucht. Ich hab das Gefühl, Sie kennen sich gut in Küchen aus.

S: In anderen Räumen kenn ich mich genauso gut aus.

M: Ich kenne das, was Sie da anhaben.

S: Es gehört Ihnen. Ich mach auch keine Knautschfalten. Oder sagen wir, noch nicht.

M: Haben Sie was dagegen, wenn ich in etwas Bequemeres schlüpfe?

S: Ich hoffe, Sie haben Appetit mitgebracht.

S & M singen «Baby, It's Cold Outside».

CLIP

Sa: Es muss doch möglich sein, unseren Ort in der Welt, unsere uns diktierte Perspektive willkürlich zu wechseln. Ohne auf unseren Tod warten zu müssen. Es muss doch möglich sein, ein Manuskript zu limitieren, das wir für uns halten sollen, und zwar schon während unseres Lebens. Wir können doch nicht immer nur mit Stimmungsschwankungen auf unseren uns diktierten Ort in der Welt reagiern. Unendliche Stimmungsschwankungen gegen die schlechte Unendlichkeit unseres Ortes in der Welt. Nein!, die Gefühle müssen stabil bleiben können, auch wenn uns im Theater eher wechselhafte Gefühle ohne Sinn und Verstand vorgelegt werden. Nein, die Gedanken müssen wechseln und nicht die Gefühle. Das Manuskript ist nicht das Problem und dass es uns aufgezwungen wurde, sondern dass wir es für uns selbst halten. Wenn ich in Berlin mit einer Louis-Vuitton-Tasche durch die Gegend laufe, halte ich das wahrscheinlich für mich und für meinen Geschmack und mich für das Subjekt dieser geschmacklichen Äußerung. Und an einem andern Tag laufe ich vielleicht mit einer Stange Zigaretten durch die Gegend und halte das für mich. Nur in dem einen Fall bin ich für alle andern eine japanische Touristin und in dem andern Fall eine vietnamesische Migrantin. Und meinen Ort in der Welt und das, was alle andern um mich herum für meinen Ort halten, kann ich dann mit Stimmungsschwankungen bearbeiten. Mein mir diktierter Ort in der Welt, den muss ich meistens mit Stimmungsschwankungen bearbeiten. Dabei ist mein Ort in der Welt gar nicht so klar! Der bekam seine Form ja auch nur durch die Art der Finanzierung. In Berlin bin ich nur eine Japanerin, wenn ich mit einer Louis-Vuitton-Tasche herumlaufe. Wenn ich eine Stange Zigaretten in der Hand habe, bin ich eine Vietnamesin. Also hat mein Ort in der Welt weder mit Japan noch mit Vietnam zu tun. Muss ich eine Louis-Vuitton-Tasche tragen, damit die mich in Berlin für eine japanische Touristin halten? Und mit einer Stange Zigaretten bin ich eine Vietnamesin. Muss das alles so logisch sein?

Und während ich meine Zigaretten gegen eine Vuitton-Tasche eintausche, hab ich immer Stimmungsschwankungen.

CLIP

S: Ahhhh, hier hat ein böser Junge was angestellt? Das hätte er lieber nicht tun sollen. Ich kann hier nicht die Dubarry spielen!

M: Du musst dich jetzt hinlegen. Nichts ist so wichtig wie das Nachmittagsschläfchen. Das ist eine ernste Angelegenheit, wenn man über 30 ist! – Aber das betrifft dich ja wohl nicht?

S: Tyrannisiere mich nur.

M: Da steht sie, die chinesische Führung. Hast du deine Vitamine genommen?

S: Wir brauchen auf alle Fälle ein Stück, das uns verfehlt.

M: Was ist denn mit dem Stück, das ich vorgeschlagen habe?

S: Ich kann dieses Stück nicht spielen! Diesen alten Dreck. Man muss doch von einer Elite verlangen können, dass sie auf das Denkmaterial zurückgreift, das ihr zur Verfügung steht, und es nutzt. Wozu wird die ganze Scheiße hier denn subventioniert?

M: Ihr Haar hatte die goldene Färbung alter Gemälde, und sie war kurvenreicher als Serpentinen. Und ihre Beine waren von der Sorte, die einem so glatt unter die Zunge geht. Und sie schickte mir einen Blick, den ich heiß in meiner Gesäßtasche fühlen konnte. Oh ja, die Sache fing wirklich an, interessant zu werden. Toller Pelz, wirklich.

S: Ja ja, aber er muss sehr viel gebürstet werden. Das Phantasma wird diffamiert als ein Ort, an dem ich keine Erfahrungen machen kann. Aber vielleicht kann ich nur da Erfahrungen machen!

M: Ja, aber da gab es Umwälzungen in unserer Vorstellung vom Phantasma. Durch diese Umwälzungen, diesen Wechsel haben wir es jetzt mit einer Minderung von Wirklichkeit zu tun, wenn ein Körper nicht abschließend genossen werden kann. Aber das versteht niemand, diese Askese, diese Limitierung. Dass ich deinen Körper nicht abschließend genießen muss, um zu einer vollendeten Liebe zu kommen.

S: Wir haben uns doch in dem Phantasma. Da haben wir uns doch. Da lieben wir uns doch. Wenn wir uns mit Sätzen anfassen, die nicht unsere sind.

St: Damit wir uns hier begegnen, brauchen wir beide ein verfehltes Leben. Das führt uns zusammen.

D: Und nicht die Leben, die die unseren sind. Das ist Liebe, Leben, die nicht die unseren sind. ***Wir*** können ja nicht lieben!

S: Die Liebe wird als Bereich ausgegeben, der alle vereint. Kaum redet jemand über die Liebe, fühlen wir uns alle sofort gemeint. Aber das ist das Missverständnis: Es kann nicht jeder lieben Und ganz bestimmt kann nicht jeder geliebt werden.

H: Der Widerspruch, den wir mit Stimmungsschwankungen bearbeiten müssen, ist der, dass uns die Liebe als etwas angeboten wird, das uns alle eint, aber es eher so ist, dass nicht jeder geliebt werden kann.

M: Warum sagst du das zu mir?

St: Ich muss dauernd bearbeiten, dass wir uns alle auf die Liebe beziehen können, meine Erfahrung aber eher ist, dass nicht jeder geliebt werden kann. Es muss doch möglich sein, der Macht, dem Schicksal, dem Leben zu widersprechen! Sie zu kritisieren, zu verfluchen, und zwar nicht als bloße Stimmungsschwankung! Nein, sondern indem wir die Gedanken wechseln und nicht nur wieder die Gefühle. Die formale Logik, mit der normalerweise operiert wird, neutralisiert jede Entscheidung gegen das Leben als Stimmungsschwankung und erkennt sie nicht als angemessenen Positionswechsel. Wir können gegen das Leben sein, wie wir gegen jede Macht sind. Nur: Gegen die Macht zu sein ist ein linker Gestus, der gemeinhin angenommen wird und der nur daraufhin überprüft wird, ob er erfolgreich ist oder nicht. Aber gegen das Leben zu sein wird mit dem immer gleichen Gerede von Stimmungsschwankungen neutralisiert.

M: Der Kapitalismus und seine auf Konsens basierenden Demokratien kitten ihre Widersprüche mit Geschichten über die Liebe.

D: Aber das Problem dieses scheinbar alles vereinigenden Themas ist: Es operiert mit dem Missverständnis, dass alle lieben könnten und alle geliebt werden könnten.

Sa: Ja, genau. Das ist aber nicht meine Erfahrung. Da können sie auch noch so lange dran arbeiten. Es ist unmöglich.

S: Eine Geschichte über die Liebe tut aber so, als wären wir alle zur Liebe fähig.

M: Das Missverständnis bei dem Gedanken, dass die Liebe ein universelles Thema ist, ist das, dass alle davon ausgehen, dass sie lieben könnten und geliebt werden könnten und dass das hier jetzt eine universelle Rede sein kann.

H: Und das ist das Missverständnis. Denn es kann nicht jeder geliebt werden, und es kann nicht jeder lieben.

M: Warum sagst du mir das immer?

St: Jedes Wort über die Liebe strebt Allgemeingültigkeit an. Es wird eben nicht die Ganzheit angestrebt, wie in der Materialistischen Dialektik.

D: Im Kapitalismus wird zu einseitig gedacht und nicht wechselhaft. Und diese einseitige Perspektive wird als Allgemeingültigkeit ausgegeben. Jeder Satz über die Liebe strebt Allgemeingültigkeit an, und jeder denkt, er wäre gemeint, wenn er das Wort Liebe hört. Aber auch bei der Liebe wird nicht die Ganzheit angestrebt, die nur durch das paradoxale Denken der kommunistischen Führung zu erreichen ist. Im Kommunismus wird sie nicht einseitig gedacht, die Liebe.

M: Im Kommunismus muss man keine SMS schreiben, in denen nach dem Grund gefragt wird, warum du mich nicht mehr liebst, das Schicksal unterhält sich ja bereits mit einem.

Sa: Was ist denn das mit der Liebe? Hat ihr Verstummen auch nur damit zu tun, dass über Erfolg und Misserfolg nicht diskutiert werden kann?

D: Dass jemand nicht mehr mit Interesse auf dich sieht und du nicht fragen kannst, warum?

H: Was ist denn mit diesem dritten Medium, neben Sprache und Ökonomie, was ist denn mit dem Phantasma?

M: Da die Liebe ihren Ort tatsächlich im Phantasma hat, begegnet die Begierde dem Objekt nie in seiner Körperlichkeit. Das macht sie vollendet. Die Grenzen zwischen der Begierde und ihrem Objekt sind vollkommen ausgelöscht.

S: Im Phantasma konnte ich mir das Objekt meiner Begierde aneignen. Und dieser Ort ist jetzt unendlich weit von mir entfernt.

M: Das passiert alles zu schnell. Ich bin schon einmal verletzt worden.

H: Das tut mir leid.

M: Wir kannten uns jahrelang, sind zusammen zu allen Polizeifesten gegangen. Wie ich sie geliebt habe, aber sie liebte die Musik. Ja, ich glaube, es war die Musik. Sie hing dauernd mit dem Männerchor des Chicagoer Symphonieorchesters zusammen. Ich glaube nicht, dass sie irgendein Instrument spielen konnte, und sie war auch nicht fähig, einen Ton zu halten. Dennoch war sie 300 Tage im Jahr auf Tournee. Ich habe ihr zu Weihnachten eine Harfe geschenkt, und da fragte sie mich, was das ist. Dieselbe alte Geschichte. Junge findet Mädchen. Junge verliert Mädchen. Mädchen findet Junge. Junge vergisst Mädchen. Junge vergisst Mädchen nicht. Und das Mädchen stirbt bei einem tragischen Luftschiffunfall über dem Baseballstadion am Neujahrstag.

Sa: Silvester?

M: Nein, ich heiße Frank.

D: Der Ort, an dem wir Erfahrungen machen können, ist vielleicht überall, nur nicht in uns. Ich muss hier nichts erfahren. Ich muss mich nicht erfahren! Dieses sich generationsweise unendlich wiederholende Labyrinth aus Erfahrung, das uns aufgezwungen wurde:

St: Neugierig zu sein, sich ein Sexleben zu verschaffen, Kinder zu kriegen, von denen ich sagen würde, dass sie lediglich in Ordnung sind, wenn sie ihre Eltern erschießen.

S: Der Verzicht auf Erfahrung seitens der Jugendlichen und Junkies. Sie wollen sich einfach nicht diese manipulierte Erfahrung aufzwingen lassen und verzichten lieber auf sie. Sie ballern sich mit Drogen weg und mit Videospielen …

PIANISTIN: Frank! Hör auf! Du bist nur eifersüchtig, weil ein anderer Mann mir das Verständnis gibt, das du nie hattest.

S: Ah, das ist ja toll. Ich habe auch eine Freundin, nettes Mädchen, Schriftstellerin, hat ein Buch über sexuelle Störungen beim Mann geschrieben. Du hast es bestimmt gelesen. Ich hab keine Ahnung, warum seine Zuwendung einfach weg ist, sein Interesse an mir. Ich will das wiederhaben, diese Zeit mit dir. Diesen Blick, als würdest du sagen: Ich muss mit ihr ins Landhaus, sie muss jetzt in ein Krankenhaus, damit sich alle um sie kümmern, dieser Blick, der mich einfach umhaut, der das sagt. Ich möchte einfach fallen, wenn du in der Nähe bist. Und du fängst mich nicht auf und bringst mich anschließend in ein Krankenhaus. Und du siehst mich an, als wäre ich zu nichts zu gebrauchen, das nannte man mal Liebe! Weißt du? Vielleicht wolltest du mich auffangen und hast einfach danebengegriffen, weil uns unser Begehren gar nicht gehört oder weil es nicht dort ist, wo wir es vermuten. Ich möchte mich in die Krankheit flüchten, wenn du in der Nähe bist. Ein Blick, als würdest du sagen: Sie muss schlafen, sie braucht Elektroschocks, warum siehst du mich nicht mehr so an?? So als wäre ich durch die Glaswand eines vollbesetzten Restaurants gefallen … und du würdest mich aus all den Glassplittern zusammenlesen? Ich liege eigentlich die ganze Zeit irgendwo rum. Und liebe dich in der Vorstellung. Mein Innenleben ist die absolute Leere, und deshalb habe ich vielleicht Zugang zum Phantasma, weil ich Erfahrungen lieber außerhalb von mir mache. Du siehst mich an, als wäre ich zu nichts zu gebrauchen, das nannte man mal Liebe! Weißt du? Warum haben die kommunistischen Parteien der Sowjetunion und Chinas die Arbeit am kommunistischen Projekt eingestellt und sind zum Aufbau des Kapitalismus übergegangen? Warum nur?

PIANISTIN: Ich freu mich, dass du dich für Nachrichten interessierst, um zu wissen, was in der Welt vorgeht.

S: Nein, ich höre mir nur Schlager an, weil sie die Wahrheit sagen. Je dümmer sie sind, desto wahrer sind sie. So dumm sind sie übrigens nicht. Was sagen sie? Sie sagen: Verlass mich nicht! Dass du fort bist, hat mein Leben zerstört. Oder: Ohne dich bin ich ein leeres Haus! Lass mich zum Schatten deines Schattens werden. Oder: Ohne Liebe bist du gar nichts!
Oder: Wir müssen sterben, um leben zu können.
Oder: Na und! Ich kann dich da auch nicht erlösen mit meinem 08/15-Sex von deinem langweiligen Leben mit diesem alten Mann!
Oder: Seine warmen Tränen oder meine. Immer

diese warmen Tränen. Die trennen uns von unseren kalten Tränen, die in den Geschichten nicht geweint werden

Oder: Ich werde doch gerade deswegen geliebt, weil ich ein Trunkenbold und Schwindler bin.

Oder: Im Selbstwiderspruch leben wie die chinesische Führung.

S singt «If It's You». Finale mit Chor.

Ein Chor irrt sich gewaltig

Jean Chaize (**J**)
Brigitte Cuvelier (**B**)
Christine Groß (**T**)
Sophie Rois (**S**)

Chor: Claudia A. Daiber,
Betty Freudenberg, Jana Hampel,
Lisa Hrdina, Marie Löcker, Marie Lucht,
Silvana Schneider, Ninja Stangenberg,
Nele Stuhler, Irina Sulaver und
Lisa-Theres Wenzel

Regie: René Pollesch
Bühne & Kostüme: Bert Neumann
Licht: Frank Novak
Dramaturgie: Aenne Quiñones

Chorleitung: Christine Groß

Premiere: 02.04.2009 Prater der Volksbühne
am Rosa-Luxemburg-Platz, Berlin

Leseempfehlung: Dietmar Dath, «Maschinenwinter» (Suhrkamp Verlag, Frankfurt am Main, 2008)

B: *(liest)* «Seulement!» «Seulement!» Oh mon Dieu! «Nur!» Aber das ist verrückt! Was meint sie nur! Nur Nur Nur! Was kann sie nur meinen?? Nur! C'est fou! Meint sie mich? Nur ich? Meint sie das? Oh mein Gott, oh mon Dieu! Oh, ich wusste es. Ich wusste es die ganze Zeit! Nur! Das bin ich! Aber was steht hier noch? *(Liest)* «Nur das Mobiliar!» Nur was?? Was heißt das? Nur das Mobiliar! Das Mobiliar? Les meubles? Meint sie das? Ich bin doch kein Mobiliar! «Nur das Mobiliar nehm ich mit!» Ja. Es ist weg! Das Mobiliar ist weg! Die Chaiselongue! Das Bouffet! Das Pouffe! Die Récamière!
Und jetzt ist auch noch der Plattenspieler weg. Deshalb heißt es wohl Mobiliar, weil es so mobil ist. Das stand doch hier! Wo ist es hin? Das ist noch nicht das Ende! «Nur die
Möbel nehm ich mit! Rocco und ich …» Das muss Rokoko heißen. Rocco macht keinen Sinn, wer soll das sein? Es geht ja um die Möbel. Sie denkt nur an ihre Möbel.

J: Madame Esperanza! Was ist das? Ein Brief?

B: Ja, Madame, lesen Sie!

J: «Seulement!!???»

B: Yes!

J: Warum sprechen Sie Englisch mit mir?

B: Aber sind Sie denn nicht …? Are you …? Man hat mir gesagt, dass Sie britische Staatsangehörige sind.

J: Aber keineswegs. Ich bin Franzose! Was glaubst du denn, warum ich so einen bescheuerten Akzent habe! Ihr schwulen Engländer!

B: Was machen Sie denn dann in England?

J: Kümmern Sie sich um Ihren eigenen Scheiß! Sie Guinness saufendes, britisches Königin-Elisabeth-Furzkissen! Ich scheiß dich mit Porree zu! Ihr wollt doch nur an meine Kronjuwelen ran, ihr verklemmten Hamsterzähne!! Ich fress das Furzkissen Ihrer Königin. Wenn das hier England ist, dann fress ich ein goldbesticktes Furzkissen von Königin Elisabeth der Ersten! Sie und Ihr Königreich der Titten!

66 **B:** Sind Sie nicht der Lakai? N'est-ce pas?

S: Maman! Die immer länger werdende Zeit ohne den Kommunismus. Ich frage mich, wie ich die noch durchstehen soll.

J: Du verblödeter Teekopf! Ich wollte sauber machen, und Marie-Ange ist mir auf der Treppe begegnet, zusammen mit den Möbeln und den Kindern.

S: Entschuldige, Marie-Ange hat die Kinder zu Hause, den Louis-Quatorze-Sessel, inzwischen ist sie 38 … Ich will keine Sprüche machen, aber sie ist eine glückliche Frau … Ahhhhh, meine Möbel! Der Louis-Quatorze-Sessel … Die Chaiselongue … Die Récamière! Mein Innenarchitekt hat mich beschissen!

B: Nein, es ist ganz anders! Madame Philippo ist ihr auf der Treppe begegnet.

S: Wem?

J: Marie-Ange!

S: Mit dem Louis-Quatorze-Sessel?

J: Das heißt nicht Louis-Quatorze-Sessel, das heißt mit der commodité de la conversation.

S: Mit der commodité de la conversation.

J: Mit der commodité de la conversation.

S: Mit der commodité de la conversation. **67**

B: Diphtong! -on!

S: -on!

B: -on!

S: -on! Ohne die Chaiselongue??

B: -longue.

S: -longue.

B: -gue.

S: -gue, -gue, -gue, Gott, wie furchtbar! Wie soll ich denn so jemanden empfangen?

J: Reißen Sie sich zusammen! Man könnte denken, Sie hätten die Karte des zarten Umgangs nie gesehen!

S: Wo sind sie denn hin? Meine Mö… die Bequemlichkeiten der Konversation?
Ahhh!

B: Noch mal A! Das ist der Selbstlaut mit der größten Öffnung.

S: Ahhh!

B: A – E – I – O – U! Das sind die fünf Vokale!

S: A – E – I – O – U!

B: U.

S: U.

B: Nach vorne! U! N'est-ce pas?

T: Du drückst mit Sex alle möglichen Emotionen aus, nur nicht Liebe. Und: die Finanzströme in geordnete Bahnen lenken. Das ist Erzreformismus. Hat sie nie etwas bemerkt?

S: Wer?

T: Marie-Ange!! Hat sie denn nie etwas bemerkt von Carmen und den anderen? Oder wie hieß diese Apothekerin von neulich!

S: Marie-Ange! Wieso hat sie mir das angetan?

T: Moment mal! Wer hat mir denn gesagt, dass Marie-Ange kalt wie ein Fisch ist und dass du scharf darauf wärst, deine Aerobiclehrerin zu vögeln?!

T: *Lip-Sync zu «Je suis comme je suis / Je suis faite comme ça»*

S: Entschuldige bitte, wir lieben uns ja auch, aber niemand von uns würde den Raum verlassen, nur weil ich nicht mit ihm schlafen will.

T: Das ist etwas völlig anderes.

J: Und ich wäre da nicht so voreilig.

B: Zwischen uns gibt es eine völlig andere Verabredung. Wir lieben uns, aber niemand von uns hier würde den Raum verlassen, nur weil wir nicht mit ihm schlafen wollen.

J: Nein, auf keinen Fall!

T: Das ist eben kein Problem. Aber bei dem, mit dem der Sex nicht einmal annähernd so gut wäre, und nur weil irgendeine Verabredung im Raum steht, irgendein langweiliger Gemeinplatz, eine öde Insel der Sexualität, zu der wir verbannt wurden, rennt man raus und schlägt die Tür hinter sich zu …

S: Man stelle sich vor: Das Publikum verlässt den Saal, weil die Schauspieler nicht mit ihm schlafen wollen. Hahaha. Das wäre ja noch schöner!

T: Na, ich wäre da nicht so voreilig.

S: Meine Kinder! Meine Möbel! Wie konnte sie mir das antun.

T: Und deine Kinder?

S: Ach ja, meine Kinder. Gott verfluche sie, dass sie mir diese Bälger zugeschanzt hat! Oh mon Dieu!

B: Dieu, Dieu!

S: Dieu, Dieu!

B: D, d.

S: D, d.

B: -eu, -eu.

S: -eu, -eu! Dieses eigenartige Benehmen von Madame Esperanza mir gegenüber, es bleibt mir absolut unverständlich. C'est fou!

B: F, f.

S: F, f.

B: Fou, fou!

S: Fou, fou! Furchtbar! Ich glaub, ich träume, Jungs, sie hat alles mitgenommen.

B: Ja, das Bild da auch. Es war doch ein Bild, oder? Ich meine, weil es so … So eine

Scheiße, also wirklich. Ja, es war so einer mit 'ner Flöte drauf.

S: Ahhh! Meine Kinder!

J: Und deine Möbel hast du doch auch sehr gern gehabt, besonders die Couch am Fenster.

S: Ahhh, meine Couch!

T: Wie sieht denn das juristisch bei euch aus? Hattet ihr Gütertrennung oder so was? Vielleicht brauchen wir eine Ethik, die sich der latenten Monstrosität des Menschseins bewusst ist, und zwar furchtlos.

B: Simon, doch nicht jetzt!

J: Ich will doch nur wissen, ob sie das Recht hatte, die Möbel mitzunehmen.

S: Hier kann ich doch nun wirklich niemanden empfangen.

S: Hallo, Paul!

CHOR: Hallo, Sally!

S: Komm nur rein!

CHOR: Ich … ich finde es sehr schön hier.

S: Ach ja? Mein Innenarchitekt hat mich beschissen.

CHOR: Also ich dachte, wir trinken erst mal was, und ich hab es geschafft, noch Karten für den «Don Giovanni» zu ergattern.

S: Das ist ja nett. Was möchtest du trinken?

CHOR: Ganz egal … hmm … einen Weißwein?

S: Weißwein … Bin gleich wieder da!

CHOR: Ich hab gehört, dass die Inszenierung der Oper einfach unglaublich sein soll.

S: Ach, wirklich …? Wie toll.

CHOR: *(lacht unsicher)*

72 **S:** Ach, das tut gut … Oh!

CHOR: Oh … Ach, das macht nichts, das macht nichts. Ich kümmere mich gleich darum.

S: Entschuldige bitte. Es ist mir wahnsinnig unangenehm. Darf ich mal telefonieren?

CHOR: Ja, sicher, ist alles in Ordnung?

S: Ja! Ja, ich freue mich schon darauf.

CHOR: Ein guter Freund von mir hat das Bühnenbild entworfen.

S: Ja. Tatsächlich?
(telefoniert) Ich bin's. Du lebst mit ihr zusammen, nicht wahr?! Ihr seid zusammengezogen. Lüg mich doch nicht an, Marie-Ange! Du lebst mit jemandem zusammen. Weil ich es

weiß …! Weil es so ist …!! Ja, ich hab es gehört. Jetzt komm mir doch nicht mit so einem Scheiß!
Und es ist erst drei beschissene Wochen her!
Wie hast du denn so schnell jemand kennengelernt …?! Ach, Schwachsinn!
Du hast sie bestimmt schon vorher gekannt. Schwachsinn! Erzähl mir doch nicht so eine Scheiße …! Ach, du hast dich verliebt! So schnell? Du hast dich mit ihr, wer es auch immer ist, schon die ganze Zeit vorher getroffen. Na ja, na … na … natürlich hab ich damit gerechnet, dass irgend so was passiert. Aber doch nicht so schnell …!
Bist du dir sicher?
Nein, bin ich nicht. Schwachsinn, Schwachsinn!

CHOR: Hallo! Du, du …

S: Es geht mir gut. Alles bestens.

CHOR: Hör doch, falls es da irgendwelche persönlichen Dinge gibt …

S: Es geht mir gut. Ich freue mich schon auf heute Abend … Was werden wir sehen?

CHOR: «Don Giovanni».

S: Was? Ist es so eine «Don Juan»-Geschichte!?

CHOR: Ich denke dabei nur an Mozart.

S: Diese scheiß Don Juans! Die hätten ihm … seinen scheiß Schwanz abschneiden sollen.

CHOR: Weißt du, wir … wir müssen da nicht hingehen.

S: Nein, nein, nein. Ich werde doch jetzt nicht auf mein Leben verzichten. Ich wollte schon immer … Ich brenne darauf, diese Oper zu sehen.

CHOR: *(reagiert mit einem kleinen Lachen)*

S: Eine Sekunde.

CHOR: Sicher.

S: Hallo … ich bin's noch mal … ich weiß, wer sie ist … Schwachsinn! Es ist Gale. Natürlich ist es Gale. Sie ist doch, seit sie in der Firma ist, scharf auf dich. Ihr steht beide auf diesen Sportblödsinn. Lüg mich nicht an, Marie-Ange! Natürlich ist es Gale! Sie ist doch so, wie sie dir gefallen. Sie ist ein dunkler Typ, und sie ist so «gescheit». Und dieser ganze scheiß Princeton-Blödsinn … Nein! Nein, nein …! Ich?! Ich dachte doch, es wäre ein Experiment. Ich … ich hatte es nicht für endgültig gehalten! Es war mir nicht klar, dass du schon ein Verhältnis hattest. Ach ja? Das ist Bullshit. Ich glaube dir nicht ein beschissenes Wort.
(zum Chor) Wann müssen wir in der Oper sein?

CHOR: Also, ich … ich glaube nicht, dass ich jetzt da hingehen kann. Ich bin etwas verwirrt.

S: Weswegen bist du denn verwirrt? Ihr Scheiß-Männer! Ist eine Frau über ein bestimmtes Alter hinaus, dann ändern sich auch gleich alle Spielregeln.

CHOR: Oh, nein, nein. Wirklich …

S: *(unterbricht)* Verteidige nicht dein Geschlecht! Es ist wahr! Es geht nur so lange alles gut, bis sich das Alter zeigt, dann wollen sie ein neueres Modell.

CHOR: Sally … Sally … Sally, du bist eine sehr attraktive Frau … in jedem Alter.

Es klopft.

S: Himmel! Mein Chor!

CHOR: Was ist denn los?

S: Nichts. Es ist nur mein Chor. Er steht vor der Tür.

CHOR: Dein Chor?

S: Der Chor, mit dem ich zusammenlebe. Mein Ehe-Chor.

CHOR: Welcher Chor?

S: Liebling, was soll ich denn sagen? Du bist doch nicht so naiv und denkst, du wärst der einzige Chor in meinem Leben!
Komm schon! Raus hier! Mach! Mach! Mach!

CHOR: Was soll das heißen, «Mach, mach, mach»?

S: Er wollte doch die ganze Woche in Algier bleiben!

CHOR: Und heute ist doch erst Freitag.

S: Willst du ihn fragen, warum er die Frechheit besitzt, schon heute hier zu sein? Vergiss deine Schuhe nicht! Ich bitte dich, sammle dich!
Aber was machst du denn da?

CHOR: Ich hab mich entschlossen, ihm von Chor zu Chor zu begegnen.

S: Du bist wohl verrückt geworden! Los, los, rein mit dir! Hier hinter den Vorhang!

76 *J kommt herein.*

S: Aber Mama, was machst du denn hier?

J: Marguerite! Sprich du mit ihm!

S: Jetzt hör aber auf, Mama, das passt mir jetzt gar nicht, wir wollten gerade mit dem Essen anfangen.

J: Und ich sage: Sprich mit ihm oder sage mir sofort ins Gesicht, ich soll die Gasleitungen aufdrehen. Aber dann … dann sag es sofort! *(Zum Chor)* Oh! Guten Tag, Bouly! Lassen Sie sich bitte, bitte nicht stören! Guten Tag, mein armer Bouly.
Marguerite hat mir alles erzählt. Also die Einsamkeit … Glauben Sie mir, ich beneide Sie. Ah! Hast du etwa deine Haare schneiden lassen?

EIN CHORMÄDCHEN: Ein kleines Ei, Mouchy? Was für eine Frau! Wird jedes Jahr zwei Jahre jünger!

J: Immer noch derselbe Schäker! Ich habe einen Brief bekommen. Ich schwöre, er war ganz harmlos. Da war nichts Frivoles dran.

S: Mama! Mama! Ich bitte dich.

J: Du kannst ihn lesen, Marguerite. Ich bin diesem Jungen bei Bekannten begegnet. Ich meine, wir leben doch in einem freien Land. Er kann mir wohl schreiben, oder? Daraus macht dieser empfindliche Trottel nun ein Drama.

S: Aber Mama!

J: Und mit welchem Recht? Gut, dann sag ihm, er soll mich heiraten. Gut, ich zwinge ihn nicht, aber was will er dann eigentlich von mir? Wieso sagst du nichts?

S: Aber was habe ich mit der Geschichte zu tun? Hört euch das an!

J: Wenn ich nicht mal von meinem eigenen Sohn Verständnis erwarten kann, was bleibt mir dann noch übrig? Du möchtest auch bloß, dass ich verschwinde, oder?

S: Ja. Aber nein! Ich finde es nur schrecklich, dass immer, wenn du das Haus betrittst, ich befürchten muss, dass es zusammenbricht. Ich hab mit meinen Freunden zusammen gegessen, das heißt, ich wollte mit ihnen essen …

J: Also gut, das nächste Mal, bevor ich zu dir kommen will, werde ich dir schreiben, dabei wohne ich nur zwanzig Zentimeter von deinem Haus entfernt. Mein Sohn gibt mir Termine wie seinen Patienten.

S: Mama, hier stehen meine Freunde. Siehst du sie denn nicht? Sie beobachten uns, hast du denn kein Schamgefühl?

J: Kein Schamgefühl? Mit wem sprichst du? Mit deiner Mutter oder mit Madame Luberont? Madame Luberont, mein Lieber, die beobachte ich schon seit langem, Marguerite! Lasst euch von mir bloß nicht stören, Kinder! Spielt, spielt! Spielen Sie, Bouly. Ich will Marguerite nur ganz kurz etwas sagen. Marguerite, komm her. Komm schon!

S: Was machst du denn hier? Warum schleppst du diesen Pelz mit dir herum und deine Koffer?

J: Ich verreise. Weißt du, was er letzte Nacht zu mir gesagt hat? Er hat mich extra noch geweckt, um es mir zu sagen. Rat mal. Ich souffliere nicht!

S: Ich weiß es nicht. Ich hoffe auch nicht, dass du es mir jetzt erzählen willst, oder?

J: Ja, wann soll ich es dir sonst noch erzählen? Ich wollte es dir in der Praxis erzählen, aber diese Verrückte hat mich nicht in dein Wartezimmer gelassen.

S: Das war keine Verrückte, das war Madame

Paquet, meine Sprechstundenhilfe. Da hat sie recht gehabt. Ich hatte gerade einen Patienten.

J: Ach so, du findest also richtig, dass du dich mit einem Patienten einsperrst, während deine Mutter fast stirbt.

S: Das ist doch nicht wahr!

J: Aber dich brauchen deine Patienten nicht … Sind alles Simulanten.

S: Was sagst du? Meine Patienten haben nichts? Willst du von dem einen mal den Befund sehen? Willst du ihn sehen?

J: Gar nichts hat er, frag Madame Paquet.
Aber er bezahlt dich ja hervorragend, deshalb empfängst du ihn lächelnd. Aber bitte, wenn ich jetzt dafür bezahlen muss, um dich zu sehen … Sage es mir bitte, wie viel schulde ich dir?

S: Hör auf, ich bitte dich, hör auf!

J: Halt, Marguerite, sprich bitte nicht in diesem Ton mit mir. Ich bin immer noch deine Mutter. Und du könntest hier vor deinen Freunden eine Ohrfeige bekommen. Merk dir das!

S: Was hab ich denn nur gemacht, Mama? Hör auf!

J: Machen Sie’s gut, Bouly, auf Wiedersehen!

S: Mama, wo gehst du hin?

J: Keine Sorge, dir lass ich meine Adresse nicht zurück, dann kannst du wenigstens die Briefmarken sparen.

S: Hör auf, hör auf!

J ab, es klopft.

S: *(zum Chor)* Jetzt aber schnell, zieh deine Schuhe an und verschwinde.
Zurück mit dir hinter den Vorhang, diesmal ist es wirklich mein Ehe-Chor!

Chor ab, eine Hälfte des Chors tritt gleichzeitig wieder auf, dann der ganze Chor.

S: Was machen Sie denn hier? Lucien, die Mädchen sind nicht da, und sonst haben Sie hier nichts zu suchen.

CHOR: Warum beantworten Sie meine Briefe nicht?

S: Davon weiß ich nichts, ich hab keine Briefe bekommen.

CHOR: Ich hab Ihnen 14 geschickt. Ich will Ihren Busen, ja wirklich, ich will nicht mehr ohne ihn leben.

S: Meinen Busen? Aber Lucien, werden Sie bitte vernünftig! Ich bin verheiratet, ich habe Kinder! Sie finden das alles vielleicht blöd und vielleicht auch spießig, aber …

CHOR: Spießig ist das schon.

S: Es ist aber nun mal so! Sie sind … 17, und ich … bin um gut zwanzig Jahre älter!

CHOR: Alles verstaubte Konventionen.

S: Lassen Sie die Konventionen in Ruhe. Das Elend der Sexualität steckt nicht in ihrer Unterdrückung. Im Gegenteil, wir *sollen* ja dauernd über Sex reden.

CHOR: Sie hat recht, Lucien! Immer stellt man die Verbote heraus, die mit Sexualität zu tun haben sollen. Aber wir sind im Gegenteil über nichts so sehr verpflichtet, uns auszubreiten, wie über die Sexualität.

S: Reißen Sie sich zusammen, Lucien! Werden Sie vernünftig! Marx hat auch nicht den Kapitalismus als Repression erklärt, als abgekarteten Diebstahl. Nicht umsonst hat sich Marx der Analyse der Produktion gewidmet, um der Empörung zu entgehn.

CHOR: Es ist nicht schön, verlassen zu werden, aber unter meine Liebe können Sie einen Strich machen!

S: Glauben Sie mir, es ist besser so, Lucien.

CHOR: Sind Sie für oder gegen ein bedingungsloses Grundeinkommen?

S: Bedingungsloses Grundeinkommen?? Verschwinden Sie endlich!
Ich bin natürlich für die Mindestlohn-Idee.

Was denken Sie denn? Auf die Mindestlohn-Idee reagiert das Kapital empfindlicher als auf das bedingungslose Grundeinkommen. Hören Sie auf, Vorschläge zu machen, für die Ihnen aus Kapitalistenkreisen das eine oder andere Lob zuteil wird. Die Konservativen sind es, die es gut mit den Menschen meinen und denen die Armen leidtun. Ich bin Sozialistin. Mir tut niemand leid. Ich habe nichts gegen Egoisten, aber ein bisschen egoistischer könnten sie sein.

B: Lucien! Da wünscht man sich, die kommunistischen Klassiker hätten ihre Werke ihrem größten Feind vermacht und nicht ihren sogenannten Freunden oder mir, Lucien!

CHOR: Freunde! Pah!

S: Dieser leichtfertige Umgang mit dem Bankrott des Kapitalismus, Lucien, das muss aufhörn!

CHOR: *(zu sich)* Sie hat recht, Lucien! Die herrschende Kapitalismuskritik ist vielleicht deshalb so en vogue, weil sie sich darauf beschränkt, wieder nur zu sagen, dass wir nur bessere Menschen werden müssten. Aber wir sind schon gut genug.
Ich liebe Sie, Madame!

S: Lucien! Hören Sie auf mit Ihrem Geständniszwang! Darum kann es doch nicht gehen, stumpfsinnig voreinanderzuhocken und dieses «Ich liebe dich» mit nichts anderem als seinem Innenleben belegen zu wollen. Ihre Selbstoffenbarung interessiert mich nicht!

CHOR: Müssen Sie frustriert sein!

S: Ja, das ist das Missverständnis. Sie definieren sich über Ihre Sexualität und halten das für einen Befreiungsschlag! Na, prost Mahlzeit. Sie denken dauernd, Sex sei mit Repression verbunden. Im Gegenteil! Sex ist der Befehl zu einer Wahrheit, die wir für uns halten sollen!
Sehen Sie sich doch an. Sie sind viel zu jung, Sie sind ein Niemand. Was können Sie mir schon bieten? Sie genügen mir nicht.
Lucien! Die Liebe im Elend, so ganz ohne Möbel, ist mir etwas Unbegreifliches!
Was soll das werden? Ein Mann und eine Frau auf einer Matratze, pah!

CHOR: Hören Sie! Im anderen Raum gibt es Musik!
Che è ciò?
Was ist das?

S: Non gradireste ora le danze?
Möchtet Ihr jetzt nicht tanzen?

CHOR: Oh, il gentil pensier / tuutti accettiaaamo.
Oh, eine reizende Idee! Wir sind alle dabei.

S: Usciamo dunque … Ohimè!
Also, gehen wir hinüber … O weh!

CHOR: Che avete?
Was habt Ihr?

S: Nulla, nulla.
Nichts, nichts.

S geht zu den Boxen rechts.

CHOR: Che / mai / v'arresta?
Warum bleibt ihr stehen?

S: Usciamo … Oh Dio!
Gehen wir! Oh Gott!

CHOR: Ancora - Voi soffrite! - O ciel! … ch'è questo!
Schon wieder! Es geht Euch nicht gut - Oh Himmel, was ist das?

S: Un tremito che provo! Or … là … pas-
84 sate … Tra poco
Ich zittere, aber … geht … dorthin … Bald werde ich
anch'io sarò …
auch dort sein …

CHOR: Come bramate.
Wie Ihr wünscht.

S: Oh qual pallor! Voi qui!
Oh, welche Blässe. Ihr hier!

CHOR: Cessata è l'ansia / che vi turbòò?
Ist die Angst vorbei, die Euch befiel?

S: Sto meglio.
Ich fühle mich besser.

CHOR: Ah, in cotal guise / v'uucciderееte … aveer v'èè d'uooopo cura dell'esser vostro …

Ach, Ihr werdet Euch noch umbringen … Ihr müsst auf Eure Gesundheit achten …

S: E lo potrei?
Ich könnte das?

CHOR: Se mia foste, custooode io veglie-reeeei pe' vostri soaaaavi dì.
Oh, wenn Ihr die meine wärt, würde ich als Wächter über Eure süßen Tage wachen.

S: Che dite? … ha forse alcuno cura di me?
Was sagt Ihr? … Kümmert sich etwa jemand um mich?

CHOR: Perché nessuuuno al mondo v'ama …
Weil Euch niemand auf Erden liebt …

S: Nessun?
Niemand?

CHOR: Tranne sol iiio.
Außer mir.

S: Gli è vero! Sì grande amor dimenticato avea …
Er hat recht! Diese große Liebe habe ich vergessen …

CHOR: Ridete! e in voi v'ha un core?
Ihr lacht? Und Ihr habt ein Herz?

S: Un cor? … Sì … forse … e a che lo richiedete?
Ein Herz? … Ja … vielleicht … weshalb fragt Ihr?

CHOR: Oh, se ciò fosse / non potreste alloora celiaaar.
Ach, wenn es so wäre, dann könntet Ihr nicht mehr lachen.

S: Dite davvero?
Meint Ihr es ernst?

CHOR: Io non v'inganno.

S: Da molto è che mi amate?
Liebt Ihr mich schon lange?

CHOR: Ah sìì, da un - aaaaaaaanno
Un dìì / felice / eteeerea,
mi balenaaaste innaaantee,
eee da quel dììì treemaaanteee
viissii d'ignooooto amoooor.
Diiii quell'amooor, quell'amooor, ch'è l'aaanima
deeeell'univeeeerso, dell'universo inteeeeero,
misterioso / misterioso, alteeeero,
croce / croce e delizia / croce e delizia / delizia al cor.
Ach ja, seit einem Jahr.
An einem Tag, der glücklich und himmlisch,
erstrahltet Ihr mir, und seit jenem Tag
lebe ich bebend von nie gekannter Liebe.
Von jener Liebe, die der Pulsschlag
des ganzen Universums ist,
geheimnisvoll, erhaben,
Qual und Wonne dem Herzen.

S: Ah, se ciò è ver, fuggitemi …
Ach, wenn das wahr ist, lasst ab von mir …

solo amistade io v'offro: amar non so,
nur Freundschaft kann ich euch bieten: Lieben kann ich nicht,

né soffro di così eroico ardor.
noch eine solch heroische Liebe ertragen.

Io sono franca, ingenua; altra cercar dovete;
Ich bin offen und ehrlich; Ihr müsst Euch eine andere suchen;

non arduo troverete dimenticarmi allor.
es wird Euch nicht schwerfallen, mich zu vergessen.

CHOR: Amooooore / misterioso / misterioso alteeeero / Croce / Croce e delizia / Croce e delizia / Delizia al cor //

Delizia al cor
Croce e delizia al cor
Aaaaaaaa … Croce e deliziaaaaaaa al cor.

S: Simon! Dieser 17-Jährige ist hinter mir her! Du musst mich beschützen! Er macht mich noch ganz verrückt!

T: Marguerite, du musst dich wieder ins Leben werfen!
Du kannst doch nicht Abend für Abend zu Hause sitzen!
Du musst dich mal mit jemandem treffen!

S: Du hast recht, Simon! Und es gibt da jemanden … Aber stell dir mal vor, alles läuft irgendwie schief. Man trifft Verabredungen, sie klappen nicht. Wir sind nichts weiter als Figuren auf einem großen Schachbrett. So ist es! Das Schachbrett des Lebens.

S verschwindet.

T: Mon Dieu!

B: -eu! … -eu!

J: Madame Esperanza! Was soll dieses seltsame Verhalten??

T: Reißen Sie sich zusammen! Sie sind ja liebestoll! Wir hier laufen ja auch nicht hinaus und schlagen die Türen hinter uns zu, nur weil jemand nicht mit uns schlafen will!

88 **J:** Na ja, da wäre ich jetzt nicht so voreilig! *(Zu B)* Tranquille, Mademoiselle, tranquille! Nehmen Sie ein Croissant!

B: Croissa-ant! -ant! -ant!

J: Was ist denn bloß los mit Ihnen? Ich erkenn Sie ja gar nicht wieder!!

T: Hören Sie sofort auf mit diesen Croissants! Hier sind Croissants verboten.

B: Aber hier geht es nicht um Verbote! Haben Sie nicht zugehört?? Hier geht es darum, dass alle Franzosen gezwungen werden, Croissants zu fressen! Sie nicht nur zu lieben, sondern sie auch abschließend zu genießen! So als würden sie das für eine Wahrheit über sich halten!

T: Aber hier sind sie verboten! Das steht doch überall. Kannst du denn nicht lesen? Die Sprinkleranlage könnte losgehn und was weiß ich nicht noch alles. Das könnte alles losgehn!
(Zerbricht ein Baguette)
Ja, ich weiß, es geht hier nicht um Tabus, sondern um allzu viel Freizügigkeit. Aber worin soll die bestehn? Dass alle Franzosen Croissants fressen??
Nein, so ist es nicht.
(Zertritt die Croissants)
Wir müssen das nur für eine Wahrheit über uns halten und den Dreck … So das war's!
Soll das eine Wahrheit über uns sein? Sie abschließend zu genießen? Madame Moral Elastix!
(Trampelt auf den Croissants herum)

So, und das war's jetzt endgültig!

B: Ich liebe Marguerite nun mal, und ich möchte sie abschließend genießen!

J: Aber sie ist doch kein Croissant!

T: Und werden wir dadurch nicht auf eine sexuelle Insel verbannt? Was wäre denn, wenn die Freiheit darin bestünde, nicht einem langweiligen Gemeinplatz wie dem der Sexualität zu unterliegen? Wenn die Dinge, die Leute, die Körper polymorphe Beziehungen haben könnten? Aber dieser Polymorphismus, den die Erwachsenen, um sich zu beruhigen, Perversität nennen, überstreichen sie mit dem Grau in Grau ihres eigenen Sexes. Als wäre die Sexualität der Heilige Gral!

J: Aal? Was für ein Aal? Mein Gebieter mag keine Fische!

T: Welcher Gebieter??

B: Der König der Briten!

T: Ist mir neu, dass wir 'nen Gebieter haben. Ich dachte, wir wären ein autonomes Kollektiv!

J: Jedenfalls braucht er keinen Aal! Außerdem hat er schon einen!

B: Was sagt er?

T: Er sagt, er hat schon einen!

B: Mouchy …

J: Warum sprechen Sie englisch mit mir?

B: Aber sind Sie denn nicht …? Are you …? Man hat mir gesagt, dass Sie britische Staatsangehörige sind.

J: Aber keineswegs. Ich bin Franzose! Was glaubst du denn, warum ich so einen bescheuerten Akzent habe! Und jetzt wollt ihr auch noch meinen Aal sehn! Ihr schwulen Engländer!

B: Ich bin kein Engländer. Mein Medium ist die Sprache. Das müssen Sie doch hören! Das R bildet man durch die Transposition der Zungenspitze in Richtung der oberen Gaumenhöhle, bis sie von der mit Macht entströmenden Luft gestreift wird und nachgibt und doch stets wieder an dieselbe Stelle zurückschlägt, sodass eine Art Rollen entsteht. RRRRR.

T & J: RRRRR!

T: Aber das Medium im Kapitalismus ist nun mal nicht die Sprache, sondern das Geld, da können Sie noch so lange ihre Diphtongs üben.

B: Diphthong! -ong, -ong, -ong!

T: -ong! -ong!
Das ist Disziplinierung, Ihre Scheißsprache! Ihre Zunge bewegt sich nur diszipliniert in Ihrem Mund!

J: Das könnte Ihnen so passen, nein, mein Gebieter braucht keinen Hund!

B: Er sagte: Mund!

J: Und meine Zunge bewegt sich gleich undiszipliniert in Ihren Mund. Sie verblödete Roastbeef-Fresse!

B: Ich verstehe kein Wort von dem, was Sie hier sagen, also haben wir es hier wohl mit einer kapitalistischen Gesellschaft zu tun!

T: Mit etwas, dessen Medium nicht die Sprache ist. Sondern das Geld. Die Sprache ist im Kapitalismus prinzipiell stumm. Sie wird nicht gehört. Alles, was gesagt wird, wird nur daraufhin überprüft, ob es erfolgreich ist oder nicht. Der Kapitalismus lässt da auch nicht mit sich diskutieren.

J: Ach, kommen Sie mir nicht so! Sie wollen doch bloß meinen Aal sehn!

B: Solange das keine Gesellschaft ist, deren Medium die Sprache ist, können wir uns hier überhaupt nicht unterhalten. Ich will eine Gesellschaft, in der nichts mehr ohne Begründung geht. Das heißt jetzt nicht, dass wir über alles quasseln müssen, aber dass sich nichts von selbst versteht.

T: Entscheidungen haben was mit Sprache zu tun, aber wo stecken denn die Entscheidungen in einer kapitalistischen Gesellschaft, deren Medium der Erfolg oder Misserfolg ist?

B: Mouchy! Es sollen immer viele Besucher werden, aber nur wenige Darsteller! Aber viele Darsteller sind eine Entscheidung, und weniger Besucher ist etwas, womit ich nichts zu tun habe! Das soll Schicksal spielen, und auf eine sentimentale Art sollen wir dem näher sein, ob Leute kommen oder nicht. Nein, wir sind denen näher, für die wir uns als Darsteller entscheiden. Und nicht denen, die wir lieben müssen, weil sie unsere Mütter, Söhne oder unsere Zuschauer sind. Der Kapitalismus naturalisiert die Zuschauerzahlen, als ginge es um eine Mutter-Tochter-Bindung.

S: Maman! Die immer länger werdende Zeit ohne den Kommunismus: Ich frag mich dauernd, wie ich die noch verbringen soll?

(Lip-Sync zu «Et maintenant que vais-je faire»)
Ah, ich weiß! Vielleicht damit, unsere Sexualität endgültig von den Fortpflanzungsorganen abzukoppeln.

J: Das heißt: De la sexualité et la reproduction, la total séparation …

S: … total et la reproduction, -ion …

B: -on, -on!

S: -on, -on!

J: De la sexualité et la reproduction, la total séparation …

S: *(zu B & T)* Ich sehe diesen Lakaien an und denke, dass es Männern doch nie peinlich ist, über etwas reden zu müssen, das so viele betrifft. Ein Mann hat sich ja nie einfach mal so privat ein paar Gedanken gemacht. Es geht ihm ein Gedanke durch den Kopf, und schon hält er sich für einen Dichter oder Erlebnisreporter, diese Lakaien. Er vergisst dabei aber leider diese unaufhebbare Unverbindlichkeit bei allem, was ein Einzelner so von sich gibt.

T: Du hast recht! Verbindlichkeit entsteht nur da, wo gemeinsam gehandelt wird, nicht da, wo jemand sich alleine etwas ausdenkt. Mag es noch so zwingend sein. Nimm dir kein Beispiel an dieser Putze, Marguerite.

J: Ich bin keine Putze! Ich bin die Concierge!

B: Con-cierge, -cierge! -cierge!

J: -cierge! -cierge!

T: Da können Sie sich noch so lange anstrengen mit Ihren Sprachübungen, so kriegen Sie Marguerite nicht ins Bett.

S: Marie-Ange, wie konnte sie mir das antun?

B: -Ange! -Ange!

J: Hat sie geschrieben, wohin sie gegangen ist?

S: Nein!

B: Schreibt sie auch nicht, warum?

S: Doch. Sie hat ein Foto gefunden, da bin ich mit irgendeinem Chor drauf. Wir waren in den Ferien, während Marie-Ange zu Hause blieb! Aber ist das ein Grund, mir meine Wohnung auszuräumen? Wie konnte sie mir das antun! Sie muss mit dem Innenarchitekten durchgebrannt sein, in irgendeiner Besenkammer stehn jetzt meine Louis-Quinze-Möbel herum!

B: -Quinze! -Quinze! Ich möchte Ihren Busen anfassen!

S: Madame Esperanza! Jetzt reicht es mir aber. Ich weiß, dass Sie das wollen. Das will jeder! Aber ich seh es schon kommen, das Elend. Die Produktion einer Wahrheit, die wir für uns halten sollen!

T: Der Wille zum Wissen! Das Sterben ist kein Übergang! Ich weiß gar nicht, warum das immer erzählt wird. Da passiert nichts anderes als schon zu Lebzeiten! Der Körper verwest! Ab dem elften Lebensjahr nichts als Verwitterung und Verwesung! Und zwar ausgerechnet dann, wenn die Kinder, weg von ihren Fähigkeiten, polymorphe Beziehungen zu anderen Lebewesen aufnehmen zu können, auf die öde Insel der Sexualität verbannt werden.

S: Ja, ich wünschte, ich wäre dazu in der Lage! Warum ist es nicht so wie bei uns hier?
Wir lieben uns, aber die Verabredung, dass wir unsere Körper hier abschließend genießen müssten, die steht einfach nicht im Raum.

B: Doch, das tut sie. Ich kann nichts dafür!

B: *Lip-Sync zu «J'attendrai. Le jour et la nuit, j'attendrai toujours»*

S: Madame Esperanza! Hören Sie endlich auf damit! Machen Sie sich nicht lächerlich!

B: *Lip-Sync zu «Ne me quitte pas»*

S: Doch, aber es muss sein!

B: Und was ist mit Capri?

S: *Lip-Sync zu «Capri c'est fini»*

S: Was ist nur mit Ihnen los! Hören Sie endlich auf mit diesem andauernden Geständniszwang!

B: Ich kann nichts dafür! Irgendetwas in mir hält das für eine Wahrheit über sich, und die muss dauernd ausgesprochen werden.

S: Ich will sie aber gar nicht hören! Du bist doch sonst so klug, dann mach irgendwas gegen diese Wahrheit!
Ich weiß gar nicht, was sie hat. Sie beschwert sich dauernd darüber, dass ich nicht mit ihr ins Bett will. Aber wir hier lieben uns ja auch, aber niemand von uns würde den Raum verlassen, nur weil wir nicht mit ihm schlafen wollen.

J: Na, da wäre ich jetzt nicht zu voreilig.

B: Wahrscheinlich wäre das noch nicht einmal gut mit Ihnen, also Sie abschließend zu genießen. Während es mit Simon hier einfach phänomenal ist. Aber ich würde trotzdem nicht Türen schlagend davonrennen, wenn Simon mich heute nicht abschließend genießen würde. Aber mit Ihnen ist das was anderes.

S: Aber es können doch nicht einfach alle weggehn, nur weil ich nicht mit Ihnen schlafen will! So stiftet man doch kein Gemeinwesen.

J: Warum nicht? Also ich gehe!

S: Sie wollten mich auch abschließend genießen?

J: Sehr wohl, Madame!

S: Sonst noch jemand vielleicht? Ich dachte, wir könnten hier zusammen herumstehn, und die Verabredung würde einfach nicht existieren, gemeinsam auf die öde Insel der Sexualität zu fahren.

T: Egal, ob der gut wäre, der abschließende Genuss des Körpers, den wir lieben: Wir wollen ihn nun mal haben.

B: Wir haben keine Krise, wenn sich derjenige uns verweigert, mit dem das Ganze nun mal sehr, sehr gut ist. Wir haben eine Krise, wenn er uns verweigert wird von dem, mit dem er wahrscheinlich das reine Elend wäre.

J: Sie abschließend zu genießen wäre wahrscheinlich das reine Elend, Madame, deshalb muss ich gehen, weil Sie es mir verweigern.

S: Ich verweigere ihm das sexuelle Elend, und er verschwindet!

B: Ganz genau! Und ich auch!

S: Simon! Bleib du doch wenigstens!

CHOR: *(will etwas sagen)*

S: Lucien! Auch wenn Sie noch so viele sind, das gibt Ihnen nicht das Recht, mich als postmoderne Relativistin zu denunzieren! Sie mit Ihrer Selbstgewissheit über den eigenen Platz in diesem Leben, die jede Theorie nur wie ein modisches Accessoire neben sich

duldet. Aber sonst verlässt man sich auf die Säulen einer christlich-jüdisch geprägten, abendländischen Gesellschaftsordnung, die sich mit der protestantischen Ethik zum Leitbild moderner Lebensführung durchgesetzt hat.
Was wollten Sie eigentlich, Lucien?

CHOR: Ich hab … (mir geschworen: heute oder nie)

S: *(unterbricht den Chor)* Ihr Chöre seid doch alle gleich! So selbstgewiss. Als würdet ihr für alle sprechen. Und euch ist es nicht peinlich, diese Unverbindlichkeit eines Einzelnen, der für alle spricht … obwohl … ihr seid ja … Lucien, Sie sind Erzreformist, und der Reformist hat eine undankbare Aufgabe! Er ruft immer den Parteien zu, sie sollen miteinander reden! Wenn Höhlenmenschen und Astronauten einander verprügeln, dann setzt der Reaktionär auf die Vitalität des Höhlenmenschen, und ich bin Astronautin.

CHOR: Was machen alle diese Croissants auf dem Boden? Hast du mit einem anderen Chor gefrühstückt?

CHOR: *Lip-Sync zu «Couleur café, que j'aime ta couleur café»*

S: Na und wenn schon, das geht dich gar nichts an.

CHOR: Gut. Sie treten Ihr Glück mit Füßen, aber ich kann's nicht ändern. Ich bin zart besaitet und habe nicht die Zähigkeit eines sturen Waldesels.

S: *Lip-Sync zu «Parole, Parole Parole, encore des paroles que tu sèmes au vent»*

S: Lucien! Sie treten hier immer auf, als würden Sie für alle sprechen! Das macht mich total wahnsinnig! Woher nehmen Sie nur die Selbstgewissheit, mit der Sie vom Bankrott des Kapitalismus reden? Wo Sie nur immer Opposition vermuten! Wir werden nicht unterdrückt! Das Gerede von Unterdrückung zielt doch, wie in der Sexualität, nur darauf, einige Verbote zu überwinden, um glücklich zu sein. Und um Revolten und Freiheitsbewegungen niederzuschlagen und zu vereinzeln. Der Kapitalismus überprüft jede Aussage daraufhin, ob sie ökonomisch erfolgreich ist oder nicht. Bevor das hier nicht eine kommunistische Gesellschaft ist, operieren die Macht und ihre Kritik nicht im gleichen Medium.

B: Ja, Lucien! Auch deine Kritik wird nur daraufhin überprüft, ob sie sich rechnet. Aber ökonomisch scheitern kann man nur auf dem Markt, und der Markt existierte in der Sowjetunion und in China nicht. Oh, diese immer länger werdende Zeit ohne den Kommunismus, ich frage mich, wie ich die noch verbringen soll!

S: Lucien! Es muss doch noch eine ernsthafte Kapitalismuskritik geben, eine, die nicht von verlorengegangenen Werten redet, wie diese rechtsradikalen Kleinbürger! Eine, die nicht mit dem Glauben an eine moralisch saubere Marktwirtschaft auftritt, wie die Linke! Nein, eine linke Kapitalismuskritik kann nicht mit Moral, sondern nur mit widersprüchlichem Denken funktionieren.

T: Lucien! Es geht nicht um die Empörung über mangelnde moralische Integrität. Jedenfalls ist das nicht Kritik. Es kann ganz lustig sein, sich darüber zu empören, aber es bringt niemanden weiter. Diese Empörung, die soll ein Inhalt sein?

S: Wo man Inhalte vermutet, da sind sie nämlich gar nicht. Boris Groys hat recht, Lucien! Literatur ist kein Inhalt. Narration ist kein Inhalt. Inhalt ist die Stofflichkeit, das Material! Wenn die Werfels die

handschriftliche Partitur von Bruckners 3. Sinfonie vor den Nazis über die Berge retten, was für eine Opposition soll das sein? Diese Handschrift? Das ist nur die Zurichtung der Hand. Herrschaft, die sich die Werfels als Opposition erzählen.
Auch wenn du in den alten Büchern liest … Es ist nichts als eine Masche. Bücher. Tagebucheinträge von Thomas Mann, alles Masche. Literatur, eine vorübergehende Masche. Homer, eine Null. Shaw, ein Nichtskönner. Die ganze Beschwörung von Handschriften in der Nationalbibliothek … zugerichtete Hände, in der Lage, einen Stift zu halten. Warum wird das immer als Inhalt missverstanden? Nichts als Herrschaft. Solange deine Hämorrhoiden keinen Kugelschreiber halten können, sind sie in der Opposition. Das ist Widerstand.
Lucien! Wo du nur immer Opposition ver-

mutest! Du hast doch Bruckners handschriftliche Sinfonie unterm Rokokokleid!

CHOR: Ja, und die trag ich jetzt über die Berge!

S: Lucien! Wenn du denkst, dass ich noch einmal mit dir ins Museum gehe, hast du dich geschnitten!

CHOR: Aber du hast doch selbst gesagt, diese Kunst ist Scheiße.

S: Ja, aber da standen wir vor Piero Manzonis «Merda d'artista». Als ich sagte, diese Scheiße ist Kunst, standen wir vor in Dosen verpackter Künstlerscheiße. In jedem anderen Zusammenhang würde ich mich gewählter ausdrücken, außer wir wären in «Don Giovanni».

B: Lucien! Manzoni verkauft seine Exkremente in Dosen, und er schreibt es sogar drauf. Du musst nicht einmal mit irgendeiner Form von bildungsbürgerlichem Verdacht, in irgendwas irgendeine Bedeutung hineinzuvermuten, arbeiten.

S: Außer, du kannst nicht lesen. Na okay! Wenn du nicht lesen kannst, bleibt dir nur der bildungsbürgerliche Verdacht, hinter jeder Kunstanstrengung irgendeine Wahrheit über uns zu vermuten.

T: Lucien! Da haben wir doch endlich einmal ein Kunstwerk, das an der Oberfläche genug Auskunft über sein verborgenes Inneres gibt und nicht länger mit einem Verdacht arbeitet, und du Analphabet musst wieder die ganze Zeit Bedeutung hineininterpretieren.

S: «Don Giovanni»! Wo soll denn da der Inhalt sein? Dieses Missverständnis, das Manzonis Künstlerscheiße als Formalismus abtut und Literatur als Inhalt feiert? Na immerhin scheint mir «Don Giovanni» doch eine verdeckte Liebesgeschichte zu einem Chor zu sein. Aber dann sagt ja wieder jemand: Also darum kann es doch nicht gehen, eine polymorphe Beziehung zu einem Opernchor! Das ist nicht «Don Giovanni»! Und darum kann es ja wohl nicht gehen. Aber einen Inhalt seh ich da nirgends. Ich seh da auch kein Geschichtsbewusstsein. Die arbeiten da doch

immer einen überhistorischen Kern heraus, diese Regisseure, damit sie den Krempel überhaupt spielen können. Nichts anderes ist es doch, wenn sie die alten Klassiker neu auflegen! Mangelndes Geschichtsbewusstsein.
Wir hier, Lucien, das ist Geschichte! Ich und ein Chor. Das ist eine historische Tat. Ich geh mit einem Chor ins Bett, und ich muss das nicht für eine historische Wahrheit über mich halten!
Sag mal, mein Junge, hast du eigentlich noch Geschwister?

CHOR: Nein, ich bin ein Einzelkind! Pah! Literatur ist nur eine vorübergehende Masche. Und wir, wir sind noch viel vorübergehender, wir sind alle eine Masche, und wie froh bin ich darüber.

T: Wenn die Maischberger bei der Eröffnungsfeier der Olympischen Spiele in Peking sagt, dass die kollektive Erfahrung von 2008 Trommlern der Gleichschritt ist, dann übersieht sie doch das Labyrinth aus Lüge und Schrecken ihrer Journalistenschule, das sie bis vor dieses Mikrofon gebracht hat. Und die 2007 anderen Journalismusstudenten, die nicht vor diesem Mikrofon sitzen, was ist denn aus deren Gleichschritt geworden? Da spricht nichts mehr, ihren Misserfolg mit dem können sie nicht diskutieren. Die sind einfach nicht da. Aber die 2008 Trommler sind da.

S: Jawohl! Die 2008 Trommler sind da! Mein Chor ist da!

B: Du bist wie ein Traum! Manchmal habe ich das Gefühl, du existierst gar nicht, du *insistierst*!

S: Lucien, weißt du, was ich an dir so mag? Dass der Verlust der Individualität nicht die größte Angst ist in dir.
Ein Sozialismus aus Eigeninteresse, das ist es. Ich bin so froh, dass ich mit einem Chor zusammen bin. Diese Egoisten, diese verblödeten Einzelkämpfer, die sind alle so harmlos. Harmlose Idioten. Wenn man sie sich genauer ansieht, dann verfolgen sie gar nicht konsequent ihr Eigeninteresse. Sie sind irgendwie nicht egoistisch genug. Mein Chor kooperiert, weil mir einer nun mal nicht reichen würde.

T: Lucien! Ich geh mit einem Chor ins Bett, und ich muss das nicht für eine Wahrheit über mich halten! Dann rennt auch niemand mehr weg hier, nur weil ich nicht mit ihm schlafen will.

J: Na, ich wäre da nicht so voreilig! Lucien! Man bewahrt die Seelen, die das Privileg der Unsterblichkeit verloren haben, als gehorsame Handschriften in den Nationalbibliotheken auf. Und dort warten sie, weil noch nie ein gutes Buch geschrieben wurde. Und weil noch nie ein guter Film gedreht wurde. Und gute Musik wurde auch noch nicht gemacht. Außer die hier vielleicht:
(Lip-Sync zu «Pour un flirt avec toi je ferai n'importe quoi»)
Aber das ist nun wirklich das Einzige.

104 **S:** Aber wir sind doch ein schönes Gemeinwesen. Und wir wissen, dass weder die Liebe noch die Lohnarbeit das Gemeinwesen zusammenhalten können. Unser Gemeinwesen ist nicht so eine öde Insel der Sexualität, auf die man verbannt wird, wenn man schon als Kind weggerissen wird von dem Polymorphismus, der uns mal Beziehungen zu Dingen und Leuten ermöglicht hat, abseits von dem langweiligen Gemeinplatz der Sexualität. Dafür, wie wir zusammenhängen, mein Chor und ich, dafür gibt es nur eine Geschichte der Gegenwart.
Lucien, ich liebe dich!

S: *Lip-Sync zu «J'adore, j'adore, J'adore, j'adoooooore»*

CHOR: Hörst du bitte auf mit diesem andauernden Geständniszwang!

CHOR: *Lip-Sync zu «L'amour c'est du pipeau / c'est bon pour les gogos»*

S: Ich kann nichts dafür, irgendetwas hält das für eine Wahrheit über mich.

CHOR: Ich will sie aber gar nicht hören! Du bist doch sonst so klug, dann mach irgendwas gegen diese Wahrheit!

S: Aber Lucien, nein, bitte, ich wollte die Worte zurückhalten, aber bla, bla, bla …
(singt Arie «Ah, fors' è lui» aus «La Traviata»)
Ah, fors'è lui che l'anima
solinga ne' tumulti
solinga ne' tumulti
godea sovente pingere
de' suoi colori occulti!
de' suoi colori occulti!
Lui che modesto e vigile
all'egre soglie ascese,
e nuova febbre accese,
destandomi all'amor.

CHOR: Das war ein schöner Abend, nicht wahr, Sally?

S: Ja, es war gut, es war gut.

CHOR: Und dieses Konzert war … phantastisch.

S: Ja! Oh, Sie haben ja Baguettes mitgebracht. Wie nett!
Möchten Sie etwas zu trinken?

CHOR: Ja. Wenn es Ihnen auch recht ist?

S: Weißwein?

CHOR: Sehr gern.

S: Eigentlich hasse ich «Don Giovanni», aber, äh, aber es war gut. Der letzte Akt ist zu lang. Ich finde, er hätte ihn kürzen sollen. Der zweite Akt war gut. Na ja, er fing gut an.

CHOR: Ja, er, er begann ein klein wenig …

S: Und danach wird … wird er etwas sentimental, finden Sie nicht?

CHOR: Ja, schon, aber …

S: Der Dirigent hat ungeheuer rumgefuchtelt. Ach nein, ich gähne nur, weil ich hyperventilieren musste. Mir war von der Autofahrt nämlich ein bisschen übel.

CHOR: Es tut mir leid, Sally. Ich bin … Ich weiß, dass ich kein besonders guter Autofahrer bin.

S: Nein, Sie sind doch ganz gut gefahren … die meiste Zeit … Es ist nicht Ihre Schuld.

CHOR: Oh, das ist sehr schön hier … Es ist sehr anheimelnd. Englische Kiefer. Das ist mein … das ist das Schönste.

S: Ich schätze mehr die französische. Mein Innenarchitekt hat mich da beschissen. Jedenfalls ist es zu groß für eine Person. Ich muss mir was in der Stadt besorgen. Es ist komisch, wie sich das ganze Leben verändert.

Ich meine, ich … ich hab hier solche Angst allein, wissen Sie?

CHOR: Mhm … Oh, das ist ja schrecklich.

S: Ich … Es gab hier viele Einbrüche.

CHOR: Ja, kann ich mir vorstellen. Mmmmh, möchten Sie sehr bald wieder heiraten, Sally, oder gefällt es Ihnen, ungebunden zu sein?

S: Ich liebe es, frei zu sein.

CHOR: Weil, wissen Sie, ich … ich glaube, bestimmte Menschen brauchen die Ehe einfach.

S: Ich nicht.

CHOR: Na ja, sagt man jedenfalls.

S: Das habe ich früher auch einmal geglaubt.

CHOR: Ich brauche es … Ich schon … Ich glaube, für mich wird es langsam Zeit.

S: Aha. Warum haben Sie eigentlich nie geheiratet?

CHOR: Ach, ich weiß nicht. Ich … ich hab … ich war mal nahe dran, äh … so Mitte zwanzig. Aber es ist nichts daraus geworden.

S: Ich möchte auf jeden Fall eine Weile allein leben.

CHOR: Mmm.

S: Ich möchte gern ein paar Erfahrungen machen.

CHOR: Mmm.

S: Und wenn sich dann was ergibt, schön.

CHOR: Mmmm.

S: Und wenn nicht, dann eben nicht.

CHOR: Also, Sie bekommen sicher, was Sie wollen. Sie sind eine … Sie sind eine sehr schöne Frau.

S: Oh, danke sehr.
Ich kann nicht … Ich kann das nicht so schnell.

CHOR: Entschuldige bitte.

S: Es ist nur … Wissen Sie … Mein Körperrhythmus ist da vollkommen anders.

CHOR: Hm … Ich versteh das.

S: Danke sehr. Ich bin schon sehr lange nicht in einer ähnlichen, äh, ähnlichen Situation gewesen, die mir irgendetwas bedeutet hätte.

CHOR: Danke, Sally. Ich bin sehr froh, dass es Ihnen etwas bedeutet.

S: Na ja, ich wäre ja nicht hier mit Ihnen zusammen, wenn … ich nicht zumindest daran interessiert wäre, es in Betracht zu ziehen.

CHOR: Also, zum Wohl.
Ähm, dieser Abend hat mir sehr viel bedeutet, Sally, danke.

S: Wie reizend … Das ist schön. *(Hustet)*

CHOR: Ist gut, ist gut.

S: Warum so eilig?

CHOR: Es … es tut mir leid. Verzeihen Sie mir, ich … ich bin nur … Ich bin übernervös, weil ich … weil ich Sie sehr mag, Sally.

S: Ach du meine Güte … Michael … Was soll ich da sagen? Ich habe schon sehr lange nicht mit jemandem geschlafen. Ich habe Ihnen ja erzählt, in meiner Ehe war, war alles tot.

CHOR: Ja, natürlich.

S: Schon seit Jahren … Ich weiß auch nicht, wieso … Oh, doch, ich weiß es … Es ist das zweite Gesetz der Thermodynamik. Früher oder später wird alles zu Scheiße. Das ist meine Formulierung. Nicht die der Encyclopaedia Britannica.
Michael!

CHOR: Rede nicht so viel! Lass uns ins Bett gehen!

CHOR: *Lip-Sync zu «Voulez-vous coucher avec moi ce soir»*

S: Das Philosophieren ist für die kommunistische Führung immer die erste Pflicht.

CHOR: *Lip-Sync zu «Voulez-vous coucher avec moi ce soir»*

S: *Lip-Sync zu «Nathalie»*

Der perfekte Tag

Ruhrtrilogie Teil 3

Fabian Hinrichs (**F**)
Volker Spengler (**V**)

William Minke
Tina Pfurr

Ein Pferd

Regie: René Pollesch
Bühne: Bert Neumann
Kostüme: Nina von Mechow
Musik: Vredeber Albrecht
Kamera: Ute Schall
Licht: Frank Novak
Tricktechnische Beratung: Manuel Muerte
Dramaturgie: Aenne Quiñones

Premiere: 18.06.2010 Ringlokschuppen Mülheim an der Ruhr in Koproduktion mit der Volksbühne am Rosa-Luxemburg-Platz, Berlin, sowie mit der Rotterdamse Schouwburg und der Kulturhauptstadt Europas RUHR.2010.

Das Stück enthält Auszüge aus «Liebe, von der man sich selbst erzählt», Gespräch zwischen Carl Hegemann und René Pollesch.

Das Bühnenbild ist eine Brache in Mülheim an der Ruhr an der Duisburger Straße. Es besteht aus einem Wohnwagen, zwei Zirkuswagen sowie den Wagen und dem Zelt der Rollenden-Road-Schau der Volksbühne.

Einlassmusik, wenn Publikum ankommt.
F fährt im Bademantel die Duisburger Straße in Mülheim an der Ruhr entlang, gibt Zeichen für Musikwechsel.
«Ignition» von R. Kelly.

Mit dem Fahrrad ankommen, skandieren:

F: Das wird ein perfekter Tag!
Ab jetzt wird das
ein perfekter Tag!

Das wird ein perfekter Tag!
Sie werden heute einen perfekten Abend erleben! Dieser Ort hier wird sich vor Ihren Augen verwandeln! Das ist ein Versprechen.
Wir werden vor Ihren Augen ein *Pferd* verschwinden lassen! Wir werden ein Haus verschwinden lassen. Wir werden auf dieser Brache Hawaii entstehen lassen.
Ich weiß, es ist schwer zu glauben, aber das wird gleich passieren.
Wir sind es, wir mit unserer Verführungsmacht, denen man den Nachlass von Pina Bausch hinterlassen hat.
Wir werden heute Abend «Café Müller» und «Café Mülheim» sehen.
Sie werden «Café Hamlet» sehen und seine Mutter. Sie werden einen Hengst kommen und gehen sehen.

Das wird ein perfekter Tag, ab jetzt wird das ein perfekter Tag.

Rennt zu den Gleisen, Umzug Lendenschurz, Speere, Feuer anmachen, Publikum bedrohen, Misstrauen, auf Züge etc. reagieren, Vögel, dann in Zuschauer verlieben, Flirt in der Luft.
Die Glühlampen-LED in dem Road-Schau-Wagen zeigt die Nummern an:

DIE 100 WICHTIGSTEN ERFINDUNGEN
DER MENSCHHEIT
01. Faustkeil - vor 1,5 Millionen Jahren
02. Speer - vor 400000 Jahren
03. Messer - vor 200000 Jahren
04. Klebstoff - vor spätestens 80000 Jahren
05. Hammer - vor 60000 Jahren

06. Bohrer - vor spätestens 40000 Jahren
07. Musikinstrument - vor spätestens 37000 Jahren
08. Feuerzeug - vor 32000 Jahren
09. Nähnadel - vor 25000 Jahren
10. Pfeil und Bogen - vor spätestens 20000 Jahren
11. Lampe - vor spätestens 17000 Jahren
12. Topf - vor spätestens 16000 Jahren
13. Boot - spätestens 8000 v. Chr.
14. Fischernetz - 6800 v. Chr.
15. Webstuhl - um 6000 v. Chr.
16. Spiegel - um 6000 v. Chr.
17. Verhüttung - 5000 v. Chr.
18. Pflug - spätestens 4000 v. Chr.
19. Rad - spätestens 3650 v. Chr.
20. Joch - um 3500 v. Chr.
21. Segel - spätestens 3200 v. Chr.
22. Säge - um 2500 v. Chr.
23. Seife - um 2500 v. Chr.

24. Pille - um 1550 v. Chr.
25. Drehbank - vermutlich um 1500 v. Chr.
26. Wasserschöpfrad - spätestens um 1200 v. Chr.
27. Flaschenzug - spätestens 550 v. Chr.
28. Kompass - frühestens 475 v. Chr.
29. Zahnrad - spätestens 300 v. Chr.
30. Abakus - spätestens 300 v. Chr.
31. Schraube - um 300 v. Chr.
32. Spinnrad - frühestens um 200 v. Chr.
33. Beton - um 150 v. Chr.
34. Papier - um 140 v. Chr.
35. Glas - um Christi Geburt
36. Destillationsapparat - um 100 n. Chr.
37. Steigbügel - 3. Jahrhundert n. Chr.
38. Windmühle - vermutlich 9. Jahrhundert n. Chr.
39. Schießpulver - um 800
40. Rakete - um 1000
41. Buchdruck - um 1041
42. Uhr - um 1280
43. Brille - um 1280
44. Kondom - spätestens 1564
45. Mikroskop - 1590
46. WC - 1596
47. Thermometer - um 1600
48. Fernrohr - 1608
49. Unterseeboot - um 1620
50. Rollstuhl - 1655
51. Waschmaschine - 1677
52. Heißluftballon - 1709
53. Schreibmaschine - 1714
54. Lochkarte - 1728
55. Blitzableiter - 1752
56. Dampfmaschine - 1769
57. Automobil - 1769
58. Batterie - 1799

59. Eisenbahn - 1804
60. Konservendose - 1810
61. Fotoapparat - 1826
62. Schiffspropeller - 1826
63. Kühlschrank - 1834
64. Brennstoffzelle - 1839
65. Gummi - 1839
66. Mineraldünger - 1842
67. Telegraph - 1844
68. Ätherkugel - 1846
69. Flugzeug - 1849
70. Nähmaschine - 1851
71. Spritze - 1853
72. Aufzug - 1854
73. Stahl - 1855
74. Verbrennungsmotor - 1860
75. Fahrrad - 1863

76. Dynamo - 1866
77. Dynamit - 1867
78. Druckknopf - 1870
79. Telefon - 1876
80. Phonograph - 1877
81. Glühlampe - 1879
82. Dampfturbine - 1883
83. Filmkamera - 1886
84. Röntgenapparat - 1895
85. Radio - 1896
86. Radargerät - 1904
87. Kunststoff - 1907
88. Dübel - 1911
89. Echolot - 1913
90. Fließband - 1913
91. Fernsehgerät - 1925
92. Glasfaser - 1930
93. Computer - 1941
94. Atomreaktor - 1942
95. Herzschrittmacher - 1952

96. Solarzelle - 1954
97. Satellit - 1957
98. Laser - 1960
Nummer 99: 3-D-Drucker - 1986
Nummer 100: Nanomotor - 2000
Nummer 101: Der perfekte Tag - spätestens am … spätestens um … in Hawaii an der Ruhr.

Meeresrauschen.
F geht in den Zirkuswagen, verblüfft rausgucken, strecken.
«White Sandy Beach of Hawai'i» von Israel Kamakawiwo'ole.

Herr Goethe! Aufstehen, 9.00 Uhr!
Ach ja, wir haben ja getrennte Schlafzimmer.

Kommt in Unterhosen raus, erfrischt sich am Wassereimer und geht zum Wohnwagen, klopft an die Tür.
Holt sich eine Pfanne und Bohnen, geht zur Feuerstelle, Bohnen in die Pfanne, dann duschen. William spätestens jetzt mit der Angel zu den Gleisen.

Die Dusche, erfunden 1860.
Herr Schiller, wo ist denn die Seife, erfunden 2500 v. Chr.?

Zieht sich auf dem Stuhl neben der Treppe an und geht mit Hut und Gewehr auf die Jagd. Schießt, geht weiter zu den Gleisen, kommt mit William geschultert zurück und legt ihn auf die Decke. F tanzt «Café Müller», zieht sich zum Ritual aus. Mit Zweigen wedeln über William, Erweckungstanz.
Musik aus.

Wir können hier den Nachlass tanzen von Pina Bausch.
Wir können hier den Nachlass ertanzen von Pina Bausch, wir sind testamentarisch dazu berechtigt, ihr Werk hier aufzuführen. Und so am Leben zu erhalten. Wir tanzen «Café Müller» und «Café Mülheim» und retten es damit vor dem Vergessen. Es sieht zwar etwas lieblos aus, aber wir können hier nur über die Armut in dieser Region reden als die gewählten Nachlassverwalter von Pina Bausch. Und uns, ohne ans Publikum zu denken, mit der Verkürzung der Schnellbuslinien beschäftigen, und geschwommen wird auch nicht mehr. Pina Bausch hat uns ihren Nachlass hinterlassen, einen Abend mit dem Titel: «Er nimmt sie an die Hand, führt sie auf das Schloss,

und die anderen folgen». Und das werden wir hier gleich aufführen, das alles nach dieser kurzen Vorrede. Nach dieser Erweckungsgeschichte.

William steht auf, tauscht seine Tonangel gegen F's Angel, Bedanken.

Wir werden das alles hier aus ihrem Nachlass zusammentragen, das wird ein Sechs-Stunden-Abend werden.
Ja, und Sie werden erst wieder bei Anbruch des nächsten Tages entlassen werden. Und dann haben Sie erst den ersten Akt gesehen.

Geht raus Richtung Feuerstelle, William begleitet F mit der Tonangel.

Nummer 1: Faustkeil, vor 1,5 Millionen Jahren. Nummer 2: Speer, vor 400 000 Jahren …

Wo ist die Erfindung von Mann und Frau? Wo ist die Erfindung der Fortpflanzung?

Holt das Zauberutensil «Die Quadratur des Kreises» aus einem der Zirkuswagen.

Wir müssen das Rad neu erfinden, neu erforschen. Vielleicht gibt es etwas, was wir am Rad nicht verstanden haben.

Niest, der Kreis wird zum Quadrat wird zum Stock.

Wir müssen das alles leider leider leider neu erfinden! Wir müssen so tun, als gäbe es das alles noch gar nicht. Wir brauchen das Abenteuer, so zu tun, als gäbe es das alles noch nicht. Die Werkzeuge, wie Arme und Beine, und wie man sie berührt, wie man ihnen begegnet. Es reicht nicht, dass wir unsere Knochen ausgraben und die Faustkeile und die Speere, um das hier zum Arm zu machen oder das hier zum Bein. Das liegt nicht auf der Hand oder in der Luft. Wir können uns nicht auf den Flirt verlassen, der in der Luft liegt als Grundlage einer gelungenen Kommunikation. Wir erforschen das Rad noch einmal.

Vielleicht gibt es etwas, was wir am Rad nicht verstanden haben.

Alles, was man uns hinterlassen hat, ist für uns völlig unverständlich. Denke ich gerade. Jede Quelle, jeder Text. Wir müssen ein, zwei, drei, vier Semester an einer unkreativen Uni einschieben, in denen es nur darum geht, schon bereits Erfundenes noch einmal zu erforschen und so zu tun, als gäbe es das alles gar nicht.

Wir werden diese Brache hier verwandeln, wir brauchen das Abenteuer, Arme, Beine, Knochen ausgraben, Speere … wir können uns leider leider leider leider … *(hoch/tief-sprechen)* die hohen Stimmen kommen zur Wetterkarte, die tiefen ins Sportstudio.

Spielt Sprachstörung: erst weiter weg, in Williams Tonangel, dann ohne Angel sich mit der Sprachstörung dem Publikum nähern.

eie aaach irbt etz on au. A, wa i e e, ka on in ei sundn usw.

i oi qu djdfiew kdekfdw usw.
usw.
usw. öfejqjqefjqepofj fleqkjp oeqkdpoqkj

Unsere Sprache stirbt jetzt schon aus. Das wurde mir gerade klar. Das, was wir reden, kann schon in zwei Tagen nicht mehr verstanden werden. Von mir nicht und nicht von anderen. Das Rad wurde erfunden, und von nun an wird drauflosgelabert. Wir müssen das Sprechen neu erfinden. Denke ich gerade bei diesem 30er-Jahre-Farbfilm, bei dem man nicht mehr weiß, warum die die Dinge so getan haben, wie sie sie tun. Sie kommen mir vor wie eine völlig andere Gattung, wie andere Lebewesen. Alles *vor mir* ist mir völlig unverständlich.

Wir werden dauernd. Wir werden wir werden. Wir sind nie das, nie der Begriff, schon allein wegen den Zehntelsekunden, in denen wir nicht mehr wissen, wer-wir-sind.

Die 100 wichtigsten Erfindungen der Menschheit –
das hört sich alles nach Fortschritt an! Aber darum geht es hier nicht. Das Rad ist nicht das Gleiche wie ein Hai, der sich seit Millionen von Jahren nicht verändert hat, weil er perfekt ist. Es gibt keinen Endpunkt der Schöpfung, es gibt nicht den Menschen. Es gibt nicht *den* Hai, der wird seit Millionen von Jahren was anderes. Es gibt nicht *das* Rad. Das Rad wird dauernd.

Was soll denn das Rad sein?
Was ist das für eine Erfindung: der perfekte Tag?
Wie geht die Erfindung Nummer 101: der perfekte Tag?

9.00 Uhr: Aufstehen, mhm …

F gibt Zeichen: Hawaii-Musik mit Meeresrauschen.

Frühstück machen, noch mal zurück ins Bett – kuscheln, einkaufen gehen, Kaffee trinken gehen, Kuchen essen gehen, einkaufen gehen –

Fahrradfahren mit William auf der Duisburger Straße, mitsingen, Unterhaltung, F kommt mit Einkaufstüte zurück.

– zurück nach Hause, Mittagessen, wieder ins Bett, kuscheln.

Endet der perfekte Tag auch im Bett?

Gibt Zeichen für Musikende.

Ja. Idealerweise schon.

Ja. Aber das ist eben eine Erfindung.
Das hier wurde spätesten erfunden am 22.11.1974.
Das Rad. Vater und Mutter.
Goethe wurde am 28.08.1749 erfunden.
Du wurdest frühestens am 18.06.2010 erfunden.
Warum verlassen wir uns auf den perfekten Tag?
Warum verlassen wir uns auf die Erfindung, das Leben?

Warum ging es uns so gut mit dem Rad und mit der Geschichte, in der wir drinsteckten?
Warum machen wir die, haben wir die gemacht?

WARUM GIBT ES FÜR UNS DEN PERFEKTEN TAG?
WARUM GLAUBEN WIR AN DIE ERFINDUNGEN?
WARUM IST DER FLIRT IN DER LUFT?
Oder eine andere Frage: WARUM WOLLEN WIR UNS AUF DAS ALLES VERLASSEN?

Ja, man könnte doch annehmen, wir entscheiden uns, um dem irgendwie näherzukommen, dem, was wir leben wollen.
Wir graben das Leben aus, immer und immer wieder. Und nicht die Knochen, nicht die Werkzeuge, nicht den Faustkeil, nicht den Speer. Nicht die Dusche, nicht den Kontakthof, nicht das Rad, nicht das Telefon, nicht den Flaschenzug, nicht den Aufzug, das Feu-

erzeug, den Klebstoff, den Nanomotor, den 3-D-Drucker.

WARUM GRAB ICH DICH AUS, IMMER UND IMMER WIEDER?
WARUM GIBT ES FÜR UNS DEN PERFEKTEN TAG?
WARUM GLAUBEN WIR AN DIE ERFINDUNGEN?
WARUM IST DER FLIRT IN DER LUFT?
Oder eine andere Frage: WARUM WOLLEN WIR UNS AUF DAS ALLES VERLASSEN?

Hunde, Kinder, Kuscheln, Urlaub, Nettsein – Volker Lechtenbrink!

Musikstart: «Ich mag» von Volker Lechtenbrink. Volker-Lechtenbrink-Clip: Gartenarbeit, Publikum liebhaben, F Zeichen für Musikende.

Die eine Million wichtigsten Erfindungen. Das hört sich alles nach Fortschritt an. Was ist denn mit der Erfindung von Mann und Frau? Was ist mit der Erfindung der Biologie? Mit der geschlechtlichen Fortpflanzung? Warum ist die Liebe nicht aufgeführt? Ist die nicht wichtig gewesen? War die kein Fortschritt? Was ist mit der Erfindung des Dildos?

Hier wurde die Dusche erfunden und hier die Kontaktlinse und hier der Schwamm, da die Seife und da das Feuer, das Rad wurde nicht erfunden, es wurde erforscht, und die Sinne, die Sinne wurden erfunden und die Abwesenheit der Sinne und das Sehen, das kannten die Augen noch nicht, sie machten was anderes, und die Arme erfanden das Arme-Sein und die Beine das Gehen, aber auch die Haare begannen zu gehen und der Rauch auch, und die Tiere mit ihren Geweihen machten was anderes, eine jede Spitze sah und ein jedes Geweih-Ende signalisierte dem andern, dass es zuhörte. Und die Ebene war eben, aber die Hose dachte nicht dran. Und die Ohren, bevor sie hörten, waren nur ganz widerliche Henkel am Kopf, und dann gab man ihnen den Befehl, alles reinzulassen in den Trichter, aber die Ohren waren noch keine Trichter, sie waren Geweihe, und das Sehen saß auf den Fingerkuppen wie eine einsatzbereite Truppe, die dann aber an das Blaue und Weiße und das Braune übergeben wurde. Diese Trichter, mit denen wir sehen. So war es. Und es wurde wieder und wieder erforscht, und wenn man mit dem Sehen an sein Ende kam, war das noch nicht der Tod.

124

Legt sich auf den Boden, weiterpredigen.

Die Organe wechselten nur und wollten sich auch sehen, aber da lag der Flirt in der Luft, von diesem fetten Komiker, auf dem die Kommunikation zwischen allem beruht und auf den wir noch im zweiten Teil zu sprechen kommen werden.
Und deshalb konnte man die Organe nicht hören.
Der Dildo wurde auch erfunden, aber noch nicht benutzt. Wenn Sie das jetzt hören könnten, würde ich jetzt sagen, der Dildo ist die Möglichkeit, Mann und Frau neu zu erfinden. Mann und Frau umzudrehen, sodass wir ein gemeinsames Loch haben, damit wir nicht immer dauernd die reproduktiven Geschlechtsteile vor Augen haben, durch die wir getrennt werden, sondern ein gemeinsames

Loch, das mit dem Dildo stimuliert werden kann. Dann gäbe es von jetzt an, heute, am perfekten Tag, am 18.06.2010 in Hawaii an der Ruhr, nur noch ein Geschlecht, die Reproduktion wurde ja auch erfunden, es wird Sperma geben, das man aus weiblichen Zellen herstellt, man wird den Penis nicht mehr brauchen, der sowieso nur eine Abformung des Dildos ist, am Anfang war nicht das ***Feuer***, sondern der Dildo.

Feuerpulver. Geht kurz auf die Bühne.

Der Dildo. Der Dildo. Dildo.

Jetzt haben Sie wieder nur Dildo gehört und nicht, dass Mann und Frau von mir hier als Erfindung markiert wurden.

Wir fragen, wenn wir uns nicht hören, was passiert denn da?

Eine andere Frage wäre, um die gewöhnliche wegzukriegen: Wenn man sich manchmal fragt, warum etwas nicht mehr funktioniert, eine richtige Frage wäre: Warum hat es jemals funktioniert?

Zauber-Glühbirne aus dem Zirkuswagen holen.

Wir können nicht nach einem verlorengegangenen Rezept oder nach einem verlorengegangenen Sinn fragen, das Rad muss immer wieder neu erforscht werden. Wir können uns auf das Rad nicht verlassen. Sonst hören wir nur Rad oder Flirt oder so was.
Das ist ausgerechnet das Thema, was wir uns

gewählt haben. Das, was nicht gehört werden kann. Und ein zweites (Thema), das ist die bewusste Täuschung.

Glühbirnen-Trick.

(singt) Lüg mich an, ich verspreche, dass ich es glaube, sag einfach, du liebst mich, du musst es nicht glauben …

Das kommt dann im zweiten Akt am Anbruch des nächsten Tages. Und wenn man dann die beiden Themen aneinanderkettet, als hätten sie etwas miteinander zu tun, dann ist ein Flimmern zwischen ihnen, dem wir uns erst morgen widmen wollen. Wir sehen das Rad, und wir hören es nicht mehr.

Moment! Wir reden hier nicht über eine normale Kommunikationsstörung. Wenn wir sagen, dass wir das Rad nicht mehr hören, wir fragen, wenn wir uns nicht hören, was passiert denn da? Unsere Frage ist: Warum hören wir nichts?

Warum sagt ein ostdeutscher Komiker, dass es ihm bei seinen Partnern gar nicht darum geht, der Bessere zu sein. Sondern es geht ihm um ein blindes Verstehen, und deshalb, denkt er, arbeitet er lieber mit Frauen zusammen. Da ist gleich etwas in der Luft ***(Meeresrauschen)***, da ist ein blindes Verstehen in der Luft ***(Meeresrauschen)***, ein Flirt (Flirren), aber das ist vielleicht wieder nur wie bei der Arche Noah: Penis und Vagina. Was wir nicht sehen, dass wir immer nur ***einen*** Unterschied machen: Penis und Vagina immer nebeneinander in die Arche! Immer nebeneinander:

Weibchen und Männchen in die Arche rein. ***Das*** ist unser Unterschied. ***Den*** kennen wir! Die Artenvielfalt interessiert die Geschichtenerzähler einen Scheiß!
Das ist es, was ich sage!
Macht Unterschiede! Wir sehen die unterschiedlichen Tiere, die Artenvielfalt auf der Arche Noah!

Pferd hinter dem Wahrsager-Wagen hervorholen.

Wir begrüßen die Artenvielfalt!
Aber was wir nicht sehen, dass wir immer nur einen Unterschied machen: Penis und Vagina immer nebeneinander in die Arche! Immer nebeneinander: Weibchen und Männchen in die Arche rein. Wir sind Außerirdische! Wir sehen uns das hier alles an, als wären wir von einem andern Stern …

Da müsste (aber) ein Dildo in der Luft sein, über den könnten wir uns blind verstehen. Wir verzichten auf den Flirt und wollen uns trotzdem, mit dem Wunder der Liebe, an Sie heranmachen. Solange kein Dildo in der Luft ist, verbindet uns nichts.
Es ist ganz einfach.
Wie viele fette Komiker denken, dass sie Verführer sind! Sie können sich auf den Flirt verlassen, der in der Luft liegt, dieses widerliche Zeug, das dazu taugt, dass nichts gehört werden kann. Wissen Sie, wovon ich rede? Ich rede von dem diffusen Funkeln in der Luft, das eine Sphäre des blinden Verstehens sein soll und das nur blind ist.

Robert Palmer, «Every Kinda People».
F steigt aufs Pferd, holt Risiko-Spiel ab, rumreiten, Posen mit Risikospiel.
F Zeichen Musikende.
Pferdewitze.

Woran erkennt man, dass ein Pferd im Kühlschrank war?
An den Hufspuren in der Butter.

Sagt Pferd 1 zu Pferd 2: «Feuer doch mal bitte den Ofen an.»
Pferd 2: «Ofen vor, Ofen vor.»
Pferd 1: «Nein, du Dussel, du sollst den Ofen anmachen!»
Pferd 2: «Na, Ofen, heute schon was vor?»

Schon Margaritten?
Pony-Friseursalon.
Langes Gesicht.
Tickets nach Pittsburgh.

Nach den Pferdewitzen absteigen.

Du (Pferd)! Du verstehst mich, aber du hörst mich nicht. Du verstehst all das, was zum Verstehen und zum Hören und zur Kommunikation beitragen soll, aber du hörst mich nicht abseits dieses Verstehens. Du hörst nicht, was ich sage, weil du identifizierst. Für mich bist du ein Pferd. Und das ist das Problem. Denken heißt identifizieren. Die Gegenstände gehen einfach nicht in ihrem Begriff auf.

Wenn ich sage: der Frau, die Frau oder die Mann, der Mann, kann sich nur der Artikel ungezwungen bewegen. ***Der*** Frau, ***die*** Frau …

Sie hören, wie sich der Artikel ungezwungen bewegt! Ich kann mich hier bewegen, und Sie denken vielleicht, die Mann, der Mann bewegt sich ungezwungen, aber es ist, wie gesagt, nur der Artikel, der sich bewegt, aber wir nicht!

Ich bewege mich nicht, wir bewegen uns nicht.

Es gibt gar keinen Dialog, der sorgt nur dafür, dass ein Gedanke nicht auftaucht, sondern nur die Ansage, wer diesen Gedanken denkt.

(zum Pferd) Ich merke ja auch sofort, dass jeder Dialog mit dir mir nur sagen soll, wer du bist.

Jeder Dialog, wenn wir hier voreinander stehen, soll uns nur sagen, welche Erfindungen wir sind.
Diese Dialoge, Vater! So steht doch nur ein Zoo vor dem anderen Zoo. Wir sprechen nur, damit man uns ansieht.

Du sprichst doch nur, damit ich dich ansehe! Vater! Aber Sätze sind doch keine Augen! Wir müssen die Sätze neu erfinden, damit sie was zu sagen haben.

Geht in den Wahrsager-Wagen.

Warum hören wir nichts? Das ist hier die Frage.

Die Vorhänge vor dem Wahrsager-Wagen gehen auf, Zaubertrick: Man sieht F's Kopf auf einem Tisch.

Ein libanesischer Künstler wird zu einer Talkshow über die kriegerischen Auseinandersetzungen im Libanon eingeladen und soll vom Krieg im Libanon erzählen, und alle hören ihm aufmerksam zu, und sobald er anfängt, von der Moderne zu reden, sagt jeder zu ihm: Jetzt lassen Sie uns mal wieder vom Krieg reden.

Warum kann das nicht gehört werden, das Thema Kunst von einem libanesischen Künstler? Warum denken denn alle, jetzt kommt nur noch Unsinn aus seinem Mund?

Wir reden hier nicht über eine normale Kommunikationsstörung.

 Er kann noch so viele Blumen malen, die werden durch den Krieg und die Talkshow alle neutralisiert. Jede einzelne Blume auf seinen verdammten Leinwänden.

Also sind die Situationen die Mütter der Menschen.
Und deshalb können die Menschen nicht gehört werden!

Also: Warum hören wir nichts?
Das ist hier die Frage.

Vorhang zu, F steigt aufs Pferd.

Oh, wollen wir nicht davon reden! Ich bin froh!
Wie zum ersten Mal im Leben sehe ich diese Tannen, Ahorne, Birken, und alles blickt auf mich voll Neugierde und wartet. Was für

schöne Bäume, und was muss das im Grunde für ein schönes Leben sein in ihrer Nähe …
Wir müssen gehen, es ist Zeit … Wer möchte leben ohne den Trost der Bäume!
Dieser Baum hier ist vertrocknet, aber trotzdem wiegt er sich mit den andern zusammen im Winde. So werde ich, wenn ich auch sterbe, dennoch so oder so am Leben teilnehmen. Leb wohl, meine Liebe, es ist Zeit.
Wir müssen gehen.

The Equals, «Baby Come Back», F gibt Zeichen für Musikstart, reitet zum Zelt, gibt Pferd ab, kommt noch mal zurück, um das Publikum zu holen. Macht mit einer Zaubergeste die Lichter im Zelt an, das Publikum zieht um.

Auf der Leinwand sieht man V im Wohnwagen.

F macht Musik aus.

V: Wie wäre das, wenn ich dir sagen würde, dass ich mich nicht erinnere, nicht an deinen Namen, nicht an alles, was wir gemacht haben, wo ich mich an jede Zehntelsekunde erinnern kann, wie wenn das so wäre? Und ich kann behaupten, jeder würde es mir glauben, auch du: dass ich dich vergessen habe.
Es ist ja auch andererseits so, dass ich dauernd sage, dass ich mich erinnern kann, an Dinge, an die ich absolut keine Erinnerung habe, ich denke aber, ich müsste das. Und auch diese Lüge glaubt man mir, wie sollte das auch sonst sein? Natürlich erinnert sich jeder an seine Kindheit, an den ersten Kuss, an diese Laufbahn, auf die wir gestellt sind. Ich hab aber alles vergessen.

Sehen, dass deine Hände nicht in Gesten verwickelt sind, sondern in die Erfindung von Berührungen, in die Erforschung dieser Werkzeuge. Ich hätte sehen müssen, dass es da nichts zu lesen gab in deinen Blicken, dass die Augen etwas ganz anderes machten, als irgendwas zu signalisieren oder mir zum Lesen zu geben. Das war vielleicht der Schock, weißt du noch, dieses eine Mal, als ich das in deinen Augen gesehen habe. Diesen Blick, der weder Sehen noch eine Geste war. Und es gab da keinen bekannten Grund mehr, warum die Augen existieren, als dieses Rätsel an Intensität. Sie wollen nichts signalisieren, sie wollen nichts sehen. Aus ihnen sprudelt nur der Verlust oder das Rätsel an Intensität, aber nicht EWIG!

(nach oben) Alles will immer nach oben. Dabei sind es so schwere Wörter. Und die Körper sind so leicht, dass sie an ihnen hängen wie Gasballons. An den schweren Wörtern. Als wollte man die schweren Wörter wie «Ewigkeit» so (auf diese Weise) leicht machen, indem man sie zum Himmel sagt, oder endlich obszön (machen), indem man sie zu dem übrigen Flirtkäse in die Luft wirft.

F: Ich erzähle mal folgende Geschichte: Ein Mann hat einen Lebensplan, er möchte die «perfekte Ehe» führen, also im Grunde nichts Besonderes. Er möchte eine Ehe führen, die wirklich funktioniert, in der sich zwei so aufeinander beziehen, dass das ganze Leben nie Zweifel aufkommen, dass diese Frau die richtige ist. Eine wahre Beziehung, völlig ohne Täuschung und Betrug, das Sich-vollständig-aufeinander-Einlassen zweier Menschen. Diesem Mann gelingt das. Er ist 17 Jahre mit der Frau zusammen. Er ist Schriftsteller, sie arbeitet an seinen Büchern mit. Sie sind glücklich. Der Traum ist Wirklichkeit. Dieser Mann hält in Frankfurt eine Gastvorlesung über poetisches Denken und über dessen Rahmenbedingungen, und in diesem Zeitraum macht er per Zufall die schreckliche Entdeckung, dass seine Frau, mit der er 17 Jahre glücklich war, in Wirklichkeit die Frau eines tschechischen Geheimagenten ist, die wahrscheinlich auf ihn angesetzt war. Dieser Mann hat dann einen Roman darüber geschrieben, in dem er das alles in eine literarische Form bringt und aus der DDR in die Nazizeit verlegt. Dies gelingt ihm nur mühsam, denn seit dieser Entdeckung leidet er an einer Schreibblockade. Er sieht den Betrug der Frau als Angriff auf die Geltung der Wörter. Er kriegt den kurzen Roman nur fertig, weil er so ans Schreiben gewöhnt ist, dass es fast automatisch geht. Das ist Uwe Johnsons letztes Werk, «Skizze eines Verunglückten». Da dachte ich sofort, dass die Ehe 17 Jahre so perfekt funktionierte, war eben nur möglich, weil die Frau eine andere Geschichte nebenher hatte. Man sollte sich also unbedingt in einen Geheimagenten verlieben. Nur Lügen können perfekt sein.

V: Wie hätte man nicht nur Uwe Johnsons Leben retten können, sondern könnte sich diesen Gedanken darüber hinaus nutzbar machen, um in einer Situation mit offensichtlich betrügerischer Absicht nicht den Überblick zu verlieren? Du betrügst, aber ich weiß es.

Man kann eben nicht die Welt besser machen durch die Lüge, die nur *einem* hilft, aber vielleicht durch die Durchschaubarkeit der Lüge. Jemand spielt mir was vor, aber ich weiß es. Es muss gar keinen bösartigen Sinn der Lüge geben.

Ich hab neulich die Geschichte eines Schauspielers gehört, dessen Frau herausfand, dass er viele Jahre eine zweite Frau hatte, und zwar in derselben Straße. Und als diese Frau dann in die Wohnung der anderen Frau ging, fand sie einen genau wie in ihrer Wohnung gestalteten Flur vor. Sie fand eine Wohnung vor, die genauso aussah wie ihre eigene, und diese Frau hat sich, glaube ich, umgebracht. Was in diesen Leuten los ist, die solche Erfahrungen machen, die so den Boden entzogen bekommen, ich kann es mir ungefähr vorstellen, auch wenn es mir so noch nicht passiert ist. Ähnlich zwar, aber nicht so radikal. *(In die Kamera)* Ich würde allerdings die Möglichkeit, dass so etwas passieren kann, immer mitdenken.

Dass es nicht mehr möglich wäre, mein Leben, das weiß ich jetzt. So verschiedene unglückliche Dinge kamen zusammen, Entscheidungen, die wir beide getroffen haben, dass es eben nicht mehr möglich ist, das Leben. Ich sage nicht: «weiter zu leben», das ist ja möglich. Aber mein «Leben» wäre nicht mehr möglich, auch wenn ich weiter lebe. Ich hab ja annähernd diese Erfahrung gemacht in den letzten fünf Jahren. Ja, und jetzt?
Ich bin ja nicht tot, wie Uwe Johnson. Also geht es mir besser als ihm, aber mit dem

gleichen Ergebnis. Lebendig, aber ohne Leben.

Wir graben nämlich das Leben aus, immer und immer wieder, und nicht die Knochen, nicht die Werkzeuge, nicht den Faustkeil.

Und ja, warum halten wir daran fest, warum verlassen wir uns auf das Leben, das da wäre und das nicht möglich ist? Warum verlassen wir uns auf diese Erfindung: das Leben? Warum machen wir die, haben wir die gemacht? Warum ging es uns so gut mit dem Rad und der Geschichte, in der wir drinsteckten? Haben wir das alles gemacht, weil wir jemanden vor Augen haben, der irgendwo sein muss, der an all das glaubt? Mehr glaubt als wir selbst?

Ich muss die Arbeit des Geheimagenten, der sich mir widmet, hoch einschätzen.
Aber wir können damit nicht leben. Wir fragen uns immer: Ist das nicht ein Interesse unter völlig falschen Voraussetzungen?
Wie glauben wir? Wie behalten wir unseren Glauben? Diese Beziehung zwischen Uwe Johnson und der Geheimagentin hat nur unter Rahmenbedingungen funktioniert, die geheim bleiben mussten, und alles nur, damit der Knabe seinen Glauben behält.
Ist es eine Sache der Perfektion? Wie bei einem Zaubertrick zum Beispiel? Wir wissen, es ist ein Trick, aber wir wollen, dass der Trick so perfekt wie möglich ist, obwohl wir eigentlich nicht getäuscht werden können. Für wen wollen wir die Perfektion einer vorgespielten Liebe, eines vorgespielten Tricks? Doch vielleicht für jemand anderen,

der unsichtbar auch im Raum ist. Von dem wir annehmen, dass er zu täuschen ist, dass er seinen Glauben noch nicht verloren hat. Wir glauben mit dessen Illusionen vor Augen. Wann saß schon mal jemand neben dir, der stirbt oder liebte? Total paralysiert. Wir sind nicht paralysiert, wir anderen lieben doch nur mit der Illusion von jemandem, der das tatsächlich tut, und wir Aufgeklärten, wir wollen, dass das alles so perfekt aussieht, die ganze Liebe, obwohl wir nur glauben, dass da mal jemand dran glaubte. Aber der ist paralysiert. Der liebt und stirbt wirklich.

Wenn mir jemand diesen Liebesbrief schreibt, von dem ich weiß, dass da wirklich kein Wort

wahr ist, sondern dass es für den anderen Gründe gibt oder er eben geschrieben worden ist von einem Agenten für Informationen, dann ist dieser Brief vielleicht eine größere Liebeserklärung als das, was man sich da normalerweise erzählt.

Vielleicht ist das Bemerkenswerte an dir, dass es mit dir keine Wahrheit geben konnte. Wenn wir einen Brief aufsetzen an den, den wir lieben, wissen wir vom ersten Wort an, dass wir nicht die Wahrheit sagen können. Aber das ist eben die Sprache, dass sie beides sein kann, Lüge und Wahrheit, wir können sie nur nicht sprechen, wir sprechen immer nur auf nur einer ihrer Grundlagen: der Wahrheit.

Aber das Bemerkenswerte an dir war, dass es mit dir keine Wahrheit geben konnte. Wenn ich jetzt darüber nachdenken sollte, dass das vielleicht stimmt, was du da schreibst, weiß ich, es kann ganz genauso gut gar nichts bedeuten. Und das Problem ist, dass wir damit nicht klarkommen.

Sobald man mit einem Lügner spricht, gibt es auch für einen selbst keine Wahrheit mehr. Ich weiß das an jedem Satz, den ich an dich richten will, mir fällt auf, dass er nicht die Wahrheit ist. Und dass die Sprache der Wahrheit nicht mehr gültig ist.

F: Uwe Johnson ist kurz nach seiner «Skizze eines Verunglückten» gestorben, wahrscheinlich an gebrochenem Herzen. Und die Frage wäre jetzt natürlich: Wie hätte man ihn retten können?

Man hätte Uwe Johnson vielleicht sagen können: Du hattest leider ein falsches Weltbild, du hättest diese Geschichte gerade wegen ihrer Perfektion von Anfang an als Lüge betrachten müssen! Was ist da passiert in den 17 Jahren? War das nichts? Die Bücher sind wirklich entstanden, die Frau hat dir geholfen, ihr habt gefickt, und du warst immer glücklich, die Beziehung hielt dich am Leben in einer feindlichen Welt. Als Lüge war die Geschichte real.
Das Leben stimmte ja. Wenn er gestorben wäre, bevor es aufflog, hätte er gar nichts gemerkt und hätte ein bruchlos glückliches Leben gehabt. Dieses perfekte Leben, das war ja die Erfindung! Und dieses Leben, an das man glauben muss, das interessiert mich.

Warum wollen / müssen wir uns auf das alles verlassen?
Warum brauchen wir dieses «Sich-Verlassen»?

Es gibt mehrere Texte und Lieder, die genau sein Problem besprechen, und entweder haben ihn diese Botschaften nie erreicht, oder er hat sie nicht hören können. In einem Lied von Zarah Leander, das sehr berühmt ist, gibt es zum Beispiel eine Stelle, die ihm hätte helfen können …

Und jetzt wäre meine Frage: Was ist das?
Hue & Cry singen: Sag einfach, du liebst mich, du musst es nicht meinen, du musst keine Show draus machen, von was, was gar nicht da ist.

Warum können wir das nicht? Und warum glaubt sich der Sänger selber nicht, der singt das doch eher ohne Ernst, als könnte er sich selber nicht hören. Der singt das, als ob wir alle wüssten, das kann der nicht ernsthaft meinen, wir wissen doch alle, die Liebe geht nicht mit Lügen, die wird vergiftet durch die Lüge. «Aber nein», müsste man ihm zurufen, «glaub dir selber doch mal». Warum sagen wir nicht: Ich könnte eine solche Geschichte nicht leben ohne die Vermutung, dass da irgendwo ein Geheimagent vorhanden ist. Ich könnte eine solche Liebesgeschichte nur leben, wenn sie nicht zu glauben ist. Also: Wir können nur leben, wenn wir nicht glauben. Und nicht diese authentische Botschaft von Godards «Maria und Joseph»: Wer liebt, muss glauben! NEIN! Damit fängt doch alles an. Mit Maria und Joseph. Sie sagt ihm: «Das Kind ist nicht von dir, sondern vom Heiligen Geist.» Diese Liebe müsste doch darauf basieren können, dass er ihr nicht glauben kann!

Ein frühes historisches Beispiel dafür, ist mir jetzt zufällig gerade untergekommen, bei Zarah Leander wird das ganz explizit. Ich glaube, an dem Beispiel kann man sich das ganz gut klarmachen.
Wenn jetzt aber jemand sagt, wie zum Beispiel Sheryl Crow in einem ihrer Songs: «Lie to me, I promise I'll believe», BESCHREIBT das EIGENTLICH GENAU die Situation des Theaterzuschauers. Man weiß genau, da oben lügen die, in einem nicht bösartigen Sinn, und ich glaube ihnen PRO FORMA für die Zeit der Vorstellung, weil ich das Stück sonst nicht verstehe und es auch keinen Spaß macht. Wenn diese Theaterhaltung jetzt aber ins Leben überschwappt, dann haben wir ein neues Phänomen. Mit dem müssen wir irgendwie umgehen. Wie das dann aussieht, zeigt Zarah Leander zusammen mit ihrem Komponisten Theo Mackeben in dem berühmten Lied «Nur nicht aus Liebe weinen». Da wird nicht nur erklärt, was man macht, wenn man an diese Wahrhaftigkeit nicht mehr glauben kann, da investiert man in die OFFENGELEGTE Lüge, genauso wie im Theater, benutzt das aber fürs Leben. Das funktioniert folgendermaßen – ich kann es dir jetzt leider nicht vorsingen –: «Und darum will ich heut dir gehören, du sollst mir Treue und Liebe schwören, wenn ich auch fühle, es muss ja Lüge sein, ich lüge auch und bin dein.»

Geht mit Gitarre zum Bühnenwagen: «Sag einfach, du liebst mich, du musst es nicht meinen, du musst keine Show draus machen, von was, was gar nicht da ist.»
Geht singend zum Lagerfeuer: «Nur nicht aus Liebe weinen.»

Jetzt haben wir wieder nur die Hälfte gehört. Was passiert denn mit der anderen Hälfte? Wohin verschwinden denn immer die anderen Hälften (von dem, was ich sage)? Wir lassen jetzt einmal von dem Zarah-Leander-Lied nur das übrig, was man normalerweise nicht hört.

Berghain! Techno-Version von «Nur nicht aus Liebe weinen».

 «Und darum will ich heut dir gehören,
du sollst mir Treue und Liebe schwören,
wenn ich auch fühle, es muss ja Lüge sein,
ich lüge auch und bin dein.»

F kommt mit brennender Fackel und William zum Zelt, Tina kommt dazu, Zaubertrick: Die Fackel verwandelt sich in einen Zauberstab.
CLIP: der große Stuhl-Trick. William übergibt Tina die Tonangel, William setzt sich. Tina und F bedecken William mit einem Tuch, ziehen es kurz darauf wieder weg, William ist verschwunden.
Man sieht William auf der Leinwand in einem Erdloch sitzen.

F Zeichen für Musikwechsel, Zaubermusik.
Kugel und Tisch-Trick im Vorzelt.
F Zeichen Musikende.

Alexander starb, Alexander wurde begraben. Alexander wurde wieder Staub, der Staub ist Erde, aus Erde machen wir Lehm, der ein Bierfass stopft. Und warum sollte man mit dem Lehm, zu dem der große Alexander bekehrt wurde, nicht ein Bierfass stopfen?

Umzug Schmetterlingskostüm.

Meine Mutter saß auf dem Klo und machte gerade ihr Geschäft, als sie bemerkte, dass sie nicht mehr leben wird, dass sie stattdessen sterben wird, dass sie nicht mehr lange leben wird.
Wer weiß, wo ***wir*** noch überall herumsitzen, wenn wir bemerken, dass wir nicht mehr leben werden, dass wir stattdessen sterben werden, dass wir nicht mehr lange leben werden.

Die Ewigkeit.
Was mach ich jetzt nur mit der Ewigkeit?
Die wartet auf mich, und ich hab mich noch nie um sie gekümmert?
Ist das hier die Ewigkeit?
Aber die Ewigkeit von was?
Diesem Körper, der weiter ***wird***?

Was ist das eigentlich?
Es stirbt, wird begraben, wird Staub, der Staub ist Erde, aus der Erde machen wir Lehm, der ein Bierfass stopft.
Aber was man nicht hört, ist: Das hier stopft ein Bierfass. Zu jeder Zeit.
Von dem hier wird nicht erst nieder gedacht, wenn das Fleisch von den Knochen gefallen ist, von dem hier wird nieder gedacht, zu jeder Zeit.

Wenn jemand vor einem umfallen würde, würde man ihn sofort wegbringen. Da wäre gar nichts zu machen, der müsste weggesperrt werden in ein Krankenhaus oder auf den Friedhof, und wir könnten niemanden, weder Sanitäter noch Ärzte noch uns selbst, davon überzeugen, dass er nur weiter ***wird***!

Schmetterlingsflügel anziehen.

Als wären wir Verrückte, bringt man alles, was nicht mehr spricht, WEG, was nicht mehr schlägt, WEG, was nicht mehr kratzt, WEG.
Wenn die Körper nicht das Blut durch ihre Adern pumpen, werden sie verpackt und an einen Ort gebracht, wo wir nicht sehen, wie sie weiter werden.

Weil wir nicht in die Kanalisation gucken wollen. Da wollen wir nicht hin! Aber da sind wir, auf dem Friedhof. Da sind die Gefühle. Der Tod ist ein Gefühl.

Dieser Körper fühlt, weil er stirbt.

Das sind die Gefühle. Nicht irgendetwas Mittelmäßiges, wie zum Beispiel Liebe, Hoffnungslosigkeit.

Wenn es wirklich um Gefühle ginge in diesen Körpern, dann würden wir uns mit den Gefühlsgeschichten nicht zufriedengeben.
Die Liebe und der Tod, das sind die Steine, nicht dieser Körper.

Alles will immer nach oben. Dabei sind es so schwere Wörter. Und die Körper sind so leicht, dass sie an ihnen hängen wie Gasballons. An den schweren Wörtern. Als wollte man die schweren Wörter wie «Ewigkeit» so leicht machen, indem man sie zum Himmel sagt.

Ich komme auch nicht auf die Idee, einer Sterbenden den Himmel zeigen zu wollen. Die will den blauen Himmel nicht sehen, die kann ihn nicht sehen, der ist bedeutungslos. Der Himmel ist bloß eine alte Nullerzählung!

Neulich hab ich die Hand eines Arztes gesehen, der ein Herz in Händen hält, das er gleich jemandem einpflanzen wird, aber es wird nicht erzählt, dass er es gerade aus einem Körper gerissen hat! Dieses Herz nun soll ohne Herkunft sein!

Aber warum darf sich der Körper bis zu diesem Punkt nicht erzählen, dass er ohne Herkunft ist.

Nein, nicht herumnörgeln an einer Gesellschaft der Lügen, sondern gleich zur nächsten Gesellschaft übergehen. In der wir einen anderen Typ der Individualität erfinden. Wesen, die nicht sklavisch an der Wahrheit kleben.

Nicht nörgeln und sich empören, sondern das erst einmal hinkriegen. Was sonst soll der Feind sein als das, was verhindert, dass Uwe Johnson leben kann, dass wir leben können.

Nein, es gibt ein Leben, das darin besteht, sich an andere zu halten. Es gibt ein Leben, das eine Außenbeziehung ist! Nicht unsere popligen Ich-Erkundungen. Nicht die Tiefschürfungen nach dem Popel, der sich für den Globus hält. Nicht die Hand, die gereicht wird, wir brauchen andere Bande und Bänder und Brücken.

Nein, das finden wir da, wo wir uns an andere halten. Zwischen dem einen und dem anderen wird das Leben getragen, zwischen drei, vier, fünf und Millionen wird das Leben getragen.

Einer ist keiner.

Und dein Herz, was muss das tun nachts? Was macht dein Herz, etwas anderes als das deines Vaters?
Und warm wird deinem Herz. Wofür schlägt es?

«Run Baby Run» von Sheryl Crow, schnell wegrennen in die Brache und darüber hinaus.

Sozialistische Schauspieler sind schwerer von der Idee eines Regisseurs zu überzeugen

Constanze Becker (**C**)
Traute Hoess (**T**)
Valery Tscheplanowa (**V**)
Michael Goldberg (**M**)
Nils Kahnwald (**N**)
Oliver Kraushaar (**O**)

Regie: René Pollesch
Bühne: Janina Audick
Kostüme: Tabea Braun
Chorleitung: Christine Groß
Video: Kathrin Krottenthaler
Licht: Frank Kraus
Dramaturgie: Sibylle Baschung

 Premiere: 09.10.2010 Schauspiel Frankfurt

Leseempfehlung: Dietmar Dath, «Maschinenwinter» (Suhrkamp Verlag, Frankfurt am Main, 2008),
Jean-Luc Nancy, «singulär plural sein» (Diaphanes Verlag, Berlin, 2004)

Jeweils fünf der sechs Schauspielerinnen bzw. Schauspieler bilden einen Chor und stehen jeweils der oder dem sechsten gegenüber. Sie bzw. er tritt aus dem Chor heraus, um ihn anzusprechen, und tritt wieder in den Chor ein, während eine andere bzw. ein anderer heraustritt. Fliegender Wechsel also. Der Chor kann sich auch aufspalten. Also ein Teil kann rechts abgehen, während der andere Teil links wieder auftritt. Hier am Anfang bilden alle sechs den Chor und wenden sich ans Publikum.

CHOR: Es gibt nicht *den* Liebhaber. *Den* Liebhaber gibt es nicht. Es gibt kein Wesenhaftes wie Liebhaber, keinen Plan von ihm. Und wir sollten den Plan verwerfen, wie Darwin es uns vorgemacht hat. Das hier beruht auf keinem Plan. Das ist das Ineinandergreifen von Variation und Auslese. Ein Chor sagt immer: Das sind nicht Sie! Aber das wurde lange überhört. Hier geht es um ein Wesen, das nicht Sie sind, das aber doch kommuniziert. Also beruhte Kommunikation einmal auf etwas, das man beobachtet und das nicht Sie sind. Und das ist auch nicht notwendig, um eine gelungene Kommunikation zustande zu bringen. Das hier müssen nicht Sie sein! Der Chor ist sich nicht sicher, ob der Zuschauer arg zittert. Deshalb übernimmt er es. Und der Zuschauer ist von jeder Rührung befreit. Das ist Interpassivität.

C: *(tritt aus dem Chor heraus und wendet sich an ihn)* Du bist eine sozialistische Schauspieltruppe, Jacques. Ich kann nicht mit dir zusammen sein.

CHOR: Warum nicht?

C: Sieh dich doch an! Ich kann mit niemandem zusammen sein, der nicht er selbst ist!

CHOR: Was soll das heißen? «Der nicht er selbst ist»?

C: Wir können nun mal nicht miteinander kommunizieren ohne die Grundlage, Personen sein zu müssen.

CHOR: Ich muss keine Person sein.

C: Was machst du denn jetzt schon wieder?

CHOR: Ich wollte mich hier nur mal umsehen. Mit wem teile ich dieses Zimmer? Oder welcher Teil des Zimmers ist meiner?

T: *(zum Chor)* Weißt du, das ist alles ein wenig anders hier. Die Räume gibt es nicht eckenweise. Wir mussten das ganze Apartment mieten.

V: *(zum Chor)* Das ist anders hier im Kapitalismus. Hier müssen wir kein Zimmer teilen, es gehört uns ganz allein!

C: *(zum Chor)* Trotzdem sehen wir beide, wir vier, fünf, sechs also in diesem Zimmer so asozial aus. Was ist das nur?

V: *(im Chor, d.h. aus dem Chor heraussprechend)* Aber diese Vielheit ist nicht asozial.

C: *(zum Chor)* Dass wir beide, wir sechs also, uns in diesem Zimmer als asozial empfinden, hat mit deiner Vielheit zu tun!

N: *(zum Chor)* Komisch, ich kann doch nicht einerseits denken, dass du das Größte bist für mich überhaupt, und gleichzeitig, dass du überhaupt nichts wert bist. Wie kann ich das?

C: *(zum Chor)* Wenn ich dich so ansehe, denke ich: Wie viel mehr könnte ich aus Entfremdung gewinnen. Du musst dir keine Geschichte erzählen einer Selbstverwirklichung. Dein Selbst bleibt vollkommen unausgedrückt.

O: *(zum Chor)* Nein! Ich brauche eine Person. Ich kann mit dir nicht umgehen. Das ist mir zu anstrengend.

T: *(zum Chor)* Welche Geschichten könnten wir uns denn dafür erzählen, die wir auch bewohnen können?

T nach hinten. Sie telefoniert.

M: *(zum Chor)* Moment! Brauche ich jetzt als Grundlage einer Verständigung eine Person? Ich verstehe mich doch so gut mit diesem Wesen! Und die Grundlage unserer Kommunikation sind auch nicht Liebe und Tod. Die Grundlage, auf der wir miteinander sprechen, ist die absolute Unähnlichkeit.

Das Telefon klingelt. Der Chor hebt ab.

CHOR: Inspektor Clouseau.

T: Inspektor Clouseau? Hier spricht der Polizeipräfekt. Eine Information, die das Phantom betrifft.

CHOR: Das Phantom?!

T: Sie müssen sofort hierherkommen. Ich bin in Bruneck.

CHOR: Bruneck? Aber das ist doch in Bruneck? Ich meine, 50 Kilometer von hier.

T: Glauben Sie mir, es ist sehr dringend. Sie müssen sich sofort auf den Weg machen. Ich kann nichts mehr sagen, ich werde beobachtet.

CHOR: Jawohl. Ich habe verstanden. *(Chor legt auf)* Tut mir leid, Liebling, aber wenn die Pflicht ruft … Drück mir die Daumen, dass ich bald wieder zurück bin.

C: Ja, Dienst ist Dienst, mein Liebling.

Chor rechts ab. Es klopft links an der Tür. C öffnet die Tür.

CHOR: Warum zum Teufel hast du mir gesagt, dass ich dir gefalle? Antworte mir, denn es passt mir ganz und gar nicht!

C: Ich weiß, ich bin grausam, wenn ich dich in die Position des Geliebten setze und bringe. Du weißt ja nie, was es ist, das die Liebe auslöst. Irgendwas hinter deinem unspektakulären Gesicht. Irgendein Teil an dir, dem du selber wenig Beachtung schenkst.

O, V & M: *(betrachten alle ihre Arme und Beine)* Was könnte das sein?

C: Er musste plötzlich nach Bruneck. Er wurde wegen des Phantoms angerufen.

O, V & M: Irgendetwas geht hier vor. Ich weiß zwar nicht, was, aber ich täusche mich nie.

C: Aha, willst du den Plan aufgeben? Gibt es da etwa die Möglichkeit, dass du plötzlich so etwas wie Gewissen hast?

O, V & M: Gewissen? Wem gegenüber?

C: Zum Beispiel der Prinzessin. Unser vorgesehenes Opfer ist diesmal besonders attraktiv. Ich habe das Gefühl, du hast unser oberstes Gesetz gebrochen. Oder kannst du mir schwören, dass du dich nicht verliebt hast?

O, V & M: Was du nicht sagst. Übrigens, sei vorsichtig, ich würde dir die Augen auskratzen.

C: Das wäre immer so weiter gegangen, immer wäre da irgendjemand gewesen, mit dem du unterwegs wärst, und ich müsste darauf reagieren, wenn ich euch zusammen sehen würde. Hab dich eben unten gesehn im «Links vom Fischladen», und davor saß ein Punk zwischen 15 und 40 Jahren, keine Ahnung. Und immer hättest du nur diese komische Situation hingekriegt, wie immer, wenn du jemanden dabeihattest, wie siehst du die an? Wie siehst du die Situation an? Was ist das?

T & N klopfen.

C: Was gibt's denn?

T & N: *(von außen)* Ich habe etwas abzugeben.

C: Einen Augenblick bitte. Was denn?

T & N: *(von außen)* Blumen.

C: Charles! Du musst sofort verschwinden! Hier rein!

O: *(im Chor, d.h. aus dem Chor heraussprechend)* Immer ein schlechtes Gewissen, immer die Furcht, dass dein junges Glück getrübt werden könnte, das doch keines war, entdeckt werden könnte, dass diese Geschichte nicht stimmt. Wie ja die Geschichte der Liebe überhaupt nicht stimmt. Nur wenn wir paralysiert sind. Wenn wir nicht mehr leben können, was die so Leben nennen. Dann und nur dann ist es Liebe. Die Liebe ist so singulär wie der Tod.

C: So, jetzt raus hier!

O, V & M: Wiedersehen, Boss!

M: *(im Chor)* Was heißt Wiedersehen? Du bist doch gerade erst gekommen!

O: *(im Chor)* Ja. Aber ich muss wieder gehen. Ich muss zurück zur Hochzeit meines Bruders.

C: Zur Hochzeit deines Bruders? Aber ich habe dir doch erst gestern freigegeben, um zur Hochzeit deines Bruders zu gehen. Hat er schon wieder geheiratet?

V: *(im Chor)* Nein, aber die Party läuft immer noch.

N klopft.

C: *(zur Tür)* Ja, ich komme. *(Zu O, V & M)* Und du verschwinde! *(Geht zur Tür)*

C öffnet Tür. T, N, V, M & O treten mit Blumen ein.

C: George!

T & N: Jetzt oder nie!

T, N & M drücken C Blumen in die Hand.

T, N & M: Die standen da so blöd in der Halle herum.

C: Ja und? Was wollen Sie denn hier?

T, N & M: Wir könnten in «Die Bakchen» gehen, mein Schatz!

C: Aber mein Mann kann jeden Augenblick ins Zimmer treten …

CHOR: Er müsste jetzt ungefähr auf der Hälfte des Weges nach Bruneck sein. Ich sagte ihm: Sie müssen unbedingt sofort nach Bruneck kommen, Inspektor. Ich habe eine Information, die das Phantom betrifft.

C: Bruneck? Aber das ist doch in Bruneck? Ich meine, 50 Kilometer von hier.

CHOR: Und während Sie in Bruneck auf den Polizeipräfekten warten, werden wir gemeinsam in «Die Bakchen» gehen.

O stellt Blumen in Vase und die Vase auf die Garderobe.

C: Nein, lieber nicht. Nicht diese griechischen Chöre. Da hört man Udo Samel raus und seine schlechte Laune darüber, dass er jetzt in diesem Chor sprechen muss. Der spielt und fragt sich dauernd, warum er bei Stein in Ungnade gefallen ist. Nur Metatexte, und da soll man die Griechen raushören?

Und produktiv machen kann er es auch nicht, die Produktivkraft sitzt ja eh bei Stein.

CHOR: Was hast du gesagt? Die Produktivkraft ist aus Stein?

C: Du hörst mich nicht! Es ist überhaupt so laut hier. Du hörst nur Metatexte.

V: George, du musst gehen! Liebe ist wie Lohnarbeit, es kann sie nun mal nicht jeder haben. Und sie kann das Gemeinwesen auch nicht zusammenhalten.

CHOR: Weißt du, in Augenblicken wie diesem jetzt wünschte ich mir, ich wäre bloß ein einfacher Bauer. Ich … ich wollte … ich wollte Ihren Mann sprechen.

T: Mein Mann? Sind Sie verrückt geworden? Gehen Sie sofort. Außerdem, Sie sind doch überhaupt kein Ich. Und ich kann mit niemandem zusammen sein, der nicht er selbst ist!

CHOR: Früher sagte man mir immer, ich soll wie die anderen sein! Und jetzt hör ich immer nur, ich soll ich selbst sein!

T: Halt's Maul! Wo sagte man dir, du sollst wie die andern sein?

CHOR: In amerikanischen Protestsongs. Es war als Kritik gemeint.

T: Fünf Leute auf einem Haufen, das muss noch lange kein Sozialismus sein! Verfolgt ihr denn auch ein Eigeninteresse? Kuscheln und es nett miteinander haben, das ist kein Sozialismus. Ohne Eigeninteresse ist da nichts zu machen. Keiner kennt mehr das Eigeninteresse! Was ist denn damit passiert? Ihr könnt doch nicht … Du kannst doch nicht nur machen, was die anderen machen!

CHOR: Ja, genau. Ich kann doch nicht nur dauernd ein Selbst produzieren.

N: George, gehen Sie hier raus. Es sind einfach zu viele im Bett! Solange du nicht du selbst bist, ist das Bett einfach zu klein.

CHOR: Aber du liebst es doch, die vielen Arme und Beine. Du liebst es doch, wenn ich dich wie ein Krake umarme.

N: Er hat recht. Ich kann gar nicht genug davon bekommen. Nein! Sei lieber nicht du selbst! Sei lieber das da! Ich möchte lieber so was haben.

C: Ich weiß ja auch nicht, was ich machen soll. Ich hab bei der Liebe immer die Illusionen der anderen vor Augen, und die haben nichts mit diesem Wesen zu tun, das du bist!

V: Aber vielleicht stimmt es, und alles, was in der Wirklichkeit über längere Zeitspannen hindurch stattfindet, hat mit Vervielfältigung, Variation und Auslese zu tun.

O: George, ich kann hier nicht mit euch allen im Bett liegen. Das ist mir zu abstrakt.

CHOR: Dieser Chor ist aber gerade nicht die Allgemeinheit. Radikal ist das Singuläre. Das Radikale ist das singuläre Sterben und nicht das allgemeine Sterben. Es muss sich jetzt niemand einkitschen im Universalismus. Die kitschen sich ein in der Abstraktion. Aber es gibt nicht *den* Tod. Ein Chor zeigt, es gibt nicht das Wesenhafte.
Ich liebe dich!

V: Hörst du bitte auf mit diesem andauernden Geständniszwang!

CHOR: Ich kann nichts dafür! Irgendetwas in mir hält das für eine Wahrheit über sich, und die muss dauernd ausgesprochen werden.

V: Ich will sie aber gar nicht hören! Du bist doch sonst so klug, dann mach irgendwas gegen diese Wahrheit!

CHOR: Warum hängen alle so sehr an der Wahrheit?

O: Sie werden sich sicher fragen, warum ich Sie gebeten habe, sich hier zu versammeln.

V: Das war wieder mal ein typisches Zeichen für den Zerfall einer Kultur. Halten wir das also fest. Ich meine das, was ich gerade gesagt habe.

M: Sie haben gesagt, Sie nehmen an, wir würden uns fragen, wieso Sie uns alle hierhergerufen haben.

O: Es besteht kein Anlass dazu, dass Sie sprechen, es sei denn, dass ich Ihnen eine Frage stelle. Wie ist Ihr Name?

M: Ich bin Charles, der Gärtner.

V: Und was machen Sie?

C: Ich bin der Gärtner.

N: Aus welchem Grund haben Sie mir das nicht sofort gesagt?

C: Hab ich ja.

T: Widersprechen Sie nicht, überlassen Sie das bitte mir, Monsieur. Das ist eine sehr ernst zu nehmende Sache. Und jeder in diesem Zimmer hier sitzt unter Verdacht.

M: Sitzt?

T: Was haben Sie gesagt?

M: Sitzt? Sie haben gesagt: sitzt?

O: Ja, das weiß ich. Und die Chance ist sehr groß, dass jemand in diesem Zimmer hier mehr von dem Mord weiß, als er sagt.

V: Mord?

T: Was haben Sie da gesagt?

V: Ich hab gesagt: Mord.

C: Welcher Mord?

M: Das weiß ich nicht. Sie haben gesagt: Mord.

C: Ich habe gesagt: Mord? Sie haben gesagt: Mord.

O: Ich habe Mord gesagt, weil Sie Mord gesagt haben.

T: Ich habe Mord gesagt?

N: Sie haben gesagt, die Chance ist groß, dass jemand in diesem Zimmer hier mehr von dem Mord weiß, als er sagt.

V: Ich will Ihnen mal was sagen.

M: Wie war Ihr Name?

O: Charles.

M: Der Koch?

C: Der Gärtner.

T: Ah, das bringt uns schon einen Schritt weiter. Sie!

O fällt aus dem Bett.

C: Haben Sie sich wehgetan, Mister Stutterstutt?

V: Wer ist dieser Mensch?

M: Das ist Mister Stutterstutt.

C: Ah, was machen Sie, Mister Schatterstaff?

T: Er züchtet Bienen für den Professor.

N: Ich frage nicht Sie, sondern ich frage Mister Stoffschotter.

O: Wie war das?

N: Er ist furchtbar erkältet, und deswegen kann er nicht sprechen.

O: Er kann nicht sprechen? Das wird ja immer schöner. Ein Bienenzüchter, der nicht sprechen kann, ein Koch, der glaubt, er sei Gärtner, und eine Frau, die von Mord spricht. Aber wenn Sie glauben, dass Sie mich durch

Ihre gezielte Verwirrungstaktik nervös machen können, haben Sie sich geirrt. Mich kann nichts aus der Fassung bringen. Nichts.

M: Wenn Sie widersprechen können, Mister Schrottschlecker, würde ich Ihnen empfehlen, Ihre Bienen zu zählen. Sie werden dabei vielleicht feststellen, dass eine fehlt.

V: Also, da wär noch etwas, was ich jetzt noch gern herausfinden möchte. Dieses Zimmer ist mir von Anfang an … *(O fällt aus dem Bett.)* Was ist jetzt passiert? Was ist?

M: Sie Obertrottel sind soeben aus dem Bett gefallen.

T: Ich werde mein Leben lang ein Kind haben, denke ich gerade, als ich «Happy Tree Friends» auf MTV sehe. Und wie du mir damals davon erzählt hast. Wie ein Kind. Wie auch in Japan. Wie immer.

C: Oh Gott! Mein Mann! Er kommt nach Hause! Schnell, in den Schrank!

CHOR: Schrank?

C: Los, raus da! Schnell, schnell schnell, los, raus!

CHOR: Was? Nein! Das ist ja das Fenster.

T, M, O, N & C auf Fenstersims.

V: Ich weiß selbst, dass es das Fenster ist. Aber sonst gibt es nur die Tür! Stell dich da rauf! Auf den Sims! Jetzt mach dir keine Sorgen und warte da auf mich, ja! Na los! Wo sind deine Sachen?

CHOR: Vorm Bett, wo ich sie eben sorgsam zusammengelegt habe.

V: Du sollst nicht immer «ich» sagen. Du bist doch überhaupt kein Ich. Und ich kann nicht mit jemandem zusammen sein, der nicht er selbst sein kann.

CHOR: Mir ist kalt!

V: Hab doch bitte Mitleid, George! Jetzt geh endlich.

CHOR: Ich hab kein Mitleid. Mitleid produziert doch nur eines: ein Selbst! Deshalb müssen wir das Gute verhören. Milliardäre, die ihre Vermögen spenden. Die Handlungsträger moralischer Normen sein wollen. Wir hören, dass du ein guter Mann bist, deshalb stellen wir dich an eine gute Wand, in Anbetracht deiner Verdienste, und erschießen dich mit guten Kugeln. Mitleid produziert doch nur eines: ein Selbst.

V: Ja, aber das tut die Liebe auch.

CHOR: Aber nicht in meinem Fall. Das wird ganz ausdruckslos sein, wenn wir sozial sind.

C: Ja gut, das könnte jetzt so aussehen, als würde der Verkehr mit so vielen ein übersexualisiertes Selbst produzieren. Und dann ist auch wieder nur wichtig, ob vor dieser Vielheit ein Mann oder eine Frau steht. Wenn ich jetzt hier vor dir stehe, ist Sex mit so vielen abgewertet, das ist einfach nicht viel wert, wenn eine Frau vor so vielen steht …

N: … und wenn ich jetzt hier stehe, vor dir, dann ist der Sex mit dir sehr viel wert. Das ist dann was, was sich so ein Typ ans Revers heftet. Denn wenn so ein Typ vor so vielen steht, dann ist der sehr viel wert, der Sex.

M: Ja, genau. Der Sexwert hängt nämlich davon ab, wer ihn hat. Flavio Briatore oder eine ukrainische Nutte. Beide haben sehr viel Sex mit sehr vielen. Aber der ist nicht gleich viel wert. Es gibt keine Gerechtigkeit.

V: So. Jetzt raus hier! Charles! *(Schließt die Vorhänge)* Die Luft ist rein! Dieser sozialistische Schauspieler ist hinter mir her! Du musst mich beschützen! Er macht mich noch ganz verrückt!

Die andern kommen aus dem Schrank.

V: Oh mein Gott! Du bist einfach zu schön. Immer wenn ich dich ansehe … Du bist so ein Rätsel an Intensität. Und die Lust am Ich ist eine trübsinnige Leidenschaft. Du erinnerst mich an einen alten litauischen Regieassistenten im grauen Kittel. Du erzählst dir keine Geschichte und träumst von keinem diffusen Bereich, der allen offensteht. Du erzählst dir wenigstens nicht diese Geschichte einer Selbstverwirklichung! Subjektsein ist Unterwerfung! Alle sind immer so aktiv, das ist das Leichte. Es ist so schwer, passiv zu sein!

O klopft, C öffnet Tür.

C: Ich hätte eine Frage zu diesem Hotel! Können Sie mir die genauen Ausmaße des Fundamentes, auf dem die Pfeiler stehen, angeben?

O: Seien Sie unbesorgt. Es steht ganz fest.

C: Ich will aber wissen, wie die Ausmaße des Fundamentes sind. Sie hören mich nicht!

O: Doch! Sie haben mich nach den genauen Ausmaßen des Fundaments gefragt, auf dem die Pfeiler stehen, und ich hab Ihnen geantwortet, Sie können unbesorgt sein.

C: Sie sind nur auf der Metaebene. Sie nehmen an diesem Dialog ja überhaupt nicht teil. Sie denken, wir wären in einen Dialog verwickelt, aber das Einzige, das ich über ihn sagen kann, ist: Sie hören mich nicht.

T: Immer muss ich mich auf die Konstruktion als «Andere» einlassen, um verstanden zu werden. Sonst weiß der Typ einfach nicht, was ich von ihm will. Sie dürfen mir das nicht übelnehmen. Nicht, dass ich mich über Ihre Frivolität ärgere. Als Mann sind Sie vielleicht eine gute Grundsubstanz, aber Sie sind das unglückliche Produkt einer untergehenden Kultur. Auf jeden Fall sind Sie zu bedauern. Sie hören mich nicht.

M: Ganz im Gegenteil. Ich habe sehr genau zugehört, Monsieur.

T: Dann haben Sie vielleicht die Güte, zu wiederholen, was ich gesagt habe.

M: Sie haben über den Wandschrank gesprochen.

T: Ja, und weiter?

M: Sie sagten weiter, als die Schranktür geöffnet wurde, habe Maria eine Beule am Kopf davongetragen, und folgerten daraus, dass sich jemand im Schrank versteckt hatte und dass dieser der Mörder gewesen ist.

T: Ja, sie erhielt einen Schlag auf den Kopf. Hören Sie mal, Maurice: Das nächste Mal prüfe ich Sie aber ohne vorherige Ankündigung. Geben Sie also immer gut acht auf das, was ich sage.

Der Chor im Flur.

CHOR: Kommen Sie mit in den Flur!

C: Ja gut.

CHOR: Ich danke Ihnen, dass Sie meinem Ruf Folge geleistet haben. Nehmen Sie doch Platz.

C: Ja, was ist denn?

CHOR: Sie werden sich sicher fragen, warum ich Sie gebeten habe, sich heute Abend hier zu versammeln.

C: Aber es sind doch nur wir beide da! Ich und Sie fünf! Was ist denn mit Ihnen, Charles? Geht es Ihnen nicht gut? *(Zum Chor)* Es wird keine Art überleben. Wir werden nicht als Art überleben. Das sehe ich doch an dir. Jeder von uns ist eine Art. Ich bin meine eigene Gattung, und du bist deine eigene. Wenn wir als Art oder als das Wesen überleben würden, das würde ja heißen: die Kategorien überleben, das Wesen vom Menschen. Das kann aber nicht sein, dass gerade hier mit uns beiden, mit dir so völlig anderem Wesen, die Abstraktion überlebt und nicht das Konkrete, dass wir gerade hier sind, dieser Körper gerade hier. *(C geht langsam den Teppich entlang, der Chor folgt ihr.)* Es muss doch eine Konversation mit dir zu führen sein! Wie krieg ich das hin? Das muss doch möglich sein! Ich finde ja gerade so gut, dass dein Selbst so vollkommen unausgedrückt bleibt! Was mach ich nur?

CHOR: Ich liebe dich!

V: *(übernimmt Führung)* Hören Sie auf, dieses «Ich liebe dich» mit nichts anderem als Ihrem Innenleben zu belegen, George.

CHOR: Ich hab aber gar kein Innenleben.

M: *(übernimmt Führung)* Sehen Sie sich doch an. Sie sind nicht Sie selbst, Sie sind ein Niemand! Eine Vielheit! Was können Sie mir schon bieten?

CHOR: Was hast du bloß immer mit deinem ICH. Als wäre da was. Sieh dich doch an!

M: Ja, du hast recht, ich bin nur der erste Kandidat der Repräsentation. Entschuldige. Oh ja, ich weiß, du kannst mir eine Menge bieten. Eigentlich nur du!

CHOR: Der Chor ist nicht *das* Proletariat, der Chor sind nicht *die* Werktätigen. Der Chor ist das Singuläre. Das Subjekt ist die Abstraktion. Es gibt nur *das* Subjekt. Der erste Kuss ist Totalitarismus. Die Subjekte sind die Abstraktion. Sie sind nicht die konkreten Wesen. Ich muss auch gar nicht darüber sprechen, was ich alles gefühlt habe. Das gehört eh nicht mir, was ich gefühlt habe. Es gibt keine Geschichte für das, was ich lebe. Da brauche ich andere Instrumente, um von meinem Leben zu erzählen, als eine Geschichte. Natürlich kann man nur von einem Gesicht leben, das alles unausgedrückt lässt, wenn man ein litauischer Regieassistent im grauen Kittel ist. Natürlich wird versucht, diese Wahrheiten zu neutralisieren. Dass der erste Kuss in einer unwahren Gemeinschaft totalitär ist. Wann kapiert ihr das endlich? Es kann niemand für uns sterben!

Chor löst sich auf.

M: Ich nehme an, Sie werden sich alle fragen, wieso ich Sie hierhergerufen habe. Eine Horde sozialistischer Schauspieler hat sich in dieses Hotel eingemietet.

T: Eine Horde?

M: Was haben Sie da gesagt?

T: Ich hab gesagt: eine Horde?

M: Welche Horde?

T: Das weiß ich nicht. Sie haben gesagt: Horde.

M: Ja, sie führen im Foyer ein Theaterstück auf.

C: Ein Theaterstück?

O: Ja. Hören Sie doch auf, alles zu wiederholen, was ich sage.

M: Ich habe gesagt: Horde? Sie haben gesagt: Horde.

C: Ich habe Horde gesagt, weil Sie Horde gesagt haben.

T: Ich habe Horde gesagt?

N: Sie haben gesagt, dass eine Horde sozialistischer Schauspieler in diesem Hotel ist.

V: Ich will Ihnen mal was sagen.

T: Wie heißt es denn?

O: Was?

T: Das Theaterstück.

O: Es heißt: Die Frage: Warum die chinesische Führung das kommunistische Projekt aufgegeben hat und zum Aufbau des Kapitalismus übergegangen ist, dargestellt von einer sozialistischen Schauspieltruppe, die schwerer von der Idee eines Regisseurs zu überzeugen ist.

M: Ein vielversprechender Titel!

O: Du bist eine sozialistische Schauspieltruppe, George, und wir können nun mal nicht miteinander sprechen ohne die Grundlage, Personen zu sein.

T: Ja, aber ich kenn dich doch, du kannst doch gar nicht mit Egos spielen.

O: Er hat recht! Ich kann diese Egos nicht ausstehen, die sich hier sonst breitmachen!

N: Da war doch eine sozialistische Schauspieltruppe in unserm Bett, das seh ich doch!

T: Ein Ego reicht mir nicht!

O: Aber ich liebe Sie!

V: Ich kann nur mit jemandem zusammen sein, der seine Rührung delegiert. An einen Chor zum Beispiel. In einer griechischen Tragödie. Jemand, der nicht selbst lachen muss, um einen amüsanten Abend erlebt zu haben. Jemand, der nicht selbst lieben muss, damit er den Eindruck hat, geliebt zu haben. Weil das nun mal der Befehl ist: Wir müssen alle lieben und geliebt werden.

N: Das Nicht-Selbstidentische ist das Instrument für eine andere Sprache oder Sprache des Anderen, einer nicht auf der unmarkierten Weltraumplattform basierenden Sprache des weißen Mannes. Der alle markiert und sich selbst unmarkiert lässt. Wir können den Gott sichtbar machen, der uns spricht. Wir können ihn markieren. Und ich markiere dich jetzt. Ich sage dir, ich kann nicht mit diesem abstrakten Ego, das immer für alle spricht, kommunizieren.

M: Da war doch eine sozialistische Schauspieltruppe in unserm Bett, das seh ich doch!

C: Was machen Sie denn hier? In der Nacht, in der der Chauffeur erschossen wurde, wie war noch gleich sein Name?

T: Miguel.

C: Miguel, richtig.

T: *(korrigiert)* Nein, Miguel.

C: Das sage ich doch.

T: Sie sagen: Miguel.

C: Ja, eben. Dieser Italiener also …

T: Verzeihung, er war Spanier.

C: Also dieser Spanier mit Namen … spielt keine Rolle, war der Verehrer von Maria Gambrelli. Er war in ihr Zimmer geeilt, riss ihr die Kleider vom Leib und versetzte ihr einen Schlag und sagte … *(Tritt M auf den Fuß)*

M: Au, mein Fuß, Sie Trottel!

O: Oh, ich bitte Sie vielmals um Entschuldigung. Eine kleine Unachtsamkeit. Verzeihen Sie. Also, er riss ihr die Kleider vom Leib, und genau in diesem Moment riss jemand die Schranktür auf und streckte den Chauffeur mit vier Schüssen nieder.

N: Meine liebe sozialistische Schauspieltruppe! Spielen, das können doch alle, deshalb müssen sozialistische Schauspieler jetzt was anderes werden. Los! Versammlung! Lasst uns eine rauchen.

Alle gehen in den Flur. Zigaretten bei Durchreiche. Alle rauchen.

N: Da, wo sich immer nur Subjektivität konstituiert und Personen, an denen die Erfüllung von Moral gelingen kann und die Bewertung von Handlungen möglich ist … irgendjemand muss sich doch darum kümmern, dass es hier um das Ausgeschlossene geht, das Leben selbst, das nie da ist, wo etwas performt wird, wo etwas künden soll von uns, wo der Ausdruck sein soll. Der wird ja durch die Zurichtung hervorgebracht.

O: Aber das darfst du dir jetzt nicht vorstellen wie in Lubitschs «Ninotschka», wo vier sowjetische Agenten zum Kapitalismus konvertieren. Das ist aber immer noch die Folie, mit der China gedacht wird. Lubitschs «Ninotschka», diese Dreckskomödie. Die alles neutralisiert.

V: Nein, die chinesische Regierung hat, ohne Druck von innen oder von außen, das kommunistische Projekt limitiert, sie hat das Denken gewechselt. Das ist Sozialismus. Wechselhaftes Denken!

T: Wer war mit dir in diesem Bett? Zunächst einmal gilt es, den Tathergang zu rekonstruieren. Und da ich Experte in Sachen Schlussfolgerung bin …

O: Du bist Experte in Sachen Schlussfolgerung?

M: Das ist mein Gebiet.

C: Ich glaube, Schlussfolgerung ist eher mein Gebiet, und da du unter schweren Hüftschmerzen leidest …

V: Woher weißt du das?

N: Du hast zwei unterschiedlich abgelaufene Schuhsohlen. Du bevorzugst deinen rechten Fuß.

V: Eine Frage: Wie hat dir heute früh dein doppelter Espresso geschmeckt?

T: Woher …

O: Deine Pupillen sind auffallend geweitet.

C: Und verbringen Sie noch eine weitere Nacht im Hotel Montmartre? Am Montmartre finden zurzeit nachts Bauarbeiten statt, um den Verkehr am Tage nicht zu stören. Ihre verquollenen Augen zeugen von einer schlaflosen Nacht.

V: Was erwarten Sie von Ihrer Lieblingsmannschaft Arsenal diese Saison? Diese Streichhölzer stammen aus der einzigen Bar in Paris, die englische Fußballspiele ausstrahlt.

O: Sie haben Taschentücher in Ihren Schuhen, um größer zu erscheinen.

M: Sie kamen erst im Alter von 14 auf den Geschmack von Avocados!

T: Seit Kurzem ist Ihre Lieblingskäsereibe weg!

O: Der Klang von Kuhglocken macht Sie verrückt!

CLIP

T: Hör auf mit diesem Verhör! Sex und die Suche nach der Wahrheit sind unnötigerweise verbunden.

M: Du hast recht! Wir beide liegen hier, und was soll das für eine Wahrheit sein? Eine Wahrheit über den Menschen? Aber du bist doch überhaupt kein Mensch. Und das liebe ich so an dir, du hast so viele Arme und Hände, und das könnte doch Sexualität sein, dass ich ohne diese vielen Hände nicht auskomme. Und ich muss auch nicht immer gemeint sein, von deiner Sexualität.

V: Ein Machtwerkzeug ist es, unsere Sexualität gestehen zu müssen, so als wäre sie bislang stumm gewesen. Aber es geht nicht um das, was sie etwa zum Verstummen gebracht haben könnte, sondern die Macht steckt da, wo sie zum Reden gebracht wird! Wo die Rede über sie produziert wird. Warum will man mich nur immer auf meine Sexualität festnageln? Was wäre denn, wenn die Freiheit darin bestünde, nicht einem langweiligen Gemeinplatz wie dem der Sexualität zu unterliegen? Wenn die Dinge, die Leute, die Körper polymorphe Beziehungen haben könnten?

N: Das Instrument befindet sich da, die Kontrolle befindet sich da, wo wir sagen, was wir empfinden, was wir erhoffen. Es zielt darauf, es arbeitet mit dem Versprechen, einige Verbote zu überwinden, um glücklich zu sein.

C: Und diese Ermutigung führt genau dazu, Revolten und Freiheitsbewegungen niederzuschlagen und zu vereinzeln. Freiheitsbewegungen so zu parzellieren, wie man unsere Körper parzelliert und immer auf die eine Stelle verweist, die meine Sexualität sein soll. So fängt Prinz Kaspian an von dem Faschisten C. S. Lewis mit dieser «Narnia»-Geschichte, die 95 Millionen Mal in alle Welt verkauft wurde. Die Alte auf dem Wochenbett kriegt das Geschlechtsteil ihres Neugeborenen auf Augenhöhe gezeigt, und dann geht irgendein Schmalz los, mit dem Disney Milliarden scheffelt.

O: Oder Schauspielerinnen müssen ihre Geschlechtsteile zeigen, damit der Regisseur sich erinnert, warum er mehr verdient. Unsere Körperteile werden entsolidarisiert. Warum werden Heteropaare nicht umgedreht und kreieren *da*raus einen Unterschied, aus der Form ihrer Rosetten? Warum müssen immer die Fortpflanzungsorgane dazu herhalten, erogen zu sein und unsere Lüste zu versorgen? Warum haben wir keine Lust auf was anderes? Weil wir dahinter keine Wahrheit über uns vermuten. Aber diese Wahrheit wird produziert.

M: Marx hat auch nicht den Kapitalismus als Repression erklärt, als abgekarteten Diebstahl. Der Zweck des Kapitalismus ist es nicht, den Arbeiter auszubeuten. Oder dass dieser Zweck vertuscht wird, das ist nicht das Problem. Es geht nicht um Gut und Böse.

Um Repression oder Freiheit. Marx hat sich der Analyse der Produktion gewidmet. So konnte er der Empörung entkommen.

V: Und wenn wir uns hier dem Elend unserer Sexualität widmen wollen, dann sollte es auch nicht darum gehen, über Repression zu reden, sondern darüber, dass wir zu diesem Diskurs, der Wahrheit produziert, die der Macht gehört, verpflichtet sind. Das Ganze aber als Freiheit erleben.

O: Wir werden zu einer Wahrheit über uns verpflichtet, die man Sexualität nennt. So wie die grundlegenden Gesetze des Kapitalismus aussehen, müssen sie einfach Elend produzieren. Und so wie die grundlegenden Gesetze der Wahrheitsproduktion aussehn und solange unsere Sexualität an sie gekoppelt ist, muss auch die unweigerlich Elend produziern. So sieht's aus. Die Analyse einer Wahrheitsproduktion, die Elend verursacht. So müssen wir über unsere Sexualität reden.

N: Die Produktion meiner Sexualität war schon immer Elend. Ich mache da Sachen, die ich wahrscheinlich überhaupt nicht machen will.

M: Was reden diese Anti-Muslime überhaupt über Zwangsheirat im Islam, lebenslänglich an die Zwangsheterosexualität zwangsverheiratet zu sein, das nenne ich Elend. Das Elend der Selbstverwirklichung.

T: Wir sind nur da, wo wir keine Wahrheit über uns vermuten müssen! Das sind nicht unsere Geschichten! Die erzählen nichts von unseren Leben. Und du musst wirklich erfahren, was dieser Satz bedeutet. Du denkst, du verstehst ihn, aber du hörst ihn nicht. Es geht nämlich nicht darum, dass die Geschichten besser werden müssten, damit sie das tun. Nein, bei Geschichten ist das einzige Veto, das eingelegt wird: Das ist noch nicht gut genug, oder es ist nicht ehrlich gemeint. Also die Toleranz ist entweder noch nicht gut genug, oder man tut nur so als ob. Aber beides ist nicht das Problem. Jetzt will ich nicht wieder zu formelhaft werden, aber der Punkt ist: Es geht nicht um «gut» sein, und es geht nicht um die «Wahrheit», aber das alles haben sich nichtsozialistische oder sentimental sozialistische Theatergruppen auf die Fahnen geschrieben, dass wir gut sein müssen und hinter die Wahrheit kommen, aber das ist schon gar nicht die Sache einer Theatergruppe.

M: Sehen Sie denn nicht, dass man lange versucht hat, mich auf meine Sexualität festzunageln. Nichts als mein Geschlecht sein. In Ordnung, dann bin ich's eben, dann sag ich's eben.

V: Ich will mich nicht mehr an der Entzifferung dieses Rätsels über mich beteiligen, sollen das andere machen! Es geht darum, etwas anderes zu produzieren als bloß immer Sex! Formen von Intensitäten und Beziehungen, die wir uns noch nicht vorstellen können. Aber nicht immer diesen abschließenden Genuss der Körper, als gelte es, sein letztes Geheimnis zu entziffern. Nein, der Körper hat kein anderes Geheimnis als das, gezwungen zu sein, sich seine Sexualität als Wahrheit über sich erzählen zu müssen.

C: Ich hab keine Ahnung, warum ausgerechnet Liebe und Tod die Grundlage einer funktionierenden Kommunikation sein sollen, die Grundlage einer Gemeinschaft. Die Ursache für ein blindes Verstehen. Liebe und Tod sind doch absolut singuläre Erfahrungen. Liebe und Tod sind doch genau das, was wir *nicht* teilen können.

M: Meine Erfahrungen beim Lieben und beim Sterben sind nicht mitteilbar.

N: Also hören wir auf, die zu einer Grundlage für eine gelungene Kommunikation zu machen. Oder eben nur in ihrer Singularität. Darin, dass sie nicht zu teilen sind. Unsere Sprache müsste eine Grundlage haben in dem, was nicht zu teilen ist.

V: Ja, genau. Das merke ich immer daran, dass die, die um meine singuläre Liebesgeschichte herumstehen, mit Vorschlägen kommen wie: «Das ist eben zu Ende, jetzt geh zum Nächsten über!» oder «Auch andere Mütter haben schöne Söhne.» Nein! Es gibt keine Mütter von schöneren Sachen. Da denke ich immer, also entweder die Liebe ist jetzt das Größte, so wie ihr immer sagt, dann weiß ich aber nicht, warum ich jetzt gleich zum Nächsten übergehen soll! Oder die Liebe ist eben gar nichts, dann verstehe ich aber nicht, warum sie die Grundlage einer Gemeinschaft sein soll.

O: Wann saß schon mal jemand neben dir, der stirbt oder liebte? Total paralysiert. ***Wir*** sind nicht paralysiert, wir anderen lieben mit der Illusion von jemandem, der das tatsächlich tut, und wir Aufgeklärten, wir wollen, dass das alles so perfekt aussieht, die ganze Liebe, obwohl wir nur glauben, dass da mal jemand dran glaubte. Aber der ist paralysiert. Der liebt und stirbt wirklich. Wir haben das aber als Illusion vor Augen.

M: Was ist denn das für ein Rätsel mit der Gemeinschaft? Und vor allem mit dir? Was ist denn das für ein Scheitern beim Kontakt mit den anderen und mit sich und mit der Welt als Welt der anderen? Was ist das für ein Geheimnis des Gemeinsamen, das kein gemeinsames Geheimnis ist? Oh, dein Geheimnis, Gott sei Dank, ist es kein gemeinsames.

T: Das ist doch eine absolut singuläre Erfahrung, und warum denkt jeder, er könnte die teilen? Diese Gemeinschaft weiß nicht, ob die Liebe überhaupt ihre Grundlage sein kann. Und wenn die Antwort nein ist, dann gibt's hier nichts zu teilen.

C: Diese Gemeinschaft weiß nicht, ob die Liebe überhaupt ihre Grundlage sein kann. Ob der Tod oder das Sterben überhaupt ihre Grundlage sein können.

O: Und dann ist mir aufgefallen, dass sich in diesem Körper etwas angesammelt hat, in den 25 Jahren als Schauspieler, und diese 25 Jahre hängen jetzt in den Gliedern drin, und das sehe ich ***(O ist auf der Leinwand zu sehen)***, wenn ich mich da auf der Leinwand anschaue, da sehe ich so einen Schauspieler-Klops, so einen bräsigen Körper, das brandauert plötzlich, und eigentlich begreife ich mich ja als sehr höflichen Menschen, aber dann sehe ich mich im Restaurant oder auf der Bühne sitzen, und plötzlich ist man eingebaut in diese Welt, und dann sage ich da im Restaurant müde über die Schulter zum Kellner «Danke», obwohl ich das eigentlich viel höflicher sagen würde, aber es muss meine Müdigkeit sein. Ich brandauere.

T: Irgendjemand brandauert hier.

C: Was machst du denn hier?

T: Aber das weißt du doch, mein Schatz.

C: Ja gut. Ich wünschte, ich würde dich noch lieben. Aber du reichst mir einfach nicht! Ich brauche eine überlebensgroße Person, ein Subjekt jenseits aller Subjekte.

T: Wer?

C: Ich rede von dem Begehren, George, das potenziell hinter jedem unspektakulären menschlichen Gesicht lauert. Das Objekt des Begehrens in seiner unerträglichen Intensität.

V: Was immer vertuscht wird, ist die Monstrosität des Nächsten, den man lieben soll. Dass hinter diesem unspektakulären Gesicht immer der Abgrund lauert. Und es nichts Wichtigeres gibt, als es sich auf Distanz zu halten.

C: Wollen Sie nicht endlich mal zur Sache kommen, Inspektor?

N: Ja, nur Geduld, Monsieur. Ich werde … *(Tritt M auf den Fuß, der schrill aufschreit)*

M: Au! Passen Sie doch auf, Sie Tollpatsch!

CHOR: Sie sind die schönste Frau, der ich je begegnet bin!

CLIP

«Baby, It's Cold Outside»

N: Ich kann schon verstehen, George, dass Sie von mir fasziniert sind, ich bin immer sehr natürlich. Aber nicht hier!

CHOR: Es gibt nicht *den* Liebhaber. *Den* Liebhaber gibt es nicht. Es gibt kein Wesenhaftes wie Liebhaber, keinen Plan von ihm. Und wir sollten den Plan verwerfen, wie Darwin es uns vorgemacht hat. Das hier beruht auf keinem Plan. Das ist das Ineinandergreifen von Variation und Auslese. Ein Chor sagt immer: Das sind nicht Sie! Aber das wurde lange überhört. Hier geht es um ein Wesen, das nicht Sie sind, das aber doch kommuniziert. Also beruhte Kommunikation einmal auf etwas, das man beobachtet und das nicht Sie sind. Und das ist auch nicht notwendig, um eine gelungene Kommunikation zustande zu bringen. Das hier müssen nicht Sie sein! Der Chor ist sich nicht sicher, ob der Zuschauer arg zittert. Deshalb übernimmt er es. Und der Zuschauer ist von jeder Rührung befreit. Das ist Interpassivität.

C: Das hätte ich von Ihnen nicht gedacht. Sie als Akademiker! Ein Gedächtnisforscher hat in der SZ das Gedächtnis entwerkt, das heißt, es von seinem Festplattendasein befreit, er sagt, das Gedächtnis ist von einem Tag zum anderen etwas völlig anderes. Das ist Darwin. Darwin entwerkte.

V: Es wird keine Art überleben. Wir werden nicht als Art überleben. Jeder von uns ist eine Art. Das würde ja sonst heißen, die Kategorien überleben, die Abstraktion, das kann aber nicht sein, dass gerade hier die Abstraktion überlebt und nicht das Konkrete, dass ich gerade da bin, dieser Körper gerade, hier.

T: Ja, das ist ja das Problem. Dein Körper steht da, und ich erlebe ihn als große Attraktion, aber ich kann nichts mit ihm anfangen und er nicht mit mir.

N: Und jetzt können sich alle wieder einklinken und meinen, das kennen sie, dieses Problem, ich sage aber: Das kennst du nicht! Jetzt hat doch wieder der nur gehört, dass es hier um körperliche Attraktion geht, und nicht, dass die Körper nicht da sind und wir nichts mit ihnen machen können.

T: Das hast du doch schon wieder nicht gehört!

N: Du willst gar nicht wissen, was das Leben ist, denn mit der Konstitution des Subjekts wird ein Bereich des Ausgeschlossenen geschaffen. Da sind wir, wo wir nicht gehen.

T: Ich kann mit diesen Egos nichts anfangen. Die tragen immer das Leben allein. Da tief in sich drin. Und dann muss es immer raus in einem andauernden Geständniszwang. Aber vielleicht ist das Leben immer schon da draußen, als all das, was verworfen wurde. Als all das, was möglich gewesen wäre. So was wie du eben. Und du bist einfach besser vernetzt als ich.

C: Nein! Ich kann nicht mit jemandem zusammen sein, der nicht er selbst ist! Das ist einfach zu anstrengend. *(Zum Chor)* Charles! ich möchte ja auch wissen, wie wir miteinander reden können, aber wir sind zu unterschiedlich. Sieh dich doch an!

CHOR: Ja, und?

T: Der erzählt sich wenigstens keine Geschichte. Eine Geschichte von Selbstverwirklichung.

C: Aber ich brauche die Geschichten! Ich brauche die Melodramen, die diesen Körper hier zusammenhalten. Ich brauche Dialoge und ich brauche Dramatik! Meine Trauer ist so unendlich. Und wenn ich die Fotos sehe von einzelnen Leuten, dann denke ich: Natürlich brauchen wir eine Geschichte, die uns tröstet und uns sagt, so ist das, das Leben, das Alter, die Liebe könnte immer noch da sein, so was eben. Aber nein! Oder die: Vielleicht gibt es ja jetzt jemanden, der dich trotzdem lieben kann. Mich nicht. Für mich gibt's niemanden. Wie hättest gerade du das sein können! Wenn mich nicht mal irgendjemand liebt, wie hättest du das machen können?

CHOR: Niemandem wird geholfen, wenn über ihn erzählt wird. Was über uns hinausgeht, was von uns zeugt, ist das Fehlen von Ausdruck. Ein Leben, an das nichts erinnert, das aber gelebt wurde.

M: *(zum Chor)* Soll ich dir verraten, was dir fehlt? Du bist nicht entschlussfreudig, Liebling.

T: Aber dafür bin ich verheiratet.

CHOR: Na und? Wo ist dein Ehemann? Sucht draußen im Schnee nach einem Phantom.

T: Das war aber Georges Idee!

CHOR: Mein Gott! Tragt endlich wieder Kittel! Ihr Arbeiter! Und führt keine Beziehungsgespräche! Wo ist denn die Rhetorik des Proletariats hin?

CLIP

C: Hast du Charles gesehen? Ich dachte, er wäre unterm Bett!

O: Du suchst doch nur nach einem Handlungsträger, weil der für die Moralphilosophie benötigt wird. Du willst doch hier wieder nur, dass sich Subjektivität konstituiert und Personen, an denen die Erfüllung von Moral gelingen kann. Du willst doch wie ein Bulle nur einen Pass sehen.

M: Er hat recht! Aber ich kann mit deiner Vielheit einfach nicht umgehen! Ich bin noch nicht in der Moderne angekommen, das ist das Problem! Ich brauche Dialoge. Ich brauche die Geschichten! Ich brauche die Melodramen, die diesen Körper hier zusammenhalten. Ich brauche Dialoge, und ich brauche Dramatik!

CHOR: Dialoge sagen immer nur, wer du bist. Keiner erzählt diesem Arm, wer er sei! Das ist Darwin!

N: Charles, aber ich brauche nun mal Geschichten! Das hier *(zeigt auf ihren Körper)* kommt nicht ohne sie aus!

M: Oh mein Gott, oh mein Gott, wie traurig das ist. Wie traurig: Die Geschichten sind weg.

N: Wer sind *Sie* denn?

M: Und ihr seid so gut vernetzt! Was Charles auffängt bei George, wenn der einfach abschaltet, mittendrin einfach die Konzentration verliert, aber man nimmt George mit durch. Und was sich dann George leistet mit Simone. Georges Nummer mit Simone. Plötzlich denkt er, er sei was ganz Großes. Und dann sieht er aber wieder das, was zum Überleben taugt. Das Überleben ist deshalb wichtig, das ist der Sinn des Überlebens! Das ist der Egoismus. Die Geschichte von George. Wie überlebt man und wie hat man überlebt, nur mit den andern, nur indem man sich an andere hält, und warum sehen wir das nicht? Warum ist der Begriff des Überlebens an den Begriff des Stärkeren gebunden? Nein. Wer überlebt denn hier, doch nicht der Stärkere. Was machen *Sie* denn hier?

O: Ich muss Ihr Bett hier abholen.

M: Mein Bett? Aber warum denn?

O: Es wird gebraucht.

M: Aber ich muss doch irgendwo schlafen.

C: Haben Sie George gesehen?

T: Ich war zum Saubermachen gekommen … und begegnete ihm auf der Treppe.

C: Auf der Treppe?

T: Wiederholen Sie doch nicht alles, was ich sage, als Frage!

C: Oh ja, Sie haben recht.

M: Hier kann ich doch nun wirklich niemanden mehr empfangen.

V: Wer sind *Sie* denn?

T: Du bist so egoistisch. Und das liebe ich so an dir! Diesen Egoismus, der über den normalen hinausgeht. Diesen Sozialismus aus Eigeninteresse. Ihr fangt euch einfach immer gegenseitig auf, und zwar nicht nur aus Jux und Humanismus! Haben Sie ein so schlechtes Gewissen, dass Sie nicht zuhören wollen?

M: Ganz im Gegenteil. Ich habe sehr genau zugehört, Monsieur.

T: Dann haben Sie vielleicht die Güte, zu wiederholen, was ich gesagt habe.

M: Sie haben über den Wandschrank gesprochen. Und dass Sie seinen Egoismus lieben.

C: *(kommt)* Der Kapitalismus ist mir einfach zu anstrengend, die Welt neu zusammenzubaun und die Widersprüche zu kitten mit irgendwelchen abgelaufenen Vorstellungen von mir selbst.

V: Liebe und Tod verbinden uns nicht. Deshalb müssen wir herstellen, wo wir uns berühren.

CLIP

Alle legen sich schlafen. Bühne arbeitet alleine für alle. C richtet sich auf.

C: Mach doch was, Charles! Jacques steht vor der Tür!

CHOR: *(sammelt sich)* Wenn ich mir, wie du das tust, die Frage stelle: «Was soll ich tun?», dann muss zunächst einmal ein Ich entstanden sein.

C: Das stimmt, du bist ja niemand, an den du diese Frage überhaupt stellen kannst. Was sollen wir jetzt tun? Ich meine, was sollen wir jetzt tun, ohne dass du dir diese Frage stellen kannst? George!! Mach irgendwas! Sei kreativ!

CHOR: Kreativität ist eine Rückrufaktion! Die konstituiert auch nur ein Selbst!

C: Ja, aber wir brauchen jetzt nun mal Kreativität! Geh unters Bett!

CHOR: Aber ich muss jemand sein, an den ich diese Frage überhaupt stellen kann.

C: Ja, das ist ja das Problem. Dein Körper steht da, und ich erlebe ihn als große Attraktion, aber ich kann nichts mit ihm anfangen und er nicht mit mir.

CHOR: *(legt sich ins Bett)* Aber wir können doch sehr gut etwas miteinander anfangen.

C: Ich muss doch jemanden haben, der sich die Frage stellen kann «Was soll ich tun?», vor allem in so einer brenzligen Situation wie dieser! Charles! Ich will, dass du du selbst bist. Anders kommen wir hier nicht raus!

O: Ich will mit jemandem zusammen sein, der er selbst ist!

CHOR: *(richtet sich auf)* Du willst doch hier wieder nur, dass sich Subjektivität konstituiert und Personen, an denen die Erfüllung von Moral gelingen kann.

O: Aber versteh doch, George! Ohne Personen, denen man den Subjektstatus zubilligt, sind weder die Erfüllung von Normen noch die Bewertung von Handlungen möglich. Und ich kann nun mal nur Gesten und Handlungen lesen. Für den Abgrund, der du bist, bin ich einfach nicht geschaffen.

V rennt nach links weg.

M: Was hat er denn?

CHOR: Er will er selbst sein. Scheiß Totalitarismus.

T: Du bist etwas Drittes. Etwas, das über den Interaktionen realer menschlicher Individuen steht. Und das hätte ich mal tun sollen: sehen, dass du nicht handelst, dass deine Hände nicht in Gesten verwickelt sind, sondern in konkrete Berührungen. Ich hätte sehen müssen, dass es da nichts zu lesen gab in deinen Blicken, dass die Augen etwas ganz anderes machten, als irgendwas zu signalisieren oder mir zum Lesen zu geben. Das war vielleicht der Schock, weißt du noch, dieses eine Mal, als ich das in deinen Augen gesehen habe. Diesen Blick, der weder Sehen noch eine Geste war. Und es gab da keinen bekannten Grund mehr, warum die Augen existieren, als dieses Rätsel an Intensität. Sie wollen nichts signalisieren, sie wollen nichts sehen. Aus ihnen sprudelt nur der Verlust oder das Rätsel an Intensität.

C: Na und? Aber er ist die einzige Gelegenheit, das eigene Schicksal nicht mehr nur als individuelles, sondern wieder als ein gesellschaftliches zu erfahren?

N auf Bett. Chor folgt ihm. Schauspielerknäuel.

N: Wenn ich dich so ansehe, denke ich, wie viel mehr könnte ich aus Entfremdung gewinnen. Du musst dir keine Geschichte erzählen einer Selbstverwirklichung. Dein Selbst bleibt vollkommen unausgedrückt. Irgendjemand muss mir erzählt haben, dass es mich ernährt, ich selbst zu sein. In einer Sprache, die mir nicht gehört. In der aber die Dinge lesbar sind für mich. Ich lasse alle hinter mir, ich kann mich schon morgen nicht mehr an die erinnern, die ich gerade gesprochen habe. Das ist aber keine Krankheit, das *ist* es! Darum geht es. Das ist kein Versagen. So geht es. Das ist es, dass alles wird. Wen hab ich denn gerade noch geliebt? Ich kann mich nicht erinnern.

V: Du bist etwas, das vollkommen unausgedrückt von den gelebten Leben erzählt. Der winselt nicht und will seine Schreibmaschine, wenn er verzweifelt ist. Und wenn man sie ihm nicht gibt, redet er von Repression. Nein! Die Freiheit besteht darin, sich nicht ausdrücken zu müssen. Warum denkt jeder, er müsste sich ausdrücken und dass es das größte Elend wäre, am Ausdruck gehindert zu werden? Nein! Dieser Geständniszwang ist das größte Elend. Ich erscheine nur da, wo ich vollkommen unausgedrückt bleibe. Und meinen Körper nicht in irgendeine Form von Ausdruck involviere. Der schafft mich nur aus der Welt! Was dein Körper machte, war wenigstens konkret, niemand kann es sehen, aber es ist konkret, glaube mir. Es wäre ohne Geste, ohne Handlung, das, was du machst, es wäre hassenswert, aber es ist endlich eine Existenzform. Sie würde verworfen werden wie die, die wir als verworfene kennen. Und ich kann sagen, dass dich zu kennen wirklich das Einzige war, woraus das hier, mein Körper, dieser Körper hätte bestehen können. Du hast ihn mit deiner Konkretheit erschaffen. Auch wenn ich nur gelesen hätte, was da an Gesten auf mich zukam, auch tödlichen, hätte ich gewusst, so eine konkrete Seele wie meine ist noch nie geboren worden. Sie verdankt ihre Erfahrungen dem Körper. Ich verdanke dir überhaupt einen Zugang zu den konkreten Wesen, weil mir in dir eines begegnet ist, und meine Trauer darüber ist so unendlich, wie die Trauer über den Tod meiner Mutter bearbeitet werden konnte mit deiner Konkretheit. Das hast du jetzt bestimmt nicht verstanden. Aber du hast es zumindest mal gehört.

Schmeiß
dein
Ego
weg!

Martin Wuttke (**M**)
Margit Carstensen (**C**)
Christine Groß (**T**)

Chor: Jerry Hoffmann, Tim Fabian Bartel, Sarah Gailer, Silvana Schneider, Irina Sulaver, Marlon Tarnow, Marcus Tesch und Paula Thielecke

Regie: René Pollesch
Bühne & Kostüme: Bert Neumann
Kamera: Ute Schall
Licht: Frank Novak
Chorleitung: Christine Groß
Dramaturgie: Aenne Quiñones

Premiere: 12.01.2011 Volksbühne am Rosa-Luxemburg-Platz, Berlin

Leseempfehlung: Jean-Luc Nancy, «Corpus» (Diaphanes Verlag, Berlin, 2003), Jean-Luc Nancy, «singulär plural sein» (Diaphanes Verlag, Berlin, 2004), www.1000robota.com

Das Bühnenbild zeigt «Die Vierte Wand», die später durchbrochen wird. Bis dahin wird das Geschehen hinter der Wand per Kamera übertragen und auf sie projiziert.

T: Vor Hunderten von Jahren etwa gab es ein sehr altes, ein wirklich altes Instrument, mit dem man versuchte, die vierte Wand zu überwinden. Es ist wirklich schon sehr alt. Ich weiß nicht, ob das heute noch funktioniert! *(Zeigt in die Kamera)* Hier ist es!
Den Menschen damals war nicht klar, wer die vierte Wand aufgestellt hatte. Einige glaubten, es war ein Bühnenbildner, der eine Vorliebe für geschlossene Räume hatte, die er vor etwa 300 Jahren anfing zu bauen, und die Leute um ihn herum brauchten dann natürlich ein Instrument, um das Geschehen darin sichtbar zu machen. Aber dieses Projekt ist immer in den Kinderschuhen stecken geblieben.
Ein hinfälliger Geldschein produziert kein «Oh mein Gott! Nein! Oh Gott!». Keine Fassungslosigkeit angesichts des Vergehens. Nein! Man weiß, man kann ihn in die Bank bringen und umtauschen. Der Wert bleibt ja, das Material, auf das kommt es nicht an. Das ist das Problem. So sehen wir auch auf die Körper, wir sehen nicht den Körper, sondern die Seele. Das produziert einen Trost, der kein Trost ist. Und dieses ewig gleiche Subjekt, egal, auf welches Material es draufgedruckt ist, mit seinen Geschichten und Dramen produziert immer nur eine Ähnlichkeit, die eine Gemeinschaft produzieren soll, es aber nicht kann.

M: Oh mein Gott! Du bist einfach zu schön. Immer wenn ich dich ansehe … Und du hast mich zurückgestoßen, als ich am geilsten aussah. Du sahst natürlich noch besser aus, du! Aber ich sah geil aus. Ich sah toll aus, und jetzt, ja, ich weiß, ich hab mich verändert. Ich wurde vor 200 Jahren eingefroren und vor kurzem wieder aufgetaut, und alle sind plötzlich hinter mir her. Aber ich bin ein netter Mensch, ich hab überhaupt nichts getan. Ich habe ein gesundes Triebleben und die besten Absichten. Ich würde mich sexuell nie einem blinden Mädchen aufdrängen.
Ich kann nicht mehr ohne dich, die letzten fünf Jahre schon, ich weiß nicht, was ich mache, und vielleicht weißt du das die ganze Zeit schon nicht. Vielleicht ist mein Zustand

jetzt der, in dem du schon immer warst, seit es dich gibt, eingefroren und nicht rauszukönnen und zu denken, du wärst sensibel, nein, das gibt es nicht, sensibel sein, das gibt es nicht. Ich weiß doch, das würde uns beiden helfen, dass da nichts da drinnen ist, dass da kein Innen ist, das Hoffnung fühlen kann, nein, das kann nur das Draußen. Das Kratzen von deiner Hand an meiner oder an meinem Körper, das ist es. Nicht, was ich dabei empfinde, oder die Dramen, die ich mir dabei erzähle …

T: Aber du warst doch eingefroren und nicht ich.
Hier, rauchen Sie, inhalieren Sie tief.

M: Nein, ich rauche nicht.

T: Cubana?

M: Nein, ich bin Ire, meine Mutter stammt aus Wales.

T: Es ist Tabak, es gibt kaum was Gesünderes, machen Sie schon, Sie brauchen jetzt Kraft.

M: Liebling, das Kratzen, deine Hand in meiner, das ist das Äußerliche. Und das ist nicht zu sehen, das ist das Problem. Es kann leider nur das Innerliche gesehen werden. Irgendwelche Projektionen.
Es gibt hier nichts zu bereden und nichts mitzuteilen als Körper, Körper, Körper. Und wenn wir hier Seele sagen, sagen wir nur Seele wegen dem Körper, die ist der Körper, das da vor uns! Da drinnen ist nichts.
Es gibt nichts da drinnen, was auf das Kratzen an der Haut als Hoffnung anspringt. Ja, ich weiß, du würdest gerne von dem Kratzen an deinem Körper auf ein Inneres schließen und dir ein Drama erzählen, das du für dein Leben hältst, ja, ich weiß. Aber es gibt kein Drama. Die Seele ist der Körper, und der ist draußen. Und da müsstest du eine Beziehung mit ihm führen, da haben wir Beziehungen, im Tod!

M tritt gegen ein etwa türgroßes Stück der «Vierten Wand», es fällt zu Boden, und er kommt nach vorne.

M: Wissen Sie, Miss Peterson, wir sind blind, wir sehen nichts. Ich werde Ihnen ein Märchen erzählen. Sie haben doch bestimmt von der vierten Wand gehört? Ich bin mir sicher! Sie war etwas, das bis zu einem bestimmten Zeitpunkt gar nicht existierte. Es war sogar eher ein Begriff für etwas, das ausgerechnet nicht existierte. Man sprach von etwas und nannte etwas die vierte Wand und meinte damit, dass sie eigentlich nicht existierte. Verstehen Sie bis dahin? Ja, ich sehe es. Wie gut. Welchen Vergleich könnte ich da heranziehen? Etwas, das es nicht gibt, das aber sonderbarerweise Körper werden konnte … Ach ja! Vielleicht wie die Seelendarstellungen auf traditionellen Gemälden. Die Tradition ist wie immer wesentlich komplizierter, als sie auf den ersten Blick erscheint. Das ist ja der Ärger mit der Tradition, sie soll ja unkompliziert sein, aber sie ist ja gerade nicht das, was im Wesentlichen unkompliziert ist. Figuren, die aussehen wie Engel, die aus den Mündern von Menschen streben und die Seelen darstellen. Dass sie jetzt Körper sind auf diesen Gemälden, sollte man ernst nehmen. Etwas, das Körper wird. Etwas, das man im Grunde nicht mit einem Körper verbindet, oder *dem* Körper. Wir sehen diese Seelenengel oder Engelsseelen und denken an einen Witz, aber wir könnten es ebenso großartig ernst nehmen. Ich beginne die Geschichte doch lieber als Märchen.

Es begab sich aber zu einer Zeit, als die vierte Wand erfunden wurde … oder was heißt «erfunden» … entdeckt! Entdeckt wurde. Miss Peterson, Sie also, kam eines Tages an ihren Arbeitsplatz und fand eine vierte Wand vor sich, von der sie zwar schon gehört hatte und die in ihrem Beruf auch eine Rolle spielte, aber die ihr bis dahin wie eine Redewendung vorgekommen war, wie etwas, von dem man zwar sprach, das aber nicht existierte. Es schien ihr, nichts konnte den Sinn unterbrechen, den ihr Beruf nun einmal darstellte. Dass man etwas sah, und es meinte einen. Es meinte die im Zuschauerraum. Es ging um eine Ähnlichkeit. Aber welche Ähnlichkeit sollte eine vierte Wand darstellen? Wen sollten die Zuschauer darin sehen, oder die Schauspieler? Am Rande welcher Darstellbarkeit war man angekommen, wenn die vierte Wand, die nie ein Körper war, plötzlich einer wurde? Es konnte sich nur um einen historischen Unfall handeln.

C: Essen Sie doch etwas von der Schweinshaxe, die wird Ihnen guttun. In der Zeit, bevor Sie eingefroren wurden, dachte man, Zigaretten wären schädlich und man müsste Theater spielen mit einer vierten Wand, die es nicht gab. Aber in unserer Zeit wird nur noch mit der vierten Wand gespielt. Sie ist einfach da und nicht mehr wegzudenken. Vor 200 Jahren dachte man, man könnte Theater spielen und den Leuten etwas zeigen, aber wir hier und heute haben die vierte Wand erfunden. Es wird nichts mehr gezeigt. Genauso wie man zu früheren Zeiten dachte, Schweinshaxen und Zigaretten wären ungesund, und wie wir jetzt wissen, gibt es nichts, was uns ein längeres Leben verleiht als Fett und Nikotin, genauso war es mit dem Theater. Man dachte, es wäre ein Gutes, den Leuten, den Zuschauern etwas vorzuspielen. Man hatte zwar die vierte Wand erfunden, aber sie war nur rhetorisch. Es gab sie nicht wirklich. Man meinte etwas ganz anderes damit. Und mit einem Mal wurde Ernst damit gemacht.

T: Sie meinen, die Schauspieler spielten unter den Augen der Zuschauer?

C: Ja, genau. Man weiß heute nicht mehr, wurde sie von einem Regisseur aufgestellt, der seine Schauspieler nicht mehr sehen konnte oder wollte? War es bei der Probenarbeit so weit gekommen, dass der Regisseur sich eine vierte Wand wünschte, damit er sie nicht mehr ertragen musste? Ihre Kleidung, die Art, wie sie sich bewegten, langweilten ihn, und er sah als einzige Möglichkeit seines Schutzes eine vierte Wand. Er tat dann auch alles, um sie zu legitimieren, und erfand eine Spielweise, die darin bestand, dass die Schauspieler nichts mehr für irgendwelche Zuschauer machten, sondern für sich selber. Aber die Schauspieler, die ihn ja liebten und sich geliebt fühlten, wussten nicht, was er eigentlich damit meinte. Ja, so ist das mit der Liebe! Was macht man jetzt also, wenn man nicht geliebt wird und anfängt, hinter einer Wand Theater zu spielen?
Ging es um ihre Körper, wollte er die nicht mehr sehen? War es nicht eher das, was er in diese Gefäße füllte, was ihm langweilig geworden war?

T: Nehmen Sie doch noch etwas von der Cremetorte, Miss Peterson! In der Zeit, von der wir reden, war es natürlich schon vorgekommen, dass Regisseure ihre Schauspieler zwar sehen, aber nicht mehr hören wollten. Dass sie alles, was aus ihren Mündern kam, für Geschwätz hielten und sie deshalb hinter eine Glaswand verbannten. Aber so weit wie heute, mit der vierten Wand, war man bis dahin noch nicht gegangen! Auch die Zuschauer waren sehr glücklich darüber gewesen, dass man Schauspieler nicht mehr hörte. Es störte nur noch, dass man sie sehen konnte. Und dann, eines Tages, kam Miss Peterson an ihren Arbeitsplatz, fing an zu spielen und merkte plötzlich, dass es keinerlei Reaktionen auf Seiten des Publikums gab. Eisernes Schweigen, aber kein missmutiges. Und auch kein strafendes. Es kam einfach von dieser Seite nichts mehr. Miss Peterson betrachtete zuerst ihren Körper, weil sie dachte, da wäre etwas faul. Aber nein, das war es nicht. Sie konnte ihn ja, wie jedes Mal eigentlich, nicht sehen. Für ihren Körper war es gar keine so große Veränderung. Aber seine Abwesenheit hatte sich durch die vierte Wand ein für allemal manifestiert.

C: Weil Sie eingefroren waren, haben Sie das natürlich alles nicht mitgekriegt. Aber jetzt sind Sie ja wieder aufgetaut.

T: Hat er irgendwelche Wünsche geäußert?

C: Ja, zum Frühstück heute Morgen. Er bat um etwas, das nannte sich Tomaten und Gurken.

T: Ach ja, richtig, das waren die Zaubersubstanzen, denen man früher lebensverlängernde Eigenschaften zuschrieb.

C: Sie meinen, es gab keine gesättigten Fette? Keine Schweinshaxen, keine Cremetorten, keine heiße Schokolade?

T: Nein, das hielt man alles für ungesund. Genau das Gegenteil von dem, was wir heute für richtig erkannt haben.

C: Unvorstellbar.

M: Was ist denn das? Eine vierte Wand, wie kommt die denn hierher?

C: Jetzt hörn Sie doch schon auf mit Ihrer vierten Wand! Natürlich ist das eine vierte Wand. Wir können doch nicht in drei Wänden wohnen.

M: Aber Sie sehn mich doch gar nicht!

C: Doch, ich seh Sie sehr gut! Wir haben uns zuletzt im Pentagon getroffen, aber da haben Sie eine andere Uniform angehabt.

M: Nein! Sie sehn mich nicht, das ist es ja gerade! Ich bin eigentlich nur wegen einer Routineuntersuchung hierher, und dann wird man eingefroren, und wenn man wieder aufwacht, ist hier eine vierte Wand!

C: Wer sind Sie denn?

M: Siehst du mich denn?

C: Aber natürlich seh ich dich!

M: So? Was mach ich denn gerade?

C: Sie zappeln herum!

M: Ich zapple doch gar nicht, das ist nur eine nichtartikulierende Äußerung. Ich will hier nicht den Eindruck einer abgeschlossenen Sache erwecken, sondern von dem, was genau das Gegenteil von etwas Geschlossenem und Abgeschlossenem ist. Wenn wir also annehmen, dass es so was gäbe, etwas vollkommen in sich, an sich Geschlossenes, dann würde ich sagen: Das ist kein Körper. Kann etwas überhaupt Körper sein in so einer geschlossenen Welt?
Also im Grunde ist das gar keine vierte Wand hier draußen, sondern ein abgeschlossener Raum. Und dahinter ist ein zweiter!
Wir stehen vor einem historischen Unfall. Wie gern möchte ich mit dir sprechen, auch wenn ich nicht weiß, ob du mir zuhören würdest, und warum hast du das jemals getan?
Du warst da, und du hast mir zugehört und das entweder mit Schlägereien oder mit einem Argument beantwortet, aber jetzt sitz ich hier und kann mir das nicht mehr verdienen. Keine Handlung von mir verdient mehr, dass du mir zuhörst, denn du hörst mich ja nicht. Wie auch? Du bist ja nicht da. Und als du da warst, warum hast du mir zugehört? Und woher hattest du die Energie, nach den Worten, die wir austauschten, dich aus dem Fenster stürzen zu wollen oder dir den Kopf gegen die Wand blutig zu schlagen?

T: Für den Ernst der Lage sind wir doch recht gelassen!

C: Ja, solange Ihnen noch etwas Hoffnung bleibt!

M: Nein, die brauchen wir nicht.

C: Wir brauchen keine Hoffnung??

M: Ganz genau! Die brauchen wir nicht.

C: Er ist verrückt geworden! Sie sind doch ein Alien!

T: Spielen wir jetzt innen oder außen?

M: Das Innere geht nicht mehr! *(Kommt nach vorne)*

C: *(kommt nach vorne)* Liebling, du weißt, ich kann es nur auf öffentlichen Plätzen treiben, solange wir in unseren vier Wänden bleiben, passiert bei mir gar nichts!

M: Wir könnten in ein Möbelgeschäft gehen. Und es in einem Schrank machen.

C: Ich will keinen Schrank. Ich komme doch gerade aus einem. Ich brauche die Öffentlichkeit.
Du weißt, ich hab immer nur dein Äußeres geliebt, deshalb war deine Angst völlig unberechtigt, dass ich dich in irgendeiner Form enttarnen könnte, «du wärst nicht das und das genug»! Ich hab ja gesehen, was du bist. Ich konnte das. Ich musste nicht durch eine miese Wand hindurch auf etwas sehen. Nein, ich konnte wie bei einem Geldschein ganz genau sehen, dass du das Papier bist, und das, was sonst für die Menschen so wertvoll ist, das Draufgedruckte, der innere Wert, das musstest du nicht dauernd bestätigen,

das hatte ich ja gar nicht vor Augen. Deine inneren Werte!

M: Aber ich bin doch nicht aus Papier, ich bin aus Fleisch und Blut! Was ist denn das für ein Vergleich?

T: Ja, aber das sieht man ja auch nicht. Genau darum geht's ja, Liebling. Darüber müssen wir sprechen. Diese dummen Werte! Für wen sollte das irgendeinen Wert haben, dein einzigartiger Weltentwurf da in dir drinnen? Der ist gar nicht anschlussfähig. Mit dem hab ich gar nichts zu tun.

M: Ja, genau, Liebling, darum geht's! Darum geht's doch genau, das, was man nicht sieht.

C: Es konnte gar kein Missverständnis geben über einen inneren menschlichen Kern, den ich lieben könnte, und du hättest Angst gehabt, den würde es gar nicht geben, und ich würde dir irgendwann auf die Schliche kommen. Oder Intelligenz oder Charakter. Das interessierte mich überhaupt alles gar nicht. Du musstest überhaupt keine Angst haben, von mir enttarnt zu werden. Das, was ich liebte, war ja ganz und gar nicht getarnt.

M: Ja, genau! Das war dein Äußeres, das, was ich Seele nennen würde. Das hier! Nicht das Äußere als das Gefängnis einer Seele. Nein! Die Seele selber, die hier draußen ist.
Diese Verdrehung ist doch interessant, dass alle, die von deinem Äußeren reden, von etwas reden, was eigentlich die inneren Werte sind. Die inneren draufgedruckten Werte, wie

bei einem Geldschein. Man sieht immer nur die 20 Euro, und niemand sieht das Papier. Das siehst du nicht!

C: Was ist denn mit der inneren Schönheit?

M: Liebling, es gibt keine innere Schönheit! Wir müssen raus! Du kannst nicht hier hinten spielen. Schluss mit der inneren Schönheit! Du musst doch das hier sehen. Das, was vor dir steht: die Seele.
Wir stehen hier vor einem großen Problem! *(Wand)* Gibt es denn nicht jemanden, den man bestechen könnte?
Ich kann nicht fassen, dass man das nicht sieht, das hier. Das ist es doch. Ich bin's doch.

Warum schaust du immer nur auf meine inneren Werte? Sieh doch endlich mal, was da vor dir liegt. Ich, das hier! Da ist nichts eingeschlossen, irgendein Gefangener, der raus will. Nein, das, was du hier siehst, ist die Seele. Die springt dir doch geradezu ins Gesicht, aber du siehst sie nicht, du dumme Sau. Das wird oft verkannt, dass wir vor den Seelen sitzen, dass da nichts dahinter ist, ein innerer Wert wie die 100 Euro, die auf Papier gedruckt sind, nein, das hier ist das Papier, ich, und das will endlich geliebt werden!

C: Aber ich kann, wenn ich da hinten spiele, deine innere Schönheit sehen.

M: Aber um die geht's jetzt nun mal nicht. Sokrates war ein alter hässlicher Sack. Dieses Seelengequatsche, mit dem man uns seit

2000 Jahren vormachen will, dass er eine ganz nette Frau abgekriegt hat … geschenkt.

T: Wir spielen hier immer schon mit der vierten Wand, wir kennen das gar nicht anders!

M: Das ist ja der Ärger mit der Tradition. Die ist wie immer wesentlich komplizierter, als sie auf den ersten Blick erscheint.
Wo bin ich hier eigentlich? Was ist mit den anderen passiert? Wo sind alle meine Freunde?

T: Sie müssen begreifen, dass jeder, den Sie in der Vergangenheit gekannt haben, seit fast 200 Jahren tot ist.

M: Aber sie haben doch alle Vollwertreis und
Gurke gegessen!

C: Hier ist ein Loch! Was ist denn passiert?

M: Ich spiele auch die Wand. Du musst die Wand nicht spielen. Ich spiele sie. *(Stellt sich vor sie)*

T: Jacques! Miss Peterson erwartet Sie!

M: Warum sagen Sie mir das nicht?

T: Aber ich sag's Ihnen doch.

M: Wann?

T: Jetzt!

M: Entschuldigen Sie, ich war etwas verwirrt, ja, stimmt ja! Sie haben es ja gerade gesagt.
Finden Sie nicht, dass diese Wand ein großes Problem darstellt?

T: Das ist Tradition hier. Vergessen Sie nicht, dass Sie eingefroren waren.

M: Nein, das vergesse ich nicht, aber du musst doch verstehen, dass es so eine Berührung nicht geben kann!

T: Aber wir berühren uns doch!

M: Nein, das tun wir nicht! Sind Sie denn blind?

Wir haben doch gar nicht die Möglichkeit, uns zu berühren.

T: Sie zappeln schon wieder herum.

M: Nein, ich zapple nicht.
Das Sprechen hier kann man weiter als Projektionen irgendwelcher Körper zulassen, oder es kann als Sprechen, als Stimme hier, von hier bis hier gesehen werden, das versucht, den Körper zu exponieren und nicht zu projizieren. Dieses Sprechen hier verweist auf niemanden, der spricht. Wer spricht denn hier? Du musst nur mal genau hinsehn, dann kannst du es sehen. Das hier ist die Stimme, und das Sprechen ist genau hier ***(zeigt auf den Raum vor seinem Mund)***, und das bedeutet nicht, dass es nicht weiter reicht, so weit, wie man denkt, dass die Projektion reichen müsste. Die Projektion reicht nämlich nir-

gendwohin, sie berührt nicht, sie rührt an keine Stelle, während das Sprechen, das versucht, den Körper zu exponieren, hier sehr wohl an den Körper rührt. Sie sehen das hier gerade, während ich spreche. Dieses Sprechen rührt an den Körper. Wenigstens an meinen.
Hier geht es nicht um Egozentrik oder so was. Aber Ich Ich Ich, das muss erst einmal gesagt werden. Das muss vorgebracht werden, artikuliert, an dieser Stelle, genau hier. Der Mund und der Geist sind ein und dasselbe. Es ist immer der Körper. Das muss raus aus dem Körper, damit es irgendein Ich gibt, damit es mich gibt, mich jetzt. Ich liebe dich, das findet doch nicht da drin statt.
Wir sind doch sicher nicht die Ersten, die vor diesem Problem stehen!

C: Jetzt hacken Sie doch nicht auf dieser vierten Wand herum. So groß ist das Problem nun auch wieder nicht.

M: Doch.

CLIP

Der Chor tritt auf.

C: Jetzt hacken Sie doch nicht auf dieser vierten Wand herum. So groß ist das Problem nun auch wieder nicht.

M: *(entdeckt den Chor)* Wer sind Sie denn?

T: Das ist Miss Peterson.

M: *(zu T)* Aber ich dachte, sie ist Miss Peterson.
(zu T) Miss Peterson, ich weiß auch nicht, warum ich Sie immer verwechsle. Schließlich liebe ich Sie.

T: Ja, ich weiß, es ist nicht so leicht, uns auseinanderzuhalten. Ich kann schon verstehen, warum es bei uns zu Verwechslungen kommt. Sie ist die Seele, ich dagegen bin nur ein ausgemustertes Seelenmodell.

CHOR: Sie sind konzentriert. Sie sind Masse. Wie ein schwarzes Loch Masse ist. Aber das hier ist der Aufbruch der Körper in alle Körper. Das hier ist die Seele.

 T: Ich bin Masse? Ja, genau, stimmt ja, ich bin der Pluralismus, Miss Peterson ist das Singuläre.

CHOR: Ja, genau. Sieh dich doch mal an!
Wie du aussiehst, in deinem abgewetzten Faschingsfummel, den du dir für 50 Cent bei einem Lumpensammler ausgeliehen hast. Ich bin dir gleich auf die Schliche gekommen. Mir hast du nichts vorgemacht, kein einziges Mal. Du kommst hier rein, versprühst überall Puder und Parfüm, hängst die Glühbirne mit 'ner Papierlaterne zu, und siehe da, wir sind in Ägypten, und du bist die Königin vom Nil! Sitzt auf diesem Thron und säufst mir den Schnaps weg! Da kann ich nur sagen: Ha-ha! Hörst du mich? Ha-ha-ha!

C: Miss Peterson! Reden Sie doch nicht immer von inneren Werten! Sehen Sie sich einen

Geldschein an! Da sieht jeder nur den inneren Wert und nicht, was an ihm äußerlich ist, das Material, das Papier, auf das er gedruckt ist. Sagen Sie doch nicht, das Äußerliche an einem Geldschein ist das, was auf ihn draufgedruckt ist! Immer diese Verdrehungen. Das Äußerliche an einem Geldschein ist das Papier, und wir sehen es nicht. Das ist eine dumme Rede, die behauptet, es gäbe Interesse für das Äußerliche. Es gibt kein Interesse fürs Material, und ich werde nicht müde, das zu wiederholen.

Es klopft.

C: Oh Gott! Was mach ich jetzt? Jacques steht vor der Tür! Schnell, Miss Peterson, tu doch was!

CHOR: Wenn ich mir, wie du das tust, die Frage stelle: «Was soll ich tun?», dann muss zunächst einmal ein Ich entstanden sein.

C: Das stimmt, du bist ja niemand, an den du diese Frage überhaupt stellen kannst. Was soll ich tun? Ich meine, was sollen wir jetzt tun, ohne dass du dir diese Frage stellen kannst? Miss Peterson!! Mach irgendwas! Sei kreativ!

CHOR: Kreativität ist eine Rückrufaktion! Die konstituiert auch nur ein Selbst!

C: Ja, aber wir brauchen jetzt nun mal Kreativität! Geh unters Bett!

CHOR: Aber ich muss jemand sein, an den ich diese Frage überhaupt stellen kann.

C: Ja, das ist ja das Problem. Dein Körper steht da, und ich erlebe ihn als große Attraktion, aber ich kann nichts mit ihm anfangen und er nicht mit mir.

CHOR: Aber wir können doch sehr gut etwas miteinander anfangen.

C: Ich muss doch jemanden haben, der sich die Frage stellen kann: «Was soll ich tun?», vor allem in so einer brenzligen Situation wie dieser! Ich will, dass du du selbst bist. Anders kommen wir hier nicht raus!

CHOR: Du willst doch hier wieder nur, dass sich Subjektivität konstituiert und Personen, an denen die Erfüllung von Moral gelingen kann.

C: Ich möchte nichts davon hören.

CHOR: Wenn du zu mir sagst, du liebst nicht nur meinen Körper, sondern auch etwas Inneres, was alterslos ist, wie die Seele und das Herz, dann frage ich mich, warum ich diesen Satz nicht als zutiefst unmenschlich empfinde. Er übergeht völlig das, was vor dir steht, die Seele, das Werden, die Toten. Alle Körper, denen gemeinsam ist, dass sie verletzbar sind.
Es geht um einen Aufbruch der Körper in alle Körper. Das ist die Seele.
Es ist nötig zu insistieren.
Es ist nötig zu insistieren.

Es ist nötig zu insistieren.
Es ist nicht gewiss, dass die Sache selbst da sein kann! Das hier!
Wir brauchen eine neue Gemeinschaft!

C: Nein! Ich will nichts davon hören. Diese Welt ist so voll von wunderbaren Dingen, was bringt die Menschen nur in solch eine Wut, dass sie alles hassen müssen? Ich meine, wozu existiert bei uns ein Untergrund? Schließlich haben wir den Libidomat, den Telesuperschirm und das Orgasmotron. Was wollen die Menschen denn noch?

M: Eben wusste ich noch, was ich sagen wollte über dich, eben hinter der Wand, jetzt nicht mehr. Als ich dachte, wie könntest du noch ein Motor sein für mich, irgendetwas zu tun? Und dann komm ich nach vorne, und ich hab's wieder vergessen.

C: Wovon redest du?

M: Das mit der vierten Wand geht mir einfach nicht aus dem Kopf!
Ich gebe zu, vor 200 Jahren spielten wir auch mit der vierten Wand, aber sie war noch nicht da. Verstehen Sie? Verstehst du? Versteht ihr? Was stehst du da rum?

C: Nein, ich verstehe nicht. Sie sagen dauernd, etwas ist da, was vorher nicht da war, oder umgekehrt, das macht mich noch ganz verrückt.

M: Miss Peterson, was haben Sie denn studiert?

CHOR: Kosmetik, Sexualtechnik und Poesie.

T: Miss Peterson benimmt sich öfter so unmöglich.

M: Genau wie die vierte Wand, die benimmt sich auch unmöglich. Du bist ein Problem. Wie kann ich dich begreifen? Wir können nicht überleben, wenn du das nicht verstehst, wenn wir das nicht verstehen. Es kann keine Gemeinschaft geben, wenn wir das nicht verstehen. Dein Lustkörper und mein Schmerzkörper, was haben die eigentlich gemein, mein Schatz? Sie lassen sich nicht mehr unter den Bedingungen des funktionalen, aktiven und verhältnismäßigen Lebens sehen, geschweige denn spüren. Du bist keiner Welt mehr zugewandt, nicht mal mehr einem anderen, wenn du hier fickst. Es gibt keinen «anderen» mehr im gewöhnlichen Sinne, Verschmelzung gibt es nicht. Dein Lustkörper ist nur auf sich selbst ausgerichtet, genauso wie mein Schmerzkörper. Was mein Schmerzkörper verweigert, ist dasselbe, was dein Lustkörper beansprucht. Ein neu zusammengesetzter Körper. Oder zersetzte, über-zusammengesetzte Körper. Verstehst du?

Sich selbst fremd werden. Um sich auf sich selbst wie auf einen anderen zu beziehen. Oder vielmehr auf sich selbst, insofern der andere ihn angeht, um ihn zu genießen, um ihm seinerseits Genuss zu verschaffen.

Wir werden das andere oder vielmehr wir selbst, damit Genuss stattfinden kann. Das ist alles draußen. Auch der Genuss. So verschieden wir sind, wir sind eine Gemeinschaft. Wir können uns sogar genießen, eben außen.

C: Ja, ich weiß das alles, dass du mich nie angesehen hättest auf der Straße, dass wir oder ich über meine Verhältnisse geliebt haben, ja, ich weiß das, aber es gab doch einen Traum, und für den war doch ich verantwortlich. Den hab ich dir doch erfüllt, deinen Traum. Ja gut, da gab es auch Edjo, der machte auch Träume wahr, und der kokste sogar mit dir. Und du nanntest ihn Husband, und da war Olaf und dein neues Leben. Ja, ich weiß. Und da waren alle in den letzten Jahren, und wie glücklich warst du in jedem Augenblick, ja, ich weiß. Und deine Krankheit und meine machten, dass wir nicht sprechen konnten miteinander, und dein Virus und mein Virus machten, dass da nichts war an irgendeiner Verständigung, nur Sachen, die wir nicht verstanden, wenn wir voreinander saßen und uns zuhörten. Nichts war da. Vielleicht wurdest du nur in deiner komischen Krankheit zu einem Kind, damit dich irgendetwas an mir interessierte. Du wolltest das. Du wolltest das herstellen, dass dich irgendetwas an mir interessierte, das ist ja nicht automatisch da, das Interesse, und das konntest du. Und warum musste das alles so unendlich schlecht ausgehen? Wer weiß, was passiert wäre, wenn wir ein glückliches Liebespaar gewesen wären. Was mach ich jetzt noch den Rest der Zeit? Alles wieder hervorholen, und für wen und für wen könnte das interessant sein?

M: Intimität, wenn zwei Körper sich begegnen, gibt es nicht. Intimität ist Schweigen oder wenn ich mit meinen Schmerzen alleine bin. Das ist intim, aber nicht zwei Liebende.

Ich brauche einfach immer etwas mehr, um mich zu ereignen. Ich brauche so etwas wie Miss Peterson! Und ich schließe Verschmelzung aus. Diese Form von Intimität ist nicht möglich, denn es sind die Körper, die sich lieben, und die sind draußen. Da draußen und hier draußen. Hier an sich sind die Körper draußen. Nur in diesen Außenbeziehungen der Körper mit sich selbst ist eine Gemeinschaft möglich.
Miss Peterson, jetzt helfen Sie mir doch mal!

Chor steht auf.

M: Stellen wir uns das doch mal vor! Miss Peterson ist der Körper *(Chor, M geht in den Chor)*, und ich bin die Seele! Das hier wäre die herrschende Vorstellung, dass die Seele da irgendwo im Körper zappelt, aber … *(geht aus dem Chor heraus)* wenn ich ganz scharf sehe und denke, dann ist der Körper außerhalb von sich. Der Körper ist das Außerhalb-von-sich-Sein, das ist eigentlich das, was mit dem Wort Seele benannt wird.

Chor umzingelt M.

CHOR: Ja, genau. Hier ist nichts eingeschlossen. Sieh doch endlich mal, was da vor dir steht. Das, was du hier siehst, ist die Seele. Das wird oft verkannt, dass wir gerade vor den Seelen sitzen, dass die sich nicht hinter etwas verbergen, was weggeschoben werden müsste oder zerrissen oder weggebracht: der Körper. Nein, das hier ist es, und das hier will endlich geliebt werden!

M: Hier!, ist die Seele! Hier außen! *(Geht aus dem Chor)* Die zappelt in keinem Gefängnis, in keinem anderen als dem Universum, aber ganz sicher nicht in den Körpern. Die brauchen auch keinen Gnadenstoß, die Körper, wenn sie nicht mehr können, um die Seele endlich freizulassen. Das ist nicht das Problem. Das Problem ist, dass es eines gibt, wenn ich vom Körper sprechen möchte.

C: Was ist denn mit der Psyche?

M: Der entgeht auch, dass sie Körper ist. Die Psyche ist ausgedehnt, weiß nichts davon. Ich bin nicht hysterisch! Hysterisch ist ein mit Bedeutung übersättigter Körper, also kein Körper mehr.
Oh Gott! Du bist so schön, und ich war so glücklich, etwas so Schönes wie dich sehen zu können. Und warum denken jetzt die meisten, sie müssten die innere Schönheit einklagen, um die geht es doch eh immer, warum denken die alle, sie müssten etwas zu seinem Recht verhelfen, was eh herrscht! Dieses Drecksinnere.
Deshalb war ich so desorientiert: Weil ich an irgendwas Inneres glauben sollte, aber das gibt es nicht. Mich gibt es nur außen. Mich. Der Mund und der Geist sind ein und dasselbe! Das hilft mir auch so bei dir, und das hilft mir bei einem Denken, bei einem Geist, der auf der Zunge sitzt, bei dem Sprechen hier. Das Sprechen … Wie könnte das Denken Körper sein und immer zu weit gehen damit …

CHOR: An mir seh ich doch gerade, dass ein geschlossener Körper nicht existiert! Der

Körper ist Ausdehnung. Und nicht der Geist, nicht die alteuropäische Seele. Die ist konzentriert, wie das Kapital. Der Geist ist die furchterregende Konzentration. Auf einen Punkt. Das muss ich mir nur sagen, um gegen diese Verdrehung anzugehn, die dauernd in der Welt ist. Der Geist ist das Abgeschlossene, die Konzentration.

M: Was findest du nur an ihr?

C: Miss Peterson ist Architekt und Mathematiker.

M: Ja, aber kann sie auch so was?

C: Ich hab die Orientierung verloren. Wie konnte das passieren? Ist der Körper nun innen oder außen? Oder was ist denn hier äußerlich? Dein Körper? Ich versteh es nicht. Ich muss dich immer wieder vor mich hinstellen, um es zu verstehen.

M: Das musst du doch verstehen! Miss Peterson! Sofort zu mir, helfen Sie mir bitte!

CHOR: Ich würde gerne der Ausbeutung meiner Arbeitskraft kollektiv entgegentreten, ohne dabei in das Muster eines Chores der Ausgebeuteten zurückzufallen, in ein abstraktes Kollektiv, wie ja auch zum Beispiel das in den Einzelnen wohnende «menschliche Wesen» ein Abstraktum ist.
Wie wär es denn endlich mal mit Subjektivität jenseits der traditionellen Pfade?
Dass das Subjekt vielfältig ist, macht es vielleicht tolerant und weltoffen, aber ist

es auch in der Lage, solidarische Beziehungen einzugehen?

Der Chor macht zwei Schritte nach vorne, und M verschwindet in Miss Peterson.

C: *(zu T)* Warum verschwindet er immer in Miss Peterson? Er kann genauso gut nach hinten gehen, um mir innen und außen zu erklären!

T: Alles in allem fand ich die Party eigentlich recht gelungen.

C: Eigentlich hätte ein bisschen Sex dazugehört, aber dafür waren wir zu wenig.

CHOR: Wenn ich hier jetzt die unsterblichen «Romeo und Julia» spielen würde, dann würde ein Zuschauer sagen, so habe er Othello noch nie gesehen! Nein! Hört endlich auf, nur die inneren Werte zu sehen! Hört auf, das zu sehen, was draufgedruckt ist.

Chor geht ab.

T: Für den Ernst der Lage sind wir doch recht gelassen.

C: Ja, solange uns noch etwas Hoffnung bleibt.

M: Nein! Die brauchen wir nicht.

C: Was, wir brauchen keine Hoffnung?

M: Nein, jedenfalls brauchen wir die nicht als Innerlichkeit.

Ich muss diesem Körper, der sich kratzt, keine Hoffnung erzählen. Der kratzt nicht an der Hoffnung, der kratzt an der Seele, diese Hand hier. Die Hoffnung ist außen, wie die Seele außen ist. Der Ernst der Lage ist, das ernst zu nehmen und nicht abzubiegen, es sich nicht beizubiegen, dass ein Inneres daran irgendwie beteiligt wäre, mit so etwas wie Hoffnung. Die brauchen wir nicht, verstehst du?
Sieh den Geldschein an! An einem knittrigen Geldschein sieht auch nur jeder die Seele. Und das ist das Verbrechen an den sogenannten hinfälligen Körpern. Dass man da drinnen eine Seele vermutet, die nicht zerstört ist, ist das Material auch noch so hinfällig. Ja gut, kann sein, dass die Körper nicht mehr können. Aber ich will, dass sie nicht deshalb nicht können, weil ihre Seele aber noch kann. Nein! Die Seele ist die Außenbeziehung der Körper zu sich selbst. Das musst du wissen, wenn du stirbst, der Körper ist die Seele. Und wir geben einen Scheiß auf das, was draufsteht, die inneren Werte!

T: Du machst so ein Gesicht, bedrückt dich irgendetwas?

C: Ich hab heute Nachmittag ein Gedicht geschrieben.

M: Das ist nicht dein Ernst!

C: Ja, ehrlich!
Ein Knabe fing einen Schmetterling
und als er am Abend nach Hause ging
da sprach er zu sich

wie verhalte ich mich
und helfe den anderen Menschen.
Der Schmetterling aber hatte lautlos gehandelt
sich nach und nach in eine Raupe verwandelt
mit allerletzter Kraft

T: Es hat Tiefe!

C: Gefällt es dir wirklich?

T: Ja. Bis auf eine Kleinigkeit. Sie verwandeln sich nämlich vom Stadium der Raupe in das Stadium des Schmetterlings. Nicht umgekehrt.

C: Bist du sicher? Bist du ganz sicher? Verdammt! So ein Mist! So ein verdammter Mist! Immer mach ich was falsch! Scheiße!

T: Liebes, nimm doch Schokolade!

C: Nein, ich will keine Schokolade! Der ganze Abend ist mir verdorben. Jetzt krieg ich sowieso gleich meine Kopfschmerzen. Scheiße.

M: Liebling, es wird alles wieder gut. Entspann dich.

C: Ich will mich nicht entspannen!

M: Komm, sei lieb.
Das ist toll, was du da anhast. Wo hast du das her?

CLIP

T: Die meisten Objekte in diesem Raum habe ich über einen Zeitraum von vielen Jahren gesammelt.
Ein Gainsborough. Ming-Vasen … unbezahlbar! Dies sind Objekte, von denen ich meine, dass sie meine Persönlichkeit reflektieren. Wie diese japanischen Kampffische. Sie sind wundervoll, anmutig, elegant … und dennoch zielstrebig in ihrer Absicht und tödlich, wenn sie finden, was sie wollen.
Dieser *(zeigt auf Fisch)*, dieser ganz besondere hier wird auf über 20000 Dollar geschätzt.
Gewiss ein Luxusgegenstand, aber wie Sie sehen können, bin ich eine Frau, die die feineren Dinge des Lebens zu schätzen weiß. Ein Hundertwasser. Nein, es ist größer als ein Hundertwasser, ein Tausendwasser.
Alles in Ordnung?
Kommen Sie, ich gebe Ihnen ein paar Kleenex.

M: Ich hab schon zu viel von Ihrer Zeit in Anspruch genommen. Ich würde jetzt gerne noch mit Miss Peterson sprechen, wenn Sie gestatten.

T: Aber ich bin Miss Peterson.

M: Ja, stimmt ja. Das tut mir leid, immer verwechsle ich Sie, dabei liebe ich Sie doch.

T: Ich verstehe, warum Sie dieses Problem haben, aber Sie übersehen Folgendes … Es ist gar keine Verwechslung.

M: Ist es nicht?

T: Nein.

C: Bitte! Ich will nach Hause. Ich kriege Kopfschmerzen und habe Hunger! Ich hab noch nicht eine Stresspille heute genommen und seit sieben Stunden nicht gebadet. So etwas bin ich nicht gewöhnt. Ich will meinen Libidomat. Ich muss mich entspannen. Sehen Sie mich doch an. Sehen Sie mich an, wie ich zittere. Ich bin eine hochberühmte Dichterin, Wochenumsatz 20 bis 30 Gedichte, nicht gerechnet alle Glückwunschkarten.
Ich habe erst gestern eine geschrieben. Sie ging um ein Blatt, das verwelkt.

M: Das Blatt, das im Herbst verwelkt. Das sind wir vielleicht. Aber nicht, indem wir uns darin wiedererkennen, verstehst du? «Wir sind das Blatt» muss man ernst nehmen. Das heißt, sich eben im Blatt nicht wiederzuerkennen und dabei immer nur auf das verweisen, was sich in dem Blatt wiedererkennt, irgendeine Innerlichkeit.
Ich habe hier zwei Probleme! Wie kann hier eine Kommunikation stattfinden.

T: Aber sie findet doch statt!

M: Aber das glaubst du nur! Und das zweite ist, welchen Schalter lege ich nur in dir um, damit du die Seele sehen kannst.

C: Aber die seh ich schon, wenn wir uns erst einmal kennenlernen würden.

T: Nein! Wir haben doch gar nichts miteinander zu tun! Wir müssen uns nicht kennenlernen. Die Seelen stehen voreinander. Du musst nicht erst all das kennen, was in mir ist, da ist überhaupt nichts drinnen.

C: Die Seele überdauert den Körper. Diese Vorstellung bestimmt unsere Leben.
Wenn mein liebender Blick auf deinen sterbenden Körper fallen würde, was passiert denn da? Warum denken wir dann, die Seele ist da nicht mehr drin? Warum sehe ich auf einen Sterbenden und denke, die Seele bedürfte eben eines funktionierenden Körpers, und wir müssten den Körper austauschen?

M: In den toten Körpern, die noch da sind,
 obwohl sie sich verabschiedet haben, liegt die Seele vor uns, und wir, wenn wir nicht herumfahren mit den Körpern, wir sind nicht in der Lage, sie zu sehen, und begraben sie, und niemand wird dagegen irgendetwas unternehmen. Was wäre gewesen, wenn man dich mir weggenommen hätte, während du dich mit den anderen bewegen konntest, aber wenn jetzt einer kommt (und du bist tot) und dich mitnimmt, mit der ganzen Gewalt, gebe ich mein Einverständnis, wenn ich nicht als verrückt gelten will. Weil ich denke (wie die Polizei, auf deren Denken der ganze Vorgang beruht), dass die Seele weg ist. Nein, sie ist genau hier! Dein Körper. Dieses Außen. Das Außen, in das ich gerate, das ist die Seele!

T: Der Verlust, denke ich, der große Verlust, wie kommt es, dass ich ihn mir nicht erzähle? Dass das einfach so vor sich hin-

geht. Dass das passiert, dass ich nicht an Orten eines vergangenen Glücks stehe und mich freue? Weil ich mich dort nie gefreut habe. Das war einfach nicht so. Die Momente auf Fotos etwa, wo ich aussehe, als würde ich mich freuen, das war nie so. Ich hab mich nie gefreut, obwohl das auf Fotos so aussieht. Ich war wahrscheinlich gezwungen, irgendwas auszudrücken, und da man ja nicht dauernd heulen kann, schon gar nicht, wenn jemand fotografiert, denn da sieht man nicht gut aus, und das ja irgendwas bedeuten muss, das Gesicht – das sagte schon ein Opernregisseur: Fehlt die Mimik, fehlt die Bedeutung –, setzt man eben das auf. Das heißt jetzt aber nicht in dieser Verlustsprache, dass es nie Freude gab. Nein, es meint nur, positiv formuliert, dass ich mich da Gott sei Dank nicht vor Freude auf dem Boden herumgewälzt habe, dass es ebendiese Selbstverachtung gibt, mit der ich geschützt wurde davor, mich wegen diesem Selbstentfaltungsschrott auf dem Boden herumzuwälzen.
Dass diese Selbstverwirklicher immer nur etwas darstellen können, was hässlicher ist als sie selbst. Das wundert mich dann schon. Dass Selbstentfaltung nur Hässlichkeiten produziert.

M: Je suis no Selbstverwirklichungsfanatistensau!
Niemand sah je besser aus als ich auf diesem Foto, und das war, als du mich gerade in Amsterdam betrogen hast, aber warte mal, da wusstest du noch gar nicht, dass ich dich liebe, das wusstest du erst, als ich es dir sagte am Telefon, und du sagtest: Oh mein

Gott!, und alles danach, jede Gabel, mit der du dich umbringen wolltest – und in deinem Fall war das ein ganzer Besteckkasten –, war irgendwie dieses «Oh mein Gott!», ich sitze hier in irgendwas, das ich nicht kenne, aber da sitz ich schon so lange, es hat keine Geschichte, und keine Erzählung kommt da ran an das, was ich hier tue, einfach nur sitzen und warten, auf was?, auf den Tod?, auf meinen?, auf deinen?, auf unser Werden?, warum konnten wir danach nicht sprechen?, warum konnten wir uns nichts mehr sagen. Ja, ich weiß, du hast es versucht. Du hast mich mit deinem Motorroller verfolgt und wolltest mich sprechen, und ich hab gewendet und woanders eingeparkt, in das Nichts, in den Tod, keine Ahnung.

Es gibt hier nichts zu bereden und nichts mitzuteilen als Körper, Körper, Körper. Und wenn wir hier Seele sagen, sagen wir nur Seele wegen dem Körper, die ist der Körper, das da vor uns! Da drinnen ist nichts.

Es gibt nichts da drinnen, was auf das Kratzen an der Haut als Hoffnung anspringt. Ja, ich weiß, du würdest gerne von dem Kratzen an deinem Körper auf ein Inneres schließen und dir ein Drama erzählen, das du für dein Leben hältst, ja, ich weiß. Aber es gibt kein Drama. Die Seele ist der Körper, und der ist draußen. Und da müsstest du eine Beziehung mit ihm führen, da haben wir Beziehungen, im Tod!

C: Sprechen, wir beide, wie soll das gehen? Wie soll ich jemals sprechen vor dir, vor dir, du Körper, ich bin doch so konkret mit dir, mein Körper und deiner, die sind einfach da, das ist es. Ich wusste immer, da sind nur diese zwei, die pumpen und pumpen das Blut durch ihre Adern, damit man sie nicht wegholt, einfach wegkarrt. Dabei wären die so gerne nicht mehr am Leben, aber die Körper würden dann einfach weggekarrt und sind nicht mehr da, die sogenannten toten Körper, was wissen die denn, was du mir bedeutest, da so, sogenannt tot vor mir. Was wissen die denn? Die wollen uns nur wegbringen, uns beide, unsere Körper, weil sie nicht mehr kratzen, und das haben wir doch gemacht, wir haben uns gekratzt, wir haben uns halb aus dem Fenster gestürzt und wollten nicht mehr, wollten nicht mehr das Leben, sondern unsere Körper, das wollten wir, unsere Körper, und das heißt das, wenn man seine Körper will, den Tod! Das heißt das, und eben nicht das Leben. Und da kannst du jetzt noch so sehr irgendwo herumirren in so etwas wie Leben, und ich, da können wir irren, wie wir wollen, das ist es, unsere Körper, die wir auch dulden würden, wenn sie das nicht mehr tun: leben. So gut sind wir zueinander, und das wäre eine neue Form von gut, gut zueinander sein, das wäre dann die Liebe, die Körper dulden, die Toten da vor uns. Sie nicht einfach vergessen und sie denen überantworten. Die haben eh keine Ahnung. Die wissen nichts von uns, die haben keine Sprache für uns, und ich soll eine haben? Ich kratze bis zum Schluss an dir, so wie du in der einen Nacht an mir, in Dings und in Dings, weißt du noch, wie die aneinander wollten, und auch mit einem Messer, die wollten einfach miteinander sprechen. Die Sprache suchen die.

Fahrende Frauen

Carolin Conrad (**C**)
Franz Beil (**F**)
Lilith Stangenbergn (**L**)

Sascha, *der Inspizient*
Rita von Horváth, *die Souffleuse*

Regie: René Pollesch
Bühne: Bert Neumann
Kostüme: Nina von Mechow
Licht: Frank Bittermann
Dramaturgie: Roland Koberg

Premiere: 14.05.2011 Schauspielhaus (Pfauen) Zürich

Leseempfehlung: Andreas Reckwitz, «Vom Künstlermythos zur Normalisierung kreativer Prozesse» in Christoph Menke/Juliane Rebentisch (Hg.), «Kreation und Depression. Freiheit im gegenwärtigen Kapitalismus» (Kulturverlag Kadmos, Berlin, 2011)

Der Vorhang ist geschlossen, auf den das Folgende per Kamera projiziert wird:

C: Matthias Hartmann wollte einmal ein Stück über die Gier machen, weil er dachte, das Theater könnte sich noch um gesellschaftliche Probleme kümmern. Und ich bin da ganz seiner Meinung. Nur liegen die Probleme nicht auf der Straße … Das Problem bei einem Stück über die Gier ist, dass da unten im Zuschauerraum zwar alle gewillt sind, der Geschichte über die Gier zu folgen und daraus Konsequenzen zu ziehen. Nur muss man sagen, dass die meisten im Publikum nicht unbedingt aufgefordert sind, gierig zu sein. Was sie aber unbedingt sein sollen, ist: kreativ. Das scheint ja heute die entscheidende gesellschaftliche Forderung zu sein: kreativ zu sein, weil man sonst fürchtet, an der Gesellschaft nicht teilnehmen zu können. Spätestens im Altersheim, wenn du vor deinen Aquarellbildern sitzt, kriegen sie dich.

F: Ja. Im Publikum sitzen keine Gierigen, aber fast ausnahmslos Kreative. Sodass fast immer, wenn sich der Vorhang öffnet, ein Stück über Kreativität dabei herauskommt. Nur darf man das natürlich so nicht veröffentlichen. Das Publikum will sich zwar immer dasselbe Stück ansehen, in dem es sich die Kreativität abholen kann, aber es darf nicht immer das Gleiche draufstehen.

L: *(sieht in die Kamera)* Was ist das? Eine Kamera? Die will doch nur wieder zeigen, wie das hier gemacht wird. Immer geht es nur um Kreativität.

F: Los! Schmeiß den Nebel an!

L: Und den Schnee.

C: Und los geht's!

Musik an – Vorhang auf. Man sieht Miniaturhäuser Zürichs. Schnee fällt aus dem Schnürboden, Nebelmaschine, eine Erdscheibe fährt von links oben in einem Bogen nach rechts oben.
Vorhang zu.

L: Was ist denn los? Warum hast du den Vorhang wieder zugemacht?

C: Die kleinen Schauspieler streiken.

L: Was?

C: Die sitzen in ihrer kleinen Garderobe und wollen nicht auftreten.

F: Was machen wir denn jetzt?

L: *(sieht durch den Schlitz)* Das Publikum ist schon da. Da draußen sitzen wieder lauter Kreative.
Das war doch mal anders. Es gab doch Zeiten, da waren die Kreativen auf der Bühne, und da unten saßen Leute, die entfremdeter Arbeit nachgingen.

C: Egal was. Jedenfalls müssen wir jetzt kreativ sein.

L: Aber wir sind doch viel zu groß für diese Bühne.

C: Was ist denn mit dem kleinen Inspizienten? Vielleicht will der da raus? Sascha! Willst du nicht rausgehen?

SASCHA: Auf keinen Fall. Und außerdem bin ich nicht klein.

C: Was machst du denn hier?

F: *(mit Buch in der Hand)* Ich bin die Souffleuse.

L: Nein, jetzt nicht mehr. Das ist jetzt sie. *(Drückt Rita das Buch in die Hand)* Wir müssen hier was aufführen. Die Zuschauer sind schon da.
(zu Rita) Was waren Sie denn vorher?

RITA: Ich war nur zu Besuch.

F: Aber was machen wir denn jetzt?

L: Wir gehen jetzt da raus und spielen eine Szene.

Schauspieler gehen von Inspizientenseite auf Vorbühne und setzen sich hin.

SCHLAFEN-CLIP

L: Bonjour.

C: Bonjour.

F: Bonjour.

L: Alors, vous trouvez que ça me ressemble?

F: Tout à fait.

C: J'ai l'air aussi bête que ça?

F: J'en ai peur.

L: Voyons Mademoiselle, regardez ce nez.

F: C'est le votre. J'y peux rien.

L: Enfin, passons pour moi. Mais alors lui, vous l'avez bien arrangé mais ce n'est pas sa tête, ce n'est pas son crane.

F: Tout je suis, c'est tout à fait ça.

C: Son maquiaire supérieur n'est pas aussi prominent.

F: Au contraire, c'est ce qui ressemble le plus.

L: Et le menton?

F: Exactement le sien.

C: Il ne faut pas exagérer.

F: Je le vois comme ça. Et puis, convenez Monsieur que ceci est une caricature et il faut bien que le but d'un dessin ou d'une peinture n'est pas de reproduire une vulgaire fotographie mais faire ressortir les charactéristiques, donc rassier vous selon

la personalité d’un artiste. Même en les exagérant.
Ach, ich hab sie ja nicht alle.

L: Willkommen an Bord! Ich heiße George Curtis.

C: Darf ich mich auch vorstellen, Thomas B. Chambers.

F: Freut mich, ich bin Gilda Farrel.

L: Um auf Ihr Kunstwerk zurückzukommen …

F: Sind Sie Maler?

L: Ja.

F: Verzeihung, wie war noch Ihr Name?

L: Curtis.

F: George Curtis?

L: Ja.

F: Ich glaube, ich habe ein Bild von Ihnen gesehen, und zwar in der Shale Gallery.

L: Mhm. Da hing eins.

F: Es war ein Akt. Ja, «Lady Godiva», mal ganz anders.

L: Gefiel es Ihnen?

F: Ich habe es mit einer Freundin gesehen, sie war begeistert. Wir sind seitdem verfeindet.

C: Ich fürchte, sie zählt nicht unbedingt zu deinen Bewunderern.

F: Sie malen doch nicht etwa auch?

C: Oh nein, wie käme ich denn dazu. Ich schreibe, für die Bühne. Und zwar Stücke, die niemand aufführt. Ich bin darin sehr erfolgreich.

L: Los, die Beine vertreten!
Überraschend, wie sich Menschen durch ein paar kräftige Beleidigungen in drei Stunden näherkommen können.

C: Ich habe Nahweltbedarf, ich brauche irgendwie eine verständliche, vertraute, heimische Nahwelt, die man sich noch aneignen kann.

F: Ja. Hat mir gut getan, was Sie mir alles an den Kopf geschmissen haben. Hab ich nicht mehr gehört, seitdem ich Vater und Mutter verlassen hab.

L: Andererseits lassen mir eine Vielzahl an unpersönlichen Beziehungen, die ich da draußen führen kann, viel mehr Entfaltungsspielraum!

F: Jetzt mal im Ernst! Wer sind Sie?

C: Erinnerst du dich an den Mann, der in die Bank von Konstantinopel ging und herauskam mit der Bank von Konstantinopel?

L: Ernesto?

F: Genau der bin ich.

L: Sie sind Schauspieler, junger Mann?

C: Kommen Sie mir nicht zu nah!

L: Das kann ich ja gar nicht, dieser Differenzierungstrend, der macht mich gar nicht mehr anschlussfähig.

F: Die ganze Zeit baue ich an einem einzigartigen Weltentwurf da in mir drin, aber ein Dialog mit dir, der über unsere Liebe geht, muss dir natürlich auch verständlich sein.

L: Sonst kann ich in keine Unterhaltung mit dir mehr einsteigen.

C: Apropos einsteigen: Der Zug fährt wieder los!

F: Im Unpersönlichen gibt es viel mehr Entfaltungsmöglichkeiten. Und ich möchte nicht in einer Nahwelt vor mich hinvegetieren. Das riecht nach Entfremdung.

L: Immer diese Selbstverwirklicher! Lauter Kreative. Apropos Kreative: Das Publikum ist schon da!

C: Ja, wie konnte die nur so normal werden, die Kreativität?

L: Ich meinte nicht das Publikum. Ich meinte die Schauspieler, sie streiken. Was machen wir denn jetzt?

F: Es ist so verwirrend. Ich bekam nur irgendwie mit, dass Sie kreativ sind.

C: Ja, sind wir das nicht alle?

F: Ja, wie ein großes Thema, wie «Lady Godiva», dafür sorgte, dass ein eher kleines wie die Kreativität so universell werden konnte.

L: Wie ist die denn bloß in die Normalität hineingekommen, die Kreativität? Wie konnte es sein, dass sie so normal wird, die Kreativität?

C: Aber ich bin nicht normal, ich bin Maler, das hab ich Ihnen doch gesagt.

L: Hier in der Normalität wird die künstlerische Kreativität doch enorm entmythologisiert.

F: Entmythologisiert?

C: Ja.

F: ENTMYTHOLOGISIERT???!!!

C: Ihr Weltentwurf da in Ihnen drin ist zwar einzigartig, aber irgendwie nicht mehr anschlussfähig.

L: Jetzt beschimpf sie doch nicht so, sie ist durcheinander.

F: Na und? Ich reiß mich ja auch zusammen.

L: Wie einen ein paar laute Worte einander so unerhört nah bringen können!

F: ICH BIN IHNEN NICHT NAH!

L: Ich muss Ihren egozentrischen Weltentwurf leider ablehnen, Ernesto.

F: Sie müssen nur die Annahmebereitschaft für Kommunikationen so sehr erhöhen, dass die unwahrscheinliche Kommunikation trotzdem gewagt werden kann. Und nicht von vornherein als hoffnungslos unterlassen wird.

L: Seien Sie einfach mal ein bisschen kreativ, wie wir alle!

C: Aber ich bin Künstler.

F: Komm mir nicht zu nah!

L: Aber ich habe Nahweltbedarf! Trotz aller Diskrepanzen zwischen Nahweltbedarf und den Entfaltungsmöglichkeiten hochgetriebener Individualisierung.

C: Alle wollen plötzlich kreativ sein. Also gut! Wir treffen uns dann am vereinbarten Treffpunkt. Viel Glück.

F: Wenn du gehst, sollst du etwas ganz Persönliches von mir mitnehmen. *(Gibt L einen Schönheitsfleck)*

L: Oh, das ist wirklich sehr persönlich. Wie ist Ihr Name?

Musik: «Franz» von Josef Hader.

F: Sehr gut, freut mich, schön, dass Sie so viele Namen haben.

C: Ja. Haben Sie auch noch einen?

L: Einen was? Wenn du gehst, solltest du etwas aus unser beider Nahwelt mitnehmen. Hier! *(Gibt C einen Schönheitsfleck)*

C: Wie schön! Das ist wirklich sehr persönlich. Aber finden Sie das nicht etwas zu persönlich?

F: Nein! *(Nimmt den von L und gibt ihn C)* Hier, nehmen Sie den auch noch!

C: Das ist mir alles zu nah!

L: Sie hat recht! Im Unpersönlichen gibt es viel mehr Entfaltungsmöglichkeiten.

C: Wie heißen Sie denn?

Musik: «Lilywhite» von Cat Stevens.

C: Sie sind Künstler?

F: Ja.

L: Sie auch?

Musik: «Caroline» von MC Solaar.

F: Ich habe ein Buch geschrieben, es heißt «Der Schnittchenkauf». Es geht darum, was so ein Publikum die ganze Zeit macht während einer Aufführung.

L: Das interessiert doch niemanden.

F: WAS SAGEN SIE???

C: Nein, bitte tu's nicht. Sie ist eine Lady!

F: Bisher war immer irgendwie interessant gewesen, was die Schauspieler machen, wenn sie von der Bühne abgehen. Aber da die Schauspieler ja jetzt immer die ganze Zeit sie selbst sein sollen, gibt es gar keinen Rückzugsbereich hinter den Kulissen. Also ist es wohl besser, dachte ich mir, die Sache mal ganz anders anzugehen. Was macht eigentlich das Publikum, wenn es auf seinen Sitzen Platz genommen hat und dann anfängt, sich immer mehr innerlich zurückzuziehen?

L: Ich habe unpersönliche Beziehungen immer vorgezogen und nicht nur, weil die Gesellschaft vielleicht primär in ökonomischen Kategorien begriffen werden kann. Nein, unpersönliche Beziehungen erlauben so viel mehr, dass man den Traum vom großen Glück leben kann. Der wohnt gar nicht in der Nahwelt, da findet man ihn gar nicht. Jedenfalls nicht in einer Nahwelt, in der ich mich nicht entfalten kann.

C: Aber das Glück war doch nicht schon immer nur in der Selbstentfaltung zu finden!

Vorhang geht auf. Die Miniaturhäuschen aus Zürich sind wieder zu sehen.

L: Was ist denn das? Wo ist denn die Nahwelt hin?

C: Was ist das denn? Ich bin zu groß für diese Bühne.

F: Wo sind denn die Innenräume? Wir waren doch mal drinnen.

C: Hier kann man doch nur «Unsere kleine Stadt» spielen.

L: Ich dachte, ich gehe auf eine Bühne … und dann das!

C: Wo ist die Tür?

F: Wo ist die Treppe?

C: Was machst du denn hier?

L: Ich bin draußen.

C: Ja, das seh ich.

L: Ich war aber immer drinnen. Mein Selbst, meine Gefühle, meine Gefühlsschwankungen und auch der Mythos meiner künstlerischen Kreativität. Ich bin es nicht gewohnt, dass das alles außen ist.

F: Und außerdem sind es hier nur geschlossene Räume, da können wir ja nur mit Kamera spielen. Wenn wir da drin sind, sieht uns ja keiner.

L: Das Publikum ist schon da.
(kommt auf eine Idee) Ein Brief?
(liest) Was? Was steht da? «Heute hat er mir zum ersten Mal wirklich Angst gemacht» – was?? – «aber es kann auch sein, dass ich sowieso gerade sehr ängstlich bin.» Angst? Vor mir? Wie könnte ich jemandem Angst machen?? «Das merke ich an den wieder aufflammenden …» – was heißt das? Das kann ich nicht lesen – «von der ich seit 95 verschont war, und jetzt, 16 Jahre später, wieder das.» Ja, was denn? «Ich muss sagen, einmal hatte ich es im Autoreisezug nach Wien, lange bevor mich …» – was steht da, das ist zu klein geschrieben … «im April 2005 verlassen hat. 2005, das sind jetzt sechs Jahre her, ich hab es angemessen gefeiert. Er kam nicht vorbei.» Sie hat Angst vor mir? Oder er? Verlassen? Wann? Und wen? 2005? Da war ich zwölf. Wo ist denn der Spielleiter?

F: So hält sie das Publikum nicht lange bei der Stange. Hör auf, kreativ zu sein!

C: Was machen wir denn jetzt? Das Publikum ist schon da, diese ganze Normalisierung der kreativen Praxis da unten.

L: Und sie werden immer weniger! *(Zum Publikum)* Ich sag euch nur eins: Die Kunst war viel populärer, als ihr noch keine Künstler wart.

C: Schon wieder diese Kreativen! Sie sind überall.

F: Aber wer über diese Eigenschaften verfügt, kann die Möglichkeiten nutzen, die der Kapitalismus des 21. Jahrhunderts bietet.

C: Sehr wahrscheinlich sind die Theaterkünstler mit dafür verantwortlich, dass Kreativität, Beweglichkeit, Initiative die heute entscheidenden gesellschaftlichen Forderungen sind. Und dafür, dass die universelle Figur des Kreativen als Kennzeichen eines neuen Geistes des Kapitalismus gelten kann.

F: Hier waren wieder alle so kreativ! Besonders der Typ, der das Licht gemacht hat.

L: Flexibilität, Mobilität, Kreativität und Eigenverantwortung haben zwar noch nicht die Wucht und nicht die Zeitlichkeit gebunkert wie Gier, Hass, Neid, Rache, Liebe, Tod, Schuld, Schicksal, wabern in diesen Räumen aber schon eine geraume Zeit.
Was machen wir denn jetzt?

C: Ich halte einen Monolog. Eines Tages – und so beginnen nicht die Märchen, so beginnen eher die Sachen, die man sich erhofft, trotzdem war das hier ein Märchen – wachte Frau Vogelnest vor ihrem Haus auf, und sie war größer als das.
Und so erging es auch Herrn Vollfenster. Er dachte eben noch, er läge im Bett, aber da lag er nun, auf der Straße, draußen. Wie eine elende Seele, könnte man denken. Aber man muss es nur ernst nehmen. Was wäre, wenn

die Seele jetzt plötzlich eben draußen war und nicht mehr drinnen? Aber nicht so, wie die Griechen denken, dass der Nacken aus seinem Gelenk bricht und die Seele entflieht wie ein Vogel zu den Schatten. Nein! Was wäre, wenn zu unseren Lebzeiten die Seele draußen wäre?
Auch Frau Keaton war zu groß geworden. Bisher kannte man das nur von bestimmten Themen, die groß waren, weil sie stetig zum Himmel gesagt wurden: die Liebe, die Rache, der Tod, die Gier … Das waren die Themen, die über die Leute hinausgingen. Und manchmal gingen sie in dieses Haus *(Pfauen)* und sagten sie zum Himmel, auf dass sie ewig würden.
Wenn die Seele draußen wäre, wären die Sterbenden etwas anderes als jetzt. Man könnte sehen, dass der Körper da vor uns, der Sterbende, die Seele ist und nicht das ruinierte Behältnis einer stets intakten Seele. Es gibt rein gar nichts Intaktes, irgendwo da drin, das all das da draußen mit Geschichten von Ruin belästigt.
Was, wenn wir alle draußen wären? Wenn jedes Gefühl außen am Körper ist und nicht da drinnen, als wäre er nur ein blödes Gefäß. Und wenn es rein will, sorgen wir dafür, dass es draußen bleibt. Wo es doch viel schöner ist.

F: Ich wollte mal in einen Theaterabend gehen, weil ich gehört hatte, dass sie dort Schnittchen verteilten, und ich wusste, dass ich da billig reinkomme, aber dann saß ich da drin, und es wurden keine Schnittchen verteilt. Ich hab dauernd geguckt, wo denn die Schnittchen sind, aber ich war natürlich auch nicht der Zuschauer, den man vor Augen hat in einer Theateraufführung, wenn man nach den Schnittchen sucht. Ich hatte den ja auch vor Augen, den Zuschauer, der nicht nach Schnittchen sucht. Ich dachte noch: Ich weiß, es ist blöd, aber gehen Sie da mal weg, ich suche hier nach den Schnittchen! (Es war eine begehbare Theaterinstallation.) Das will ich natürlich auch nicht vor Augen haben: dass man in einer Theateraufführung nach was zu essen sucht. Davon will ich mich auch distanzieren. Und alle um mich herum denken natürlich, ich bin gekommen, um diesen Theaterabend zu sehen, den man deshalb schließlich auch hergestellt hatte! Ich weiß, es ist blöd, aber es ist eine Theateraufführung, und ich suche nach den Schnittchen oder Schneewittchen. Ich weiß, es ist

blöd, aber ich will hier nachsehen, wie die Leute es geschafft haben, Geld damit zu verdienen, sich auszudrücken. Das ist nicht der Grund, weswegen der Theaterabend hergestellt wurde und den alle vor Augen haben, wenn sie ins Theater gehen, aber es ist das, was einen der Zuschauer, der in diesem Fall ein Schauspieler ist oder werden wird, beschäftigt.

Musik an, Vorhang zu. Folgendes wird auf den Vorhang projiziert:

L: Dies ist ein Märchen. Buster Ke-a-ton erwachte eines Morgens und … Da die Leute so groß geworden waren, oder sagen wir: die Körper der Leute, war es ihnen nicht mehr möglich, nach drinnen zurückzugehen. Da drin hatten sie eh nur angehäuft! Immer mehr und mehr, hieß die Devise. Und es ging dabei nicht um Geld, sondern um Subjektivität.

Leute! Ich sah ein Kind um 18 Uhr im Winter nachts Straßen überqueren, und es war gefährlich dem Straßenverkehr ausgesetzt. Es guckte nicht nach links oder rechts. Es war wie in Trance. Man könnte sagen, es war ein trauriges Kind. Und woher kommen traurige Kinder? Und jetzt mal weglassen, dass sie vielleicht missbraucht wurden am Tag vorher. Vielleicht ist es einfach das Leben, das sie traurig macht. Nicht, dass sie von Mitschülern verspottet wurden, an all so was denkt man bei traurigen Kindern. Es war nur so: Ich ging vor ihm her und versuchte Mütter anzusprechen, damit sie sich um das Kind kümmern. Es hatte einen Zettel, in Plastik verpackt, umhängen, da stand wahrscheinlich drauf, zu wem es gehörte. Aber ich wollte da nicht hin und nachsehen. Ich wollte, dass das eine Mutter macht, aber es war selbst vorm Biomarkt keine aufzutreiben. Also ließ ich das Kind gehen, auch bis zur nächsten Kreuzung, und hoffte nur, kein Reifenquietschen zu hören. Traurige Kinder, lebensmüde Kinder, was sind das? Was sind die? Kennen die noch nicht das «Ja» zum Leben? Hat man vergessen, ihnen das beizubringen in den Schulen? Dabei winkt es doch von jedem Dach, das «Ja» zum Leben. Wie konnte ein einzelnes Kind nichts davon gehört haben?
Das ist immer noch ein Märchen, auch wenn wir kurz wegen Kindern abgeschweift sind, aber vielleicht gehört das Kind irgendwie dazu.

Vorhang auf, C Zeichen für Musikende.

C: Die Seelen waren also an einem Morgen draußen! An einem Morgen im Mai waren die

Seelen plötzlich draußen und lagen vor ihren Türeingängen und überprüften, ob sie wirklich nicht mehr in die Häuser oder Körper passten wie vorher!

Es war eine seltsame Nacht gewesen! Die Erde ging über diesem Planeten auf! So wie es sich die Befürworter der Erde immer gewünscht hatten. Die, die die Erde liebten und für den Jaguar sprachen im südamerikanischen Regenwald, so als hätte der keine Sprache. Das ist so komplex, diese eine Sache, dass, wer für die anderen redet, sie etwas entgegennehmen lässt. Deshalb wachten die Seelen hier auf und nahmen nichts mehr entgegen. Keine Fürsprache von jemandem, der sich um sie kümmerte. Denn das ist ja das Grässliche! Um die Seelen kümmern sich meistens alle, aber nicht um die Körper. Das mit den Seelen, um die sich alle kümmern, ist dieser christliche Paternalismus, der in allem steckt, speziell in den Häusern und den Seelen in ihnen. Aber plötzlich waren die Seelen nicht mehr drinnen, und sie mussten sehen, wie sie draußen klarkamen! Davon kündet dieses Märchen, das sich im Übrigen klar darüber ist, dass, wer kündet, vernichtet! Wer von etwas erzählen will, schafft es aus der Welt. Deshalb wären die besten Geschichtenerzähler die Polizisten. Die nämlich wollen wirklich Leute aus der Welt schaffen und schreiben Notizen auf, dass jemand auf der Straße vagabundiert oder diverse Früchte gestohlen hat, und das ist dann vielleicht der Satz, der bleibt von uns, die Verfehlung, das, was das Leben verfehlt, das, worin wir verfehlen, und nicht das, was uns verfehlt, das bleibt vielleicht von uns.

L: Schluss jetzt mit diesen Monologen. Wir brauchen einen Plot. Ein Brief! *(Liest)* «Lieber Neffe! Als Hochzeitsgeschenk gebe ich dir ein Haus und das Gelände Nummer 99 in der Apfelstraße. Wünsch dir alles Gute. Onkel Mike.» Hast du das gehört?

C: Was ist denn das für ein Nebel? Wo kommt denn plötzlich dieser Nebel her? Und warum schneit es? Wo kommt denn der Schnee her?

L: Du bist doch der Typ, den sie meinetwegen verlassen hat!

F: Hier ist das Haus! *(Schleppt eine Kiste an)* Das Haus ist in der Kiste. Das Haus ist die Kiste!

L: Aber das ist doch viel zu klein! Er hat doch geschrieben, er schenkt uns ein Haus.

F: Aber er hat nicht geschrieben, wie groß es ist!

L: Wo ist denn die Gebrauchsanweisung?

C: Was ist das für ein Brief? Er ist adressiert an jemanden mit Namen Victoria Owkins.

F: Das heißt Hawkins.

L: *(zu F)* Sei bitte ruhig. *(Zu C)* Ja, ich bin's offensichtlich nicht.

F: Nein, er ist offensichtlich nicht Victoria Hawkins.

C: Offensichtlich. Also was sucht dieser Brief bei dir?

F: Na und? Zufälligerweise lieben Sie mich.

C: Schicksal. Ich will dich nicht mehr sehn. Du musst sofort verschwinden. Mein Mann kommt gleich nach Hause. Ich kann nichts dafür. Aber dein Körper ist jetzt zu lange weg, und die Informationen über dich erreichen mich leider immer noch wegen diesem scheiß Internet. Du kannst dich gar nicht verflüchtigen, Geist, Seele, Internet, obwohl der Körper längst ein anderer ist, schon so lange weg von mir ist. Und trotzdem bekomm ich immer noch Nachrichten von deinem Leben. Es ist wie ein Roman, der völlig entkörperlicht ist

statt entwerkt. Das machen die doch alle, die Texte, der Geist, die Seele, das Internet. Sie wollen unsterblich bleiben. Die Themen, alles will unsterblich sein, und die Körper, von denen man sagt, dass sie nun gerade nicht unsterblich sind, sind es doch, indem sie altern, sterben, zu etwas anderem werden. Mein Alltag kann nur mit Philosophie bearbeitet werden. Auch wenn er noch nicht der Alltag von euch allen ist.

L: Nein, wir sagen heute Abend: Die Themen sind nicht unsterblich und die Seele auch nicht. Es muss ums Sterben gehen im Land des Exit! Um die Unsterblichkeit der Körper, die wollen einfach nicht weg! Und überall findet man sie, wie die 150 Urnen im Zürisee! Exit weiß ja auch nicht, wohin damit! Die nennen sich Exit und wissen nicht, wohin mit den unsterblichen Überresten!

C: Hier können wir doch nur «Unsere kleine Stadt» spielen! Und es liegt mir nicht, mich zu beklagen.

F: Natürlich nicht, das sieht Ihnen doch jeder an.

L: Nein! Tatsächlich?

C: Ja.

F: Wunderbar!

L: Sekunde. Was ist so wichtig?

F: Apfelstraße 99!

C: Was ist daran wichtig?

F: Die Adresse.

L: Das ist doch meine Adresse!

C: Ja eben.

F: Da hinten war ein Schild mit der Nummer 99.

C: Wo denn?

F: Hier ist ihr Haus!

L: Das ist unser Haus?

F: Ich hatte doch ein großes Thema mit dir! Wie kann das denn jetzt plötzlich so klein geworden sein? Und ein kleines Thema, um das ich mich nie gekümmert habe, ist plötzlich so groß geworden.

L: Was ist das?

C: Was?

L: Das!

C: Ein Haus! Das siehst du doch.

L: Ja, aber wo willst du damit hin? Gib's zu, es gehört deinem Liebhaber.

C: Nein!

L: Nein?

C: Was machst *du* denn hier?

L: Ich bin draußen.

C: Ja, das seh ich.

F: Wo geht es hier hin?

L: Wer ist *sie* denn?

F: Nutten sind die Kennerinnen der Städte.

C: Ich weiß nicht, wie das passiert ist, Liebling! Du bist da drin, und ich komm nicht mehr rein zu dir.

L: Ich frag mich, warum du immer wo reingehen willst?

F: Ich brauche Nähe. Ich brauche jemanden. Jemanden, und nicht jemanden von der Straße.

C: Was machst du denn hier?

L: Ich bin hier zu Hause. Na ja, nicht ***hier***! Da drinnen!

C: Wo zeigt sie denn nur immer hin?

F: Lucien! Kommen Sie rein!

C: Wo rein?

L: Ein bemerkenswerter Mensch mit einer ganz unglaublichen Energie.

C: Wo ist denn der Rückzugsbereich für das hier ***(weist auf sich)***? Ich kann doch nicht immer draußen sein! Es gab doch mal so was wie drinnen.

L: Nein! Da drinnen ist gar nichts. Und da war nie was. Wir müssen Außenbeziehungen führen. Und jetzt hör auf zu jammern.

C: Ich bin nicht mehr die Stärkste, wissen Sie? Eigentlich hab ich das hier angenommen, weil mein Arzt sagte, ich könnte keine Anstrengung vertragen.

F: Los! Bring deine Sachen da rein!

C: Wo rein? Liebling, ich weiß nicht, was du meinst.

Telefon klingelt.

L: Irgendwie gelingt es mir hier nie, ans Telefon zu gehen.

F: Das Kratzen, deine Hand in meiner, das ist das Äußerliche. Und das ist nicht zu sehen, das ist das Problem. Es kann leider nur das Innerliche gesehen werden. Irgendwelche Projektionen.

C: Aber ich sehe hier nur außen!

L: Hier ist alles immer draußen.

F: Nein, es ist drinnen. Siehst du das denn nicht?

C: Die Seelen sollen immer da drin sein. Aber ich hab es immer geahnt, wenn ich an den Fenstern vorbeiging. Dahinter ist immer dasselbe, es ist ekelhaft. Wie in der Arche Noah. Es sieht so aus, als ginge da immer was anderes rein. Aber da geht immer nur ein und dieselbe Sache rein: Penis und Vagina.

L: Hier waren doch mal Zimmer und nicht nur Straßen.

C: Handy! Was machst du denn hier, du musst doch auf dem Weg nach Tokio sein!

F: Hier wurde immer die Gier repräsentiert. In Analogien, in Bankergeschichten, aber nicht mehr, seit das nicht mehr geht, im «Kaufmann von Venedig» … Aber hier wurde auch immer gleichzeitig die Kreativität repräsentiert, in der Figur des Schauspielers, des Regisseurs, aber zum Beispiel nicht in der Figur der Souffleuse. Aber die darf ja plötzlich auch mit auf die Bühne! Und sie findet das auch nicht ungewöhnlich. Warum finden Sie das nicht ungewöhnlich, hier draußen zu stehen?

L: Hör auf, diesen Herrn anzuschreien!

C: Was ist mit uns nur passiert? Wir sind zu groß geworden?

F: Wie konnte das passieren!

L: Die Straßen von San Francisco.

F: Ist das nicht Apfelstraße 99?

L: Hank, du musst jetzt das Haus aufbauen!

C: Das sieht so unpersönlich aus, wenn wir hier draußen Beziehungen führn.

L: Ja, ich weiß nicht, ich dachte, wir wären zusammen, aber unsere Beziehung muss unpersönlich sein, denn sie findet hier draußen statt, und ich war noch nie mit dir irgendwo drinnen.

F: Ja, du hast recht. Ich dachte, wir lieben uns, aber wir haben eine ganz unpersönliche Beziehung. Die findet immer draußen statt.

C: Aber weißt du, mein Schatz, alles, was draußen stattfindet, muss nicht automatisch unpersönlich sein.

L: Ich bin es aber so gewohnt.

F: Was macht ihr denn hier?

C: Wir können keine Nähe entwickeln.

L: Wir mussten hier taktvoll ins Unpersönliche überleiten.

F: Was ist denn das? Häuser?? Wo sind denn die Innenräume?

C: Wie es aussieht, gibt es keine Innenräume mehr, und wir müssen hier draußen spielen.

L: Nein, das mach ich nicht. Ich spiel nicht in der Öffentlichkeit!
Das Publikum ist schon da, und die Schauspieler streiken.

C: Was machen wir denn jetzt?

F: Jetzt müssen wir wohl selber ran!

L: Ich schlüpfe in die Rolle der fahrenden Frau.

CLIP

L: Wir können keine Nähe entwickeln, Liebling! Alles, was ich da drinnen an Abgrenzungen aufgetürmt habe, ist hier draußen gar nicht mehr anschlussfähig.

C: Hier ist für eine Nahwelt einfach kein Raum.

F: *(zum Haus)* Was ist nur mit dir? Du wirkst so verschlossen!

L: Du redest mit einem Haus, ist dir das klar?

C: Ja, aber da drin muss doch jemand sein.

L: Da ist aber niemand drin, wir sind hier draußen. Wir kommen nicht mehr rein!

C: Ich steh hier in der Straßenbeleuchtung herum, unter dem Mond oder unter der Erde. Moment mal, wenn das die Erde ist, wo sind *wir* denn hier?

L: Seit du immer herumfährst, hab ich überhaupt keine Nahwelt mehr.

F: Was??

C: Ich kann hier nur unpersönliche Beziehungen führen, hier draußen. Und zwar ganz viele. Das musst du verstehen.

F: Aber Liebling! Das kann doch nicht sein. Tu mir das nicht an!

C: Das hier ist Geld! Das hier *(zeigt auf ihren Körper)*. Das will mehr sein als immer nur eine Sache, so was wie Nahwelt. Ich will mehr sein. Ich will alles Mögliche an unpersönlichen Beziehungen sein.

L: Oder wollen Sie mich auf den Arm nehmen?

F: Nein.

C: Ja.

F: Der Selbstbezug, die Selbstausdehnung wird schon vom Geld besetzt. Das ist das Problem der Subjektivität. Da in uns drin ist nur Geldähnlichkeit.

L: Und die muss jetzt raus!

F: Wir wollten noch über den Lohn sprechen. Ich sagte Ihnen ja schon …

L: Machen wir, machen wir. Nur jetzt nicht. Liebling!

C: Vielleicht muss man in der Liebe suchen, was einem tagtäglich sowieso geschieht, dass

die unpersönlichen Beziehungen, bei denen wir auf den eigenen Vorteil bedacht sind, sowieso bei allen das Normale sind, wie Sex und ein Gespräch mit einer Nutte, die meine große Liebe ist. Da gibt's keine Verwirrung mehr. Und wer jetzt sagt: Aber die Liebe, die ist doch gerade nicht auf den eigenen Vorteil bedacht – da kann ich nur sagen: Wenn sie rausgeschrieben ist, ist das vielleicht noch die einzige Möglichkeit, von ihr zu künden. Die, die sie nicht wollen! Das waren sowieso die geliebten Wesen, die die Liebe nicht wollen. Die nicht wollen, dass man Songs über sie schreibt oder ganze Romane, weil die sie natürlich immer schon rausgeschrieben haben aus der Welt.

L: Die, die uns aus der Welt schaffen wollen, die schreiben Sätze auf, Polizisten zum Beispiel, die uns aus der Welt schaffen, und das sind die Sätze, die von uns erzählen. Aber die Sätze, die von uns erzählen wollen, die schreiben uns aus der Welt.

C: Aber wenn sie eine feste Anstellung haben und zur Untermiete wohnen, warum stehlen sie dann – diverse Früchte?

F: Und du hast meine Brieftasche! Darf ich mal?

L: Wieso müssen *wir* denn jetzt ran? Nur weil die Schauspieler streiken?

F: Weil Kreativität nun mal von jedem erwartet wird.

C: Dagegen kannst du nichts tun. Weder hier draußen, noch da drinnen.

F: Ja, aber früher hätten wir dann wenigstens eine Rolle spielen können, aber jetzt müssen wir wir selbst sein. Und wer will schon weniger gut er selbst sein?

L: Nein, wir spielen jetzt eine Rolle, das muss doch noch gehen! Ich muss mir doch was anziehen können, was ich hin und wieder auch wieder ausziehen kann!

C: Und was nun interessant daran ist, dass es sich bei der Kreativität eigentlich um ein Ausnahme-Phänomen handelt, das einmal nur eine herausgehobene Minderheit betraf. Nämlich die streikenden Schauspieler.

L: Ja, aber jetzt nicht mehr. Jetzt betrifft es alle.
Zieh das an!

C: Mist! Unsere Liebe ist schon wieder in den öffentlichen Raum vorgedrungen! Und plötzlich ist es hier auch nicht mehr erlaubt, Persönliches der Kommunikation zu entziehen. Wie bei uns beiden, als wir noch da drinnen waren, da mussten wir uns doch immer alles sagen, kannst du dich erinnern?

F: Ja, obwohl du natürlich wusstest, dass dir nicht alles zugänglich sein kann von dem, was ich bin.

L: Natürlich konnte ich da drin, als wir uns da drin liebten, kein Desinteresse an dir bekunden. Aber das kann doch nicht auch für hier draußen gelten! Ich kann doch wohl an denen hier draußen desinteressiert sein.

C: Nein, das geht jetzt nicht mehr, und jetzt halt die Klappe!

F: Oh mein Gott!

L: Nein, ich will hier draußen nicht lieben.

F: Das Problem ist ja gerade, dass wir hier draußen nicht mehr spielen. Das ist ja nicht das Problem, dass alle spielen. Nein, die sind hier draußen ja alle sie selbst. Dieser totale Terror.

C: Die Polizisten wollen jetzt plötzlich um ihrer selbst willen geliebt werden. Na, vielleicht nicht unbedingt die Polizisten. Aber die Verkäuferinnen.

L: Oh Mist! Da ist schon wieder diese Verkäuferin, die unbedingt sie selbst sein will.

F: Was? Ich bin keine Verkäuferin.

C: Ja, das tut mir ja eben auch sehr leid, dass sie keine Rolle mehr spielen.

L: Was?

C: Der Bedarf, sich selbst als einzigartig zu stilisieren, ist keine menschliche Konstante. Heute ist es eben anders.

F: Hier draußen konnte man doch mal ganz gut kommunizieren mit den Rollen, die einem da begegneten: Polizisten, Verkäuferinnen und so weiter.

L: Ja gut, die sind jetzt aber auch alle sie selbst und kreativ. Und dass die Hausmeister jetzt schnittige Jacken tragen und keine grauen Kittel mehr, hat unmittelbar mit Jackson Pollocks Tröpfelbildern zu tun.

F: Wie zeigt man Frauen am Steuer? Und wie zeigt man tröpfelnde Künstler? Also Künstler, die Farbe auf eine Leinwand tropfen lassen, und warum? Und wie zeigt man Frauen?

C: Die Seele ist ja eben nicht ausgerechnet eine schleierhafte Identität, die aus dem Gefängnis des Körpers ausbricht. Da ist ja gar nichts drinnen, was unbedingt raus will.

L: In mir ist nichts, was unbedingt raus will.

F: Dann sollten wir hier draußen wieder eine Rolle spielen. Zum Beispiel die von zwei Leuten, die sich lieben.

L: Ja, aber in der Liebe ist es nun mal nicht erlaubt, Persönliches zu entziehen. Die Gefühle kommen nun mal daher, dass wir den Code, alles auszuplaudern, mit Gefühlen verbinden. So, und jetzt hau ab oder verschwinde!

C: Herbert! Sehen Sie diese Erde?

L: Ja, sehr schön.

C: Wenn ich morgen mit Handy Hank hier sitze, will ich diese Erde in meinem Champagnerglas sehen. Und Sie hier überhaupt nicht.

L: Liebe ist keine Anomalie, sondern eine ganz normale Unwahrscheinlichkeit.

C: Also wegen meines Lohnes …

F: Gehen Sie in die Küche!

C: Hören Sie auf, das zu sagen, ich will nicht, dass man von mir erzählt.

L: Sie darf dich hier nicht sehn. Du musst mit ihr essen gehen.

F: Und wie soll ich das machen?

L: Wie, weiß ich auch nicht. Geh mit ihr essen. Esst viele Gänge.

C: Und wenn sie keinen Hunger hat?

L: Sie muss einfach, sie muss Hunger haben.

C: *(zu F)* Sie müssen einfach mit mir essen gehen und mir helfen, mich vor mir selbst zu schützen.

F: Hier ist ihr Haus!

L: Das ist unser Haus? Das ist doch nur ein Brief!
«Lieber Klient. Das Testament Ihres verstorbenen Onkels wurde eröffnet. Bitte holen Sie sich die 100 000 Dollar ab, die er Ihnen hinterlassen hat. Yours truly.»
Oh mein Gott, er ist reich.

F: Das können hier unmöglich die Straßen von San Francisco sein. Liebling! Das ist bestimmt Mr. Scrooge, der Hausbesitzer, der wegen der Miete mit Ihnen sprechen will. Er will Geld sehen.

L: Sagen Sie ihm, er soll nebenan suchen. Da ist mehr Licht … und auch mehr Geld.

F: Er war schon fünfmal hier, bevor Sie gekommen sind.

L: Ist er das?

C: Ja, es ist Mr. Scrooge.

L: Ist das Haus hier für Sie?

F: Ja.

L überreicht F eine Kiste, sie fällt auf F drauf, L sucht F, findet ihn unter der Kiste und fragt nach einer Unterschrift.

L: Sie müssen hier noch unterschreiben! Wo sind Sie denn?

F: Sie hasst mich, das weiß ich!

C: Oh nein, bestimmt nicht! Ist ja auch unwichtig, wie steht's mit essen gehen?

L: Was liest du da?

F: «Große Erwartungen».

C: Und wie ist es?

F: Ich hatte mir mehr davon erhofft.

C: Ich habe gelesen «Ich bin mein größter Feind. Leben mit dem Borderline-Syndrom», da drin wird aber das Ich gar nicht als größter Feind behandelt. Darum geht es da gar nicht. Sondern nur um den dauernden Verlust von Ich. Es riecht danach, interessant zu sein, aber es ist doch wieder nur eine dreiste Verlustgeschichte.
(zu F & L) Wer von Ihnen ist Michelle Hudlesten?

F: *(zeigt auf L)* Das ist *sie*!

C: Pussycat?

F: Mein Mädchenname!

L: Wen möchten Sie denn sprechen?

C: Mr. Tilson.

F: Mr. Tilson senior oder Mr. Tilson junior?

C: Oh, das weiß ich nicht.

L: Na, ist er ein großer Mann oder ein kleiner Mann?

F: Er ist klein.

L: Oh, dann meinen Sie Mr. Tilson junior. Aber hier gibt es niemanden, der so heißt. Sie müssen sich in der Tür geirrt haben. Wiedersehen.

C: Du musst hier weg.

F: Aber warum denn?

L: Du weißt doch, ich bin verheiratet. Ich hab jetzt eine Nahwelt, und dic darf dich hier nicht finden.
Ich verstecke dich draußen. Da kann man dich nicht sehen.

C: Aber man sieht mich doch. Ich bin doch für jedermann zu sehen.

L: Die Körper sind nicht zu sehen!

F: Und die Sprache auch nicht, die hier vorne ist! ***(Zeigt vor seinen Mund)***
So ist das nun mal.

L: Wir treffen uns dann am vereinbarten Treffpunkt. Viel Glück.

F: Ja gut, aber wenn du gehst, sollst du etwas ganz Persönliches von mir mitnehmen. ***(Gibt ihr ein Haus)***

L: Oh, das ist wirklich sehr persönlich.

C: Das war mal eine Immobilie. Natürlich jetzt nicht mehr.

F: Erinnerst du dich an den Mann, der in die
 Bank von Konstantinopel ging und herauskam mit der Bank von Konstantinopel?

L: Ernesto?

C: Genau der bin ich.

L: Du musst dich verstecken.
Können Sie uns auf Polnisch vermählen?

F: Ja, ich spreche gar keine andere Sprache. Da müssen Sie aber ins Polenviertel.

C: Im ausländischen Teil einer großen Stadt lebte einst ein junger aufstrebender Künstler.

F: Nein! Hier kann ich nicht spielen. Hier wird das Mysterium meiner künstlerischen Kreativität öffentlich gemacht. Hier draußen.

L: Ich seh dich an, und ich sehe eine gleichzeitige Mythologisierung und Entmythologisierung des Künstlers als kreatives Subjekt.

F: Ja, weil die da nur gekommen sind, um mir bei der Arbeit zuzusehen! Seit ich hier oben entmythologisiert wurde. Und die Kunst so entzaubert ist, weil man mir dauernd dabei zusieht, wie ich sie mache, und nicht mehr der Geschichte folgt, sondern dem Mythos vom Künstler.

C: Wann hat man uns hier ertappt und uns bei der Aktion gesehen, bei unserem kreativen Schöpfungsprozess? Seit wann bin ich hier öffentlich? Also das, was ich hier mache, spielen, kreativ sein! Seit wann wissen die da draußen, wie das hier geht!

F: *(zwischen den Häusern)* Wann wurde das hier öffentlich? Ich hab mich doch eigentlich nie dabei ertappen lassen, wie das eigentlich zustande kommt. Das hier! *(Weist auf sich)*

C: Die ganz großen Themen im Theater wie «Gier» bekommen es jetzt mit der Universalisierung der ganz kleinen wie «Kreativität» zu tun. Denn warum sonst verliert das Theater, das sich doch weiterhin den großen Themen widmet, an Zuspruch.

L: Ich komm damit nicht klar. Dass man uns hier zusieht, das entzaubert doch die ganze Kunst.

C: Wir wollten «Unsere kleine Stadt» spielen, aber die Schauspieler streiken oder sind vor ihren Häusern aufgewacht. Was machen wir jetzt?

F: Jetzt können wir mit der Hochzeit weitermachen.

CLIP

F: Über eine Hochzeit lässt sich eine Menge sagen, während einer Hochzeit geht einem vieles durch den Kopf. Sie sind normalerweise ausgesprochen schlicht und kurz. Bei dieser Hochzeit spiele ich den Pfarrer, also ist es mein Recht, dazu noch das eine oder andere zu sagen.
Dieses Stück heißt «Fahrende Frauen». Buster

Keaton hat es geschrieben. Sie sehen darin Frau C, Herrn F, Frau L und viele andere. Es spielt in einer Stadt, die Zürich heißt, und liegt in Zürich, gleich hinter der Grenze zu Massachusetts, 42 Grad 40 Minuten nördlicher Breite, 70 Grad 37 Minuten westlicher Länge. Denn es gibt ja eine direkte unterirdische Verbindung zwischen Fondue und den Burgern. Der erste Akt zeigt einen Tag in unserer Stadt. Der Tag ist der 7. Mai 1901. Also vor etwas über 110 Jahren. Die Zeit kurz vor dem Morgengrauen. Die Hochzeitsglocken läuten.
(Hochzeitsglocken)
Drüben im Osten wird es am Himmel langsam hell hinter unserem Berg. Es beginnt zu schneien. Der Morgenstern leuchtet immer so herrlich, kurz bevor er erlischt, nicht wahr? Ich zeige Ihnen lieber, wie es in unserer Stadt aussieht. Hier ist die Hauptstraße. Da hinten ist der Bahn-

hof, die Gleise führen dort entlang. Das Polenviertel liegt hinter den Gleisen, da wohnen auch ein paar Familien aus Kanada. Da drüben ist die Kongregationalistenkirche, gegenüber die presbyterianische. Methodistische und unitarische sind da drüben. Baptistische in der Senke am Fluss. Die calvinistische Kirche steht auf der anderen Seite der Gleise. Warum sie jetzt im Morgengrauen heiraten? Mrs. Gibbs und Handy Hank, ich weiß es nicht. Warum sie überhaupt heiraten? Hochzeitsglocken haben so einen süßen Ton, aber so ein saures Echo.
Da kommt Howie, der die Milch ausfährt! Und da ist ja auch Peter Jecklin, er notiert seinen ersten Klavierverkauf in ein kleines blaues Milchbüchlein. Das Pianohaus Jecklin steht am Hirschengraben. Kurz darauf wird das Pfauenhaus Ecke Rämistraße 30/Zeltweg 2 übernommen. Später werden die beiden Söhne Hans und Peter Jecklin das Unternehmen übernehmen und führen. Aber das interessiert uns jetzt noch nicht.
Sollen wir diese Stadt mit allen Informationen über sie belästigen, mit Meridianen und Celsiusgraden, um sie einzigartig zu machen? Oder erst einmal sagen: Das ist eine Stadt wie alle anderen. Es gibt doch die großen Themen, die sich auch auf diese Stadt anwenden lassen würden.
Mich interessieren nicht die pluralistischen Tierchen in einer Stadt, das Gewusel von Tierchen, Bakterien. Wir müssen sie groß machen, die Menschen, und das, was sie sagen, nicht immer nur zu Meinungen machen! Zu einer Meinung unter vielen.
Die Singularitäten können noch keine Gemein-

schaft zustande bringen, und wir wissen, die Pluralitäten haben nur eine widerliche Gemeinschaft zustande gekriegt, diese hier. Die sich regelmäßig versammelt, um sich der großen Themen zu versichern. Der Gier zum Beispiel! Krieg und Frieden! Schuld und Sühne! So, das war schon die ganze Predigt. War doch gar nicht so lang.

CLIP

C: Es gab doch mal große Themen, die Menschen wurden doch mal von großen Themen umgetrieben, uns hat doch ein großes Thema umgetrieben. Zum Beispiel ein sehr selbstbezügliches, nämlich uns selbst. Den Menschen.

Und darüber hinaus wurden doch die Menschen von großen Themen umgetrieben. Ihr Hass, die Rache, die Gier, die Wollust, die Liebe, der Tod, das Leben. Und dann haben die Leute irgendwelchen Figuren dabei zugesehen, wie die von Hass und Gier umgetrieben wurden. Und dann – und wir fragen uns, wann das und wie das passiert sein könnte – guckten sie auf das, was hinter den Figuren steckte, die Spieler. Und darauf, dass die anscheinend aus einem Nichts schöpften, das nicht mehr so groß war wie das Nichts und Innere von dem großen Michelangelo …

L: … Antonioni. Die Leute sehen also schon seit längerem keine Geschichten mehr. Deshalb vertreten die Stars in Interviews oder in Pressegesprächen auch so sehr die Geschichten. Je weniger es um sie geht, desto mehr wurden die Geschichten verteidigt,

wegen denen man ins Kino gehen sollte, denn keiner konnte aussprechen, dass man sie wegen der Künstlerbiographien sehen wollte …
Die großen Themen sind nur ein Märchen. Ein großes Thema wie die Gier zum Beispiel oder die Wut und die Rache. Das ganz große Thema ist nur ein Märchen. Und als solches wird es hier erzählt. Wie ein großes Thema wie die Gier dafür sorgte, dass ein eher kleines wie die Kreativität so universell werden konnte. Universeller als jeder andere Gegenstand auf dem Gebiet der Darstellungskunst. Da müssen wir auch nicht so müde auftreten und Minarette auf die Häuser pflanzen, um euch eure Gier um die Ohren zu schlagen. Die interessiert niemanden, die Gier. Die gierige UBS oder Nestlé, die Jean Ziegler ausgeladen haben. Wir hätten ihn ausgeladen, weil er den Konzernen nur die bewusstseinsbildende Rolle der Kunst entgegenhalten konnte, wie er sagt. Aber die muss gar nicht verteidigt werden, schon gar nicht bei Konzernen, die auf Kreativität und Eigenverantwortung setzen. Und unter deren Angestellten man auch niemanden findet, der sich nicht mit ganzem Herzen ihm verschrieben hat.
Die Gier ist gar kein Thema mehr. Sie verhindert einen Blick darauf, was die Menschen herumtreibt.

F: Initiative, Beweglichkeit, Kreativität sind die heute entscheidenden gesellschaftlichen Forderungen, die die Individuen nur erfüllen müssen, um an der Gesellschaft teilnehmen zu können. Kreativität hat das alte Disziplinarmodell abgeschafft, ohne freilich die Disziplin abzuschaffen.

L: Ach ja, da ist die Hauptstraße, und da ist Mr. Morgans Jecklin-Haus vor dem Umbau. Ach, die Stadt ist wie damals, als ich ein junges Mädchen war und Jecklin die Vertretung von Steinway & Söhne übernahm. Und 1940 war ja dann die Eröffnung der Musikalienabteilung. Noten und Musikbücher. Es wurde noch nie ein gutes Buch geschrieben, es wurde noch nie gute Musik gemacht, und es gab noch kein Gefühl, das es wert gewesen wäre, gefühlt zu werden.
Wir brauchen Schauspieler! Das Publikum ist da, und die Schauspieler streiken. Gibt es hier irgendwelche Schauspieler?

F & C: Ja, wir!

L: Das ist doch ein Abschluss in Maniküre, Kosmetik und Elektrotechnik. Nehmen Sie Ihr Diplom und gehen Sie mir aus den Augen.

F: Aber das war ein Irrtum. Die Diplome wurden vertauscht.

L: Wo ist dieser Assistent, den ich letzte Woche eingestellt habe?

F: Oh, Sie meinen Monsieur. Er hat gerade angerufen.

C: Ach, er hat angerufen, tatsächlich? Wo hat er das Geld her? Ich habe ihm gesagt, er soll Krankenwagen verfolgen. Wie soll er Klienten ranschaffen, wenn er keine Unfälle auftreibt? Was hat er gesagt?

F: Er sagte, er käme her, um Sie zu treffen.

L: Oh, er kommt her, um mich zu treffen. Er denkt wohl, ich bin nicht gut genug, um rauszugehen und ihn zu treffen. Vielleicht schämt er sich, wenn ich mich da sehen lasse, wo er wohnt. Wo wohnt er eigentlich?

F: Er wohnt hier draußen, seitdem Sie ihn eingestellt haben.

C: Oh, das tut er, tatsächlich? Kein Wunder, dass er sich schämt. Gut, sagen Sie ihm, er soll heute Nacht in der Halle schlafen. Ich erwarte Gäste zum Abendessen. Habe ich irgendwelche Termine heute?

L: Nein, Monsieur, Sie haben überhaupt keine Termine.

F: Gut, dann machen Sie mir welche.

C: Das Theater hat seine Universalität verloren, die es aber naturgemäß noch immer beansprucht, und an die von ihm in die Welt gesetzte Figur des Kreativen abgeben müssen. Das Theater denkt leider wie der kleine Mann und wie die ganz großen Themen denken, das Geld würde den Blick auf die inneren Werte verstellen. Aber es könnte sein, dass die inneren Werte mehr mit Geld zu tun haben, als uns lieb ist. Es gibt eine strukturelle Nähe von Ich und Kapital. Das Geld führt den Akt aus, der das Individuum zum Individuum macht: Selbstbildung, Selbstausdehnung.
Die authentischen Kühe denken immer, sie müssten die inneren Werte verteidigen, gegen

das Geld zum Beispiel und gegen Äußerlichkeiten und gegen die Körper. Aber die inneren Werte – wie bei einem Stück Papier, auf das eine Zahl gedruckt ist, die den inneren Wert zum Beispiel eines Geldscheins darstellt –, die sind es doch, mit denen wir unentwegt belästigt werden.

F: Man klagt ein, dass es doch um etwas anderes gehen müsste als um Geld. Aber man verkennt, dass das, worum es sowieso immer geht, das Innere ist, wie bei einem Geldschein. Da geht es auch immer um den inneren Wert, um das, was draufgedruckt ist. Gekoppelt ans Geld wird aber ausgerechnet immer etwas Äußerliches, das den Blick auf die inneren Wahrheiten verstellt, aber da in uns drin steckt gar keine ewige Wahrheit, außer der, das immer nur *die* in die Welt hinausgeblökt wird.

L: Da sitzen lauter Kreative da unten, und keiner vermisst eine universelle Erzählung darüber! Über Kreativität! Die wollen sich weiter von der Liebe unterhalten lassen.
Jetzt hören Sie sofort auf, mir dabei zuzusehen, wie ich kreativ bin und kreativ meiner Arbeit nachgehe!
Außerdem will ich jetzt keine Ideen mehr haben. Da unten sitzt doch nur ein kreativer Angestellter von Nestlé, der darauf wartet, dass ich ihm ein kreatives Selbst vortanze. Und zwar ohne die Autonomie, die das mal hatte, sondern total diszipliniert.
Das Publikum ist schon da, ja gut. Wenn die sich wenigstens eine Erzählung über Kreativität hier von uns versprechen würden, aber

die sitzen da unten mit der Illusion vor Augen, jemand anderer im Publikum wird sich schon für die Liebesgeschichte da oben interessieren oder eine Geschichte über das Leben von jemandem; sie selbst aber sehen den Schauspielern zu und beobachten sie bei dem, was sie da tun, und normalisieren dann da draußen deren Praxis. Das geht doch nicht. Das kann man doch nicht so verwässern, was wir hier oben machen, das kann doch nicht plötzlich die Normalität sein.
Die will ich mir jetzt mal genau anschauen – die Kreativen.

CLIP

L: Es gibt *eine* Geschichte, die immer erzählt wird, aber die wird verkannt. Dass die Kreativität hier oben auf eine verwässerte Weise ins Publikum sickert und die da unten sich hier die Portion Eigenverantwortung abholen, die sie brauchen, um sie ihrem Arbeitgeber in den Rachen zu schieben. Der sagt immer: «Jetzt will ich von meinen Angestellten aber mal ein bisschen mehr Eigenverantwortung und Kreativität.» Natürlich will er die, aber ohne die Autonomie. Der will die guten Ideen, die die Angestellten nicht zurückhalten können, weil sie dann als eher nichtkreativ rüberkommen würden.
Sophie Rois meinte, an den Klassikern sollte uns das interessieren, was eben vorbei ist. Wir können sie ansehen und sagen: «Das gibt es jetzt nicht mehr. Aber wie seltsam war das, womit sich die Menschen damals beschäftigten.» Mit der Gier und nicht zum

Beispiel mit der Kreativität und dem Entsetzen und der Verzweiflung über Flexibilität und Mobilität. Ja, so war das damals. Das wäre ein großes «Ja» zu der Kluft, die eh im Raum ist. Gerade wenn da oben die Klassiker aktualisiert werden und sie ausgepresst werden, bis etwas für ein Heute dabei herausspringt, ist diese Kluft im Raum, die aber dauernd mit einem «Nein» beantwortet wird. Es wird so getan, als gäbe es sie nicht. In den Theatern wird sowieso oft so getan, als ob. Im Grunde wird dauernd gesagt: «Dieses Stück ist 400 Jahre alt, nein, ist es nicht!» Es ist zum Verrücktwerden. Es ist wie bei dem schon früher gesagten: «Die Geschichte, die der weiße, männliche Heterosexuelle da vorne erzählt, ist meine

Geschichte, nein, ist sie nicht.» Das ist das, was sich für eine weibliche, schwarze Homosexuelle dauernd abspielt, während sie einer Geschichte folgt.
Man ist so machtlos, wenn man an diesen mächtigen Gebäuden entlanggeht.

F: Das habe ich doch schon mit Bertolt Brechts «Schnittchenkauf» versucht klarzustellen! Dass die Illusion, auf der so ein Theaterabend basiert, dass wir einer Geschichte folgen, die universell für uns alle gilt, doch auf Singularitäten trifft, auf Schauspieler, die sich für Schauspieler interessieren, auf ein singuläres Interesse für Leute, die mit Kreativität ihr Brot verdienen. Und dann gab es schon immer die, die die Körper sehen auf der Bühne, weil sie geil auf Körper sind, die haben den Text eben auch schon vorher gelesen und wollen jetzt das Blutjunge sehen und verwechseln das mit Gegenwart.

C: Was wir dauernd vor Augen haben, sind die inneren Werte. Die müssen nicht verteidigt werden, und auch nicht die Meinungsfreiheit! Und auch nicht die Kreativität! Alles Sachen, die nicht verteidigt werden müssen. Aber es gibt die Illusion, dass doch! Dass wir sie doch verteidigen müssen. Und alle tun es die ganze Zeit. Wenn Künstler verhaftet werden, scheint das etwas zu bedeuten. Aber verhaftet doch die Künstler, wenn sie wieder nur «Die bewusstseinsbildende Rolle der Kunst» verteidigen, der Selbstverwertung dabei aber nicht entgehen können. Das ist nicht das Problem, dass einige kein Liebesgedicht schreiben könnten, die können es alle, über die bescheuerte Liebe reden, aber eben nicht über «Die bewusstseinsbildende Rolle der Kunst» und sie endlich das Klo runterspülen. Man sieht doch ganz klar, dass die nicht verteidigt werden muss, die bewusstseinsbildende Rolle der Kunst. Deshalb sind die Liberalen ja gegen die Burkas und nicht gegen Madonna, die doch gesagt hat: Express yourself! Die Burka sagt aber: Don't express yourself!

L: Es ist ganz normal, dass alle kreativ sind. Wir werden eben nicht zur Normierung gezwungen, sondern zur Kreativität, zur Selbstverwirklichung. Den Zuschauern ist es doch auch längst langweilig geworden, Rollen zuzusehen, seit sie sich draußen in ihrer Wirklichkeit nicht mehr von erzwungenen Rollen befreien müssen. Rollen schränken doch ein, das wissen die Zuschauer am besten, die arbeiten doch alle an ihrer Selbstverwirklichung. Die kriegen doch die Krise, wenn sie plötzlich wieder Rollen sehen sollen. Nein, die sitzen da und denken, um sie herum sind alle interessiert an den Rollen, sie selbst aber sind nur interessiert daran, wie sie gespielt werden oder ob die Schauspieler damit Erfolg haben. Die Schauspieler ja auch, die wollen ja nur ganz viele Rollen spielen, wenn sie immer nur *eine* Rolle spielen dürften, dann würden sie das ja auch als Entfremdung erleben. Es gibt allerdings einen Schauspieler im deutschsprachigen Raum, der immer dann gefragt wird, wenn irgendwo «Das Fest» von Thomas Vinterberg gespielt wird. Da gibt es die Rolle eines Schwarzen, und

dieser schwarze Schauspieler hat sie schon in mindestens zehn Städten gespielt. Aber vielleicht sollte der froh sein über diese erzwungene Rolle, der ist dann wenigstens nicht mehr belästigt von der versprochenen Selbstverwirklichung in diesem Beruf, sondern nur von Rassismus.

Die müssten sich doch stattdessen die Autonomie abholen im Theater, aber sie haben die künstlerische Praxis rezipiert, ohne die Autonomie der Künstler. Die glauben, sie könnten das hier auch. Ja gut, dann macht mal!

Nein, die ganze Angelegenheit im Zuschauerraum verwässert die Kunstproduktion. Das wird nur noch die Überprüfung, ob auch alle schön kreativ waren und sich dann alle doch eher fabrikmäßig abgeschuftet haben an dem Befehl der Kreativität. Nein, ich will nicht kreativ sein, jedenfalls nicht, wenn die da unten es sind. Kreativ, aber diszipliniert.

C: Die da unten sehen doch hier oben nur, dass da niemand seine Kreativität zurückhalten kann. Dass hier oben alle sofort kreativ werden, wenn sie die Bühne betreten. Und so will das doch jede Firma, jedes Dienstleistungsunternehmen, und so will das auch Nestlé von seinen Mitarbeitern. Und wenn Jean Ziegler einen Vortrag über die bewusstseinsbildende Rolle der Kunst halten will, um Nestlé eins auszuwischen, da kann ich nur sagen: Viel Spaß im Konsens.

F: «Ich kaufe ein ‹A› und möchte lösen …» «Bockwurst.» Ich hab kein ADS, ich bin nur … OH, GUCK MAL, EIN EICHHÖRNCHEN!
Dieser Körper ist außerhalb von sich. Manchmal wenn ich scharf genug sehe (denke), dann sehe ich nicht die Seele in einem Körper zappeln, sondern den Körper an der Seele. Und wenn ich noch schärfer sehe, dann ist da vielleicht die Seele, die Außenbeziehung des Körpers mit sich selbst.

C: Die Körper sind ewig! So ewig wie ein Blatt, das im Herbst gelb wird. Das sind wir vielleicht. Aber, und jetzt kommt der große Unterschied, nicht, indem wir uns darin wiedererkennen, verstehen Sie? Wir sind das Blatt und nicht *wie* ein Blatt. Das heißt, sich eben im Blatt nicht wiederzuerkennen und dabei immer nur auf das zu verweisen, was sich in dem Blatt wiedererkennt, das Innere. Nein, wir sind das Blatt ganz äußerlich. Dass es nie wiederkommen wird, jedes einzelne Blatt, dass niemand von uns je wiederkommen wird, das, was hier voreinander steht, das macht uns ewig. Und nicht, dass wir uns reproduzieren. Die Kinder sind es nicht, die uns ewig machen. Die Kinder selbst sind ewig. Es gibt nicht *den* Menschen. Darin steckt so was wie Unsterblichkeit. Man muss es nur darin finden, in dieser anderen Konstellation eben, dass wir das Blatt sind. Und nicht wie! Das ist vielleicht das Verbrechen der Poesie, dass sie uns von uns trennt, indem sie nur wiedererkennt. Alles, auch das Blatt, verweist dann nur auf das eine, total Abstrakte. Auf die Ähnlichkeit. Aber die gibt es eben nicht. Es gibt Trillionen von unterschiedlichen Wesen, die nichts vereint außer dem Entschluss, eine Konversation zu starten.

F: Das ist das Verbrechen der Lyrik, das auch Brecht nicht vollständig ausmerzen konnte. Wir sind wie das gelbe Blatt, ja, auch schon mit 15, und nicht etwas, das sich im Blatt wiedererkennt. Wir müssen aufhören, das immer und immer wieder zu installieren. Ich bin etwas, das sich in nichts wiedererkennt. Und ich will sagen: Das bin ich also, was sich in nichts wiedererkennt. Nicht immer wieder verweisen auf diese Ödnis, die die eigene Existenz im Blatt wiedererkennen will, damit sie nie verloren geht. Aber die geht verloren, und es ist auch nicht schade um sie. Aber wenn wir ein gelbes Blatt wären, gingen wir nicht verloren.

C: Mich wundert auch immer, dass die Tonleute im Verlauf der Vorstellungen die Vorstellungen in der Lautstärke herunterdimmen. Sie wollen uns nicht mehr hören, aber was können wir tun, damit sie uns wieder hören wollen?

F: Das ist ja alles nicht zynisch gemeint, dass die Zuschauer an andere Dinge denken während einer Vorstellung, als der Geschichte zu folgen, nein, gemeint ist nur, dass wir darauf reagieren müssen. Aber nicht mit Jammern. Es gibt hier kein Jammern darüber, dass jemand ins Theater geht, weil er gehört hat, dass hier ein paar Schnittchen verteilt werden. Der weiß dann ja selber, dass immerhin noch jemand im Zuschauerraum sitzt, der wenigstens der Geschichte folgt. Und auch wenn ich sage, der ist nicht mehr da. Dann ist das alles nicht zynisch gemeint.

C: Der Tod ist vielleicht die wahrhafte Gemeinschaft der sterblichen Wesen. Und wie kommen wir zu der, zu dieser Gemeinschaft? Was stellt mich denn am gründlichsten infrage? Das in mir drinnen? Was stellt das am gründlichsten infrage? Nicht mein Verhältnis zu mir selber als endliches Wesen oder das Bewusstsein, zum Tod bestimmt zu sein, sondern meine Anwesenheit bei dem anderen, der sich im Sterben absentiert, der sich im Sterben gleichzeitig verabschiedet und noch da bleibt.
Der Tod ist das Ende der Erzählungen. Der Tod, das ist der Anfang vom Ende des Geschichtenerzählens. Wir sollen nicht mehr sagen, wer wir sind im Tod. Da ist die absolute Schönheit. Da ist die Freiheit und die Schönheit, im Tod. Ich hab es an meiner Mutter gesehen, am Sterben meiner Mutter, dass meine Mutter mich von allen Geschichten befreite. Und ich konnte mich noch an das Telefonat erinnern, wo ich ihr eine Wahrheit über mich sagte, alles Regulierung,

das wusste sie jetzt im Tod, dass ich mich nur regulierte in meiner Beichte. Die Wahrheit war gar keine über mich, das ist es. Ich liebte sie, weil sie mich endlich von dem Leben befreite, in dem ich ihr Kind war und sie meine Mutter, wir waren etwas ganz anderes. Und wir beide konnten auch Auge in Auge über die Langeweile des Sterbens reden, das ist völlig undramatisch, obwohl wir gerade da uns das Drama erzählen sollen, aber das, was völlig undramatisch ist, ist der Tod. Ich muss doch über dieses Wesen reden können, was da vor mir starb und in dessen Anwesenheit ich ein anderer werden konnte, zu dem anderen: meine Mutter. Ich weiß, dass ich ein anderer bin in der Anwesenheit eines Sterbenden. Ich weiß es nicht von den Geschichten, nach denen ich mich regulieren soll. Nein. Da ist nichts von dem Wissen, das mir der Körper meiner Mutter weitergegeben hat. Meine Mutter gibt mir ihr Wissen weiter über ihren Körper im Sterben, das ist es. Dieses Wissen und nicht die Geburt, zu der sie sich verpflichtet fühlte. Da ist mein Ursprung.

Mutter, du wolltest keine Kinder. Und das war zu spüren, und noch auf deinem Sterbebett hattest du Angst, dass das auffliegt, mit all deinen Kindern am Sterbebett. Mein Gott. Und ich redete mit dir und entdeckte in dir was, und das war keiner der Schmerzkörper, die sich noch im Sterben den anderen zuwenden, wie in Filmen, nein! Das war ein Schmerz, der nur auf sich gerichtet war. Ein Wesen, das ich noch nie gesehen hatte. Das hielt für einige Augenblicke meine Aufmerksamkeit! Und es ist aber so, dass ich mich

auch langweile an einem Sterbebett. Auch wenn ich wirklich für eine Sekunde dachte, ich müsste von jetzt an in einem Sterbehospiz arbeiten, um nur einen Funken von dem zu verstehn, was da vor sich geht.
Die Lustkörper und die Schmerzkörper, was haben die eigentlich gemein, mein Schatz? Sie lassen sich nicht mehr unter den Bedingungen des funktionalen Lebens sehen, geschweige denn spüren. Du bist keiner Welt mehr zugewandt, nicht mal mehr einem anderen, wenn du hier stirbst, und du nicht, wenn du hier fickst. Es gibt keinen «anderen» mehr im gewöhnlichen Sinne, Verschmelzung gibt es nicht. Dein Lustkörper ist nur auf sich selbst ausgerichtet, genauso wie der Schmerzkörper. Was der Schmerzkörper verweigert, ist dasselbe, was dein Lustkörper beansprucht: ein neu zusammengesetzter Körper. Oder zersetzte, über-zusammengesetzte Körper. Verstehst du? Sich selbst fremd werden. Um sich auf sich selbst wie auf einen anderen zu beziehen. Oder vielmehr auf sich selbst, insofern der andere ihn angeht, um ihn zu genießen, um ihm seinerseits Genuss zu verschaffen. Wir werden das andere oder vielmehr wir selbst, damit Genuss stattfinden kann. Das ist alles draußen, auch der Genuss. So verschieden wir sind, wir sind eine Gemeinschaft, wir können uns sogar genießen, eben außen. Du konntest dich auf dich selbst wie auf einen anderen beziehen. Und das wäre doch was, wie man weitermachen könnte!
Liebling, du kannst mir wie Rocco ja auch ganz gut vormachen, dass du mich liebst. Und weil du eben zum Küchen- oder Hinterbühnenpersonal gehörst, kannst du dir das, dieses

ganze Liebeszeug, wenn du hinter mir die Tür schließt, wie eine Rolle wieder ausziehen, und du kannst andere lieben und konspirativ sein. Ohne Rollen können wir das nicht mehr. Wir können nicht mehr konspirativ sein, weil wir, wenn wir den Betrieb lieben, ihn dauernd lieben müssen. Jedenfalls wird das von uns erwartet. Der Kapitalismus zwingt uns zur Liebe, ist dir das klar? Und da ist es doch gut, dass einige von uns, wie du, Techniken erlernt haben, in einer radikalen Fremdheit, in einem erzwungenermaßen markierten Leben, die Begriffe fremd und selbst neu zu besetzen. Und fremd scheint mir der Begriff zu sein, den es zum Himmel zu sagen gilt, und nicht selbst und nicht Gier, sondern Kreativität, das ist es, da müssen

Techniken ran, die es hier zu erlernen gilt, wenn man sie als Frau zum Beispiel nicht längst schon erlernt hat. Und nicht selbst. Und nicht die alten geronnenen Themen. Ich bin geübt im Fremdsein, warum dann nicht so etwas wie Fremdverwirklichung? (Warum verwirklichen wir nicht unser Fremdsein, warum denn unbedingt das Selbst?)

Der Tod ist das Ende der Repräsentation, der Regulierung. Das Leben ist ein Unfall. Die Unfreiheit der Materie, des Materials, das sehe ich auch, wenn jemand verkennt, warum jemand Material in seinem Bühnenbild verarbeitet, das er mag und das nicht transzendieren muss, das er davor bewahrt, stets auf was anderes zu verweisen. Als das hier, den fremden, den Körper, und den müssen wir zum Himmel sagen … Oder zur Erde.

Fast alle schlafen in Zürich. Nur noch ein paar Lichter brennen. Unten am Depot hat

Shorty Hawkins gerade den Zug nach Albany vorbeifahren sehen. Und im Mietstall sind noch welche wach und unterhalten sich. Es klart auf! Da sind die Sterne, auf uralten Bahnen kreuz und quer über den Himmel.

L: Bei den Gelehrten ist das Thema noch nicht ganz geklärt. Diese Leben hier. Diese Geschöpfe strengen sich an, die ganze Zeit strengt es sich an, dieses Geschöpf, um etwas aus sich zu machen. Und weil das so anstrengend ist, legt man sich alle 16 Stunden hin, um auszuruhen. So wie wir jetzt. Der Schlaf, der universelle Schlaf, gebiert die Anstrengung, auf etwas hinauszuwollen. Wie wir hier jetzt. Das Hier und Jetzt darf aber nicht sentimental sein. Aber ich will die Stimme hier vor mir sehen, hier, genau hier ist das, was ich sage.

«King Kong»-Clip im Musikhaus Jecklin.

Kill your Darlings!

Streets of Berladelphia

Fabian Hinrichs (**F**)

TURNER/CHOR: Eduard Anselm, Johanna Berger, Christin Fust, Anna Harrison, Rajab Hassan, Hannes Hirsch, Emma Laule, Ronny Lorenz, Martina Marti, Fynn Neb, Perry Rudolph, Nicola Rietmann, Paula Schöne, Philipp Siefert, Anna Smith, Lukas Vernaldi und Claudia Vila Peremiquel

Katja Popov

Regie: René Pollesch
Bühne & Kostüme: Bert Neumann
Licht: Frank Novak, Torsten König
Dramaturgie: Henning Nass

Premiere: 18.01.2012 Volksbühne am Rosa-Luxemburg-Platz, Berlin

Leseempfehlung: Luc Boltanski/Ève Chiapello, «Die Arbeit der Kritik und der normative Wandel», in Christoph Menke/Juliane Rebentisch (Hg.), «Kreation und Depression. Freiheit im gegenwärtigen Kapitalismus» (Kulturverlag Kadmos, Berlin, 2011)

Das Bühnenbild zeigt einen «Brecht-Vorhang», auf dem später, wenn er zugezogen wird, «Fatzer» steht. Hinten Bert Neumanns Nachbildung des Marketenderwagens aus Bertolt Brechts Inszenierung der «Mutter Courage».

Drum-Loop: «Streets of Philadelphia»

F: Treten Sie bitte beiseite.
Achtung!
Wir springen
jetzt
MUT MUT MUT
M-U-T

F und 4 Turner «springen», d.h., werden an Drahtseilen aus dem Schnürboden gelassen, Ruderbewegungen mit Armen und Beinen in Zeitlupe, landen, machen die Fluggeschirre ab. Restliche Turner kommen auf die Bühne und machen Turnübungen, Akrobatik.

Was ist das hier?
Ich weiß es nicht,
was das ist.
Wo sind wir hier? In einem Raum,
der zu eng ist oder zu groß
für unsere Liebe.
Es ist nicht unsere Schuld,
dass uns die Liebe
nicht gelingt.

Ich bin die
Straße hinuntergegangen, an den
Reihenhäusern vorbei,
und ich
hätte dir gerne gesagt: In keines

dieser
hell erleuchteten Fenster würde ich
hinein wollen
und
reden mit den Leuten dahinter, nirgendwo
auf der Welt,
auch nicht on the Streets of Berladelphia
Nein Nein Nein
Nein Nein Nein
Nein Nein Nein

Es gab nur
ein Fenster, vor
dem ich stand
und wissen wollte, was da
los war,
und

hinter dem die «hunderttausend Ursprünge»
waren.
Ich will es genauer sagen, damit
du nicht denkst, ich stehe vor dem einen
Fenster und sehne mich nach einem Individu-
um.
In den Straßen von Berladelphia.
Nein Nein Nein
Nein Nein Nein
Nein Nein Nein
Das geht nicht, es fehlt uns was.

Denn das ist gar nicht möglich, on the
Streets of Berladelphia.
Nein Nein Nein
Nein Nein Nein
Nein Nein Nein

Dass einem das Leben hinter den Fenstern abstrakt vorkommt, weil es das ist – das ist ja schon so oft gedacht worden.

Aber jetzt gerade müssen wir alle im Raum das DENKEN, das SAGEN, um es zu beleben. Es gehört zu den Dingen, die es zwar schon gab; Sätze, die schon gesagt wurden, aber die nun NEU gesagt, gedacht, gemacht werden müssen:

Denn hier
ist so wenig LEBEN.

Es reicht uns nicht, es reicht uns nicht, es reicht uns nicht, es reicht uns nicht, wir schaffen das schon, wir schaffen das schon, wir schaffen das schon, es reicht uns nicht, es reicht uns nicht. Es fehlt etwas.

Warum bringt sich eigentlich niemand mehr aus Liebe um?

Die besten Szenen werden Sie heute Abend nicht sehen, denn die würden wir alle nicht ertragen.
Deswegen heißt der Abend
«Kill your Darlings».

Alle fallen auf den Boden.

Die besten Szenen werden wir heute Abend nicht zeigen, denn die könnten wir alle gar nicht ertragen.
Ich auch nicht, ich könnte nie wieder ein Theaterstück spielen,

und Sie könnten nie wieder in einen Theaterabend hineingehen,
denn:
Sie haben das Beste bereits gesehen, und
Sie werden es nie wieder erleben,
deswegen haben wir die Spitzen abgeschnitten,
denn die sind nicht zu leben.
Das Leben ist kein Stierkampf oder dauernde Ekstase, das Leben ist vielleicht
ein Grillabend.
Wir haben uns Mühe gegeben und so weiter,
deswegen heißt dieser Abend
«Kill your Darlings».

Alle fallen auf den Boden.

Die Szenen, die wir gestrichen haben, hätten den Abend aus dem Gleichgewicht gebracht. Und es heißt ja nicht ohne Grund: «Kill your Darlings». Stattdessen sehen Sie Szenen, die einen nicht so aufregen. Die *uns* auch nicht so aufregen, nicht nur *Sie* nicht.

Es reicht uns nicht
Es reicht uns nicht
Es reicht uns nicht

Es fehlt etwas
Es fehlt etwas
Es fehlt etwas

Es reicht uns
Es reicht uns
Es reicht uns

Jean Ziegler nennt doch Zahlen:
«Alle 5 Sekunden, letztes Jahr und jetzt, stirbt ein Kind unter 5 Jahren.
100 000 Menschen sterben am Hunger, 100 000 pro Tag.
923 Millionen; 3 Jahre zuvor 854 Millionen, in 3 Jahren fast 100 Millionen dazu.
2700 Kilokalorien erwachsenes Individuum pro Tag, ohne Problem, 12 Milliarden Menschen, wir sind 6,3 – also das Doppelte.»

Jean Ziegler nennt doch Zahlen, aber das erreicht uns nicht.
Und Zahlen, die *uns* nicht erreichen können, die sind nicht politisch.

Dass es uns, hier, heute Abend nicht reicht, dass wir zusammen Pizza essen gehen, das ist wirklich gefährlich.

F turnt durch die Mitte über die Bühne, durch die Turner hindurch.

Und dass es nicht reicht,
ein am Boden zerstörter 36-Jähriger,
wer will das denn noch sehen,
den fetten Überlebenden von Nirwana,
den will doch keiner sehen!

F nach vorne zum Fatzer-Vorhang, den Vorhang zuziehen.

Das reicht uns nicht
Das reicht uns nicht
Das reicht uns nicht
Das reicht uns nicht
Es fehlt etwas

Es fehlt etwas
Es fehlt euch was
Es reicht euch nicht
Es fehlt euch was
Es reicht euch nicht
Es fehlt euch was
Das reicht euch nicht
Wir schaffen das schon
Wir schaffen das schon

Turner sofort ab in den Marketenderwagen / Fatzer-Vorhang zu / Nur Fs Kopf schaut durch.

Huhu.
Naaaa?
Huuhuu.
Naaaa?

Kekse?
Kekse?
Naaaa?
Huhuuu.

Treffen sich zwei Freunde.
Sagt der eine zum andern:
«Du, Mist, ich glaube, ich habe einen Tinnitus.» – «Ja?!? Wirklich?!?!» – «Ja! Aber nicht auf den Ohren, sondern auf den Augen: Ich seh nur noch Pfeifen.»

F kommt durch Vorhang hindurch.

Wir haben Chöre gesehen der Arbeiter,
wir haben Chöre gesehen des Proletariats
und
der kommunistischen Genossen,
aber wir haben noch keinen Chor gesehen,

der den Kapitalismus repräsentiert, aber
mit dem
haben wir es gerade zu tun,
mit den
Netzwerken!!!

«Painkiller» von Judas Priest / Vorhang aufreißen / Turner kommen auf die Bühne geturnt / Choreographie Turner / Musik aus / Turner Freeze-Move.

Nein! Nein! Nein!
Ich gehe nicht mit dir ins Bett.
Das kann ich nicht tun! Du bist ein Netzwerk! Nein! Auf keinen Fall! Du repräsentierst den
KAPITALISMUS!

F zum Publikum gewendet / Turner nach ganz hinten, kommen näher, wenn F mit Rücken zu ihnen steht.

Der Kapitalismus *(Turner lösen Freeze und gehen zusammen)*
tritt heute als Netzwerk *(F dreht sich um)*
auf. Er hatte sich lange versteckt *(F dreht sich um)*,
um sich einer orientierungslos gewordenen
Kritik zu entziehen *(F dreht sich um)*,
man wusste eine lange Zeit nicht, wo der
Kapitalismus hin ist *(F dreht sich um)*,
den man kritisieren konnte. *(F dreht sich um)*
Die Kritik war orientierungslos,
denn: *(F dreht sich um)*
Sie wusste eine ganz lange Zeit nicht,
mit welchem Gesicht

(Turner bleiben stehen und hören F zu)
der Kapitalismus
wieder auftauchen würde,
aber dann war klar -
es waren die Netzwerke.
Dahin war er verschwunden,
um sich der Kritik zu entziehen,
in ein
Netzwerk!
(Geste auch auf Publikum)
Gott sei Dank wissen wir Linken jetzt wieder, wie er aussieht.

Anfang der 90er Jahre
(Turner heben F hoch, tragen ihn raus)
taucht die Metapher - Netzwerk - auf. Sie gibt der neuen Welt einen Sinn.

Nein! Nein! Ich kann nicht mit dir ins Bett!
Nein! Nein! Nein!
Das kann ich nicht tun, ich bin eine Linke!
Ich geh nicht mit dir ins Bett!

F schnell auf Bühne zurück / Turner folgen ihm.

Ich würde, ohne zu zögern, mit einem
(Turner umschließen F, machen «The Snake»)
Haufen von Leuten ins Bett gehen, wenn es ein Kollektiv wäre, sozusagen das Proletariat.
Aber du Netzwerk bist die Repräsentation des Kapitalismus. Das kann ich nicht tun, ich bin eine Linke.

F befreit sich.

Nein, ich geh nicht mit dir ins Bett.

Nach vorne, zweites Mal «The Snake».

Ihr seid nur die Rechtfertigung des Kapitalismus, der ein durch und durch amoralischer Prozess ist.
Dazu muss erst einmal gesagt werden, dass es für den Kapitalismus keine Rechtfertigung gibt. Er ist ein durch und durch absurdes System, und das bist du ja auch.

F befreit sich / Turner bleiben zusammen stehen.

Du bist so amoralisch.
Du sagst einfach kurz vor unserer Verabredung mit den Worten ab:
Du musst noch
Haare waschen.

Tennisspiegel-Spiel mit Turnern / F springt nach links / Turner spiegeln es und springen mit / hin und her / rechts, links / dann nach hinten rennen.

Du
(F nimmt einen der Turner an die Hand, restliche Turner bauen menschliche Stufen)
Netzwerk behauptest, du könntest Beziehungen führen. Aber das kannst du ja nicht.
Das sind doch alles unpersönliche Beziehungen.
Nicht Beziehungen in einer Nahwelt, wo jemand dauernd meiner Verfügbarkeit im Wege

steht. So was wie du, nein! Du tauschst doch dauernd deine Kreise aus. Das ist doch verrückt.
Man fühlte sich mit mehreren doch mal proletarisch im Bett. Und jetzt, jetzt gibt es nur noch diese Netzwerke.
Nein! Auf keinen Fall springen wir zusammen in die Kiste.

F springt von der Treppe runter.

Nein! Das ist nur noch die Repräsentation des Kapitalismus.
(Sich zum Publikum umdrehend, auch für die Turner sprechend)
Man hat uns nicht gefragt, man hat es über uns verhängt.

Was würden denn meine Freunde
(Turner bauen weit vorne direkt hinter F Zweier-Türme)
dazu sagen, dass ich mit einem Kapitalisten ins Bett gehe?
Andererseits sagen die Freunde ja auch immer: Es gibt doch so viele.
Es gibt doch andere, mach doch *die eine* nicht so groß!
Wenn zwei, drei, vier Leute zusammenstehen, dann ist das doch Wärme.

F läuft nach links.

Nein, es ist kalt!
Es ist nass!
Es ist kalt! Es ist kalt!
Nur zusammenstehen, das geht doch nicht.
Wir stehen hier zusammen und fragen uns:
«Was vermissen wir wirklich?»

F geht in die Knie.

Ich brauche eine Nahwelt.

Turner kommen von Zweier-Türmen runter, bilden sofort eine Reihe.

Individualität
Individualität
Individualität
(F haut mit Fäusten auf den Boden)
sagt mir einfach nichts. Ich brauche was Größeres.

F wirft sich auf die Turner, die in einer Reihe stehen, und wird weitergereicht.

Aber ich habe Nahweltbedarf!
Trotz aller Diskrepanzen zwischen Nahweltbedarf und den Entfaltungsmöglichkeiten hochgetriebener Individualisierung.
Das kann ich ja gar nicht, diesen Differenzierungstrend,
(Turner machen Richtungswechsel in der Linie)
der macht mich gar nicht mehr anschlussfähig.
An eine Nahwelt. So was wie du eben. Andererseits habe ich das Gefühl, du bist auch nicht mehr die Nahwelt, wie man sie sich einmal vorgestellt hat.
(Sofort «Wippe» bauen; F wippt in der Luft)
Die ganze Zeit
baue ich an diesem
einzigartigen Weltentwurf
da in mir drin.

(F bleibt oben, auf dem Bauch, wird nach vorne getragen)
Aber ich möchte auch nicht in einer Nahwelt vor mich hinvegetieren. In einem Vorort,
(F wird nach hinten getragen)
das will ich nicht,
das kann ich nicht,
da komm ich nämlich her.

Turner tragen F in normaler Geschwindigkeit wieder nach vorne.

Im Unpersönlichen gibt es viel mehr Entfaltungsmöglichkeiten.

F steigt ab / F trennt sich von der Gruppe, rennt im Kreis / Turner verfolgen ihn mit den Augen.

Nein, ich brauche eine Nahwelt.
Und du bist ein Netzwerk! Aber du bist nun mal
zu viele. Mit all den Leuten, die du immer triffst. Du willst zu viele. Oder eben niemanden. Das weiß ich eben nicht so genau. Das weiß ich jetzt nicht. Doch bei dir bin ich eigentlich sicher, dass du zu viele willst, und die sind eben niemand.

Weißt du, das sehe ich doch, wenn du mit diesem Typen mit einem Hund
(Turner stehen in der Mitte / F rennt um sie herum / Deutet Hund an, dem er hinterherläuft)
zwei Wochen zusammen bist und du dann mittendrin eine Woche lang auch einen Hund hast.

Da komm ich in euer Zwei-Wochen-Nest, und da ist überhaupt niemand, und über diesen Niemand habe ich mir so viele Gedanken gemacht. Da kann ja niemand sein. Warum weiß ich das denn nicht vorher? Ich weiß es doch eigentlich. Ich sehe diesen Niemand, der mit euren Hunden spielt, und weiß doch, das ist es nicht, das ist das nicht, das ist das nicht. Ich will das aber trotzdem haben, ich will der Niemand sein, der mit euren Hunden spielt. Vielleicht weil ich so gerührt bin von deinen Versuchen, mit diesen Niemanden alle zwei Wochen eine Nahwelt zu haben. Aber weißt du, das geht nicht.

Was verbindet uns denn?

F guckt einen der Turner an / Es folgt die «Waage» / F wird von einem zum anderen gehoben.

Du Netzwerk behauptest, du könntest Beziehungen führen. Aber das kannst du ja überhaupt nicht.
Du bist zu viele.
Und in diesem ganzen Vielen gibt's nicht Vieles.

F springt / Turner spiegeln es.

In diesem Vielen gibt es eigentlich nur eine Sache, eine Sache.
Und die ist grau; je bunter, desto grauer.

F spricht auch zum Publikum / Im Stehen zappelnd, die Turner machen es nach, spiegeln komplett alles, was F macht.

Riverdance!

Didel didi, didel didi / F klatscht einmal / Turner klatschen nach / Dann noch mal F klatschen / Turner machen alles nach.

Was verbindet uns denn?
Riverdance wohl kaum!

F nimmt die Turner an die Hand und kommt mit ihnen nach vorne. Alle setzen sich hin, außer einer Turnerin, sie bleibt alleine stehen.

Weißt du, es geht um etwas, das wir noch nicht kennen. Es geht um etwas, das fehlt. Wenn wir bei einem Depeche-Mode-Konzert sind und wir 200 000 im Zuschauerraum lieben den Einen da vorne *(auf die Turnerin zeigen)*, Dave Gahan, und dann geht der von der Bühne ab, in sein Hotelzimmer *(die Turnerin geht ab)*, und versucht, nachweislich, sich sofort, sofort –

F will die Turnerin zurückholen, guckt zuerst an falscher Stelle.

ÖH?

«Findet» sie und geht mit ihr zurück auf Bühne.

– umzubringen.

Die Turnerin fällt um.

Was bitte fehlt ihm denn?
Liebe hat er doch gerade genug bekommen.

Da stehen doch gerade 200 000 davor,
unter dem hell erleuchteten Fenster, Dave
Gahan, und gucken da rein. Er weiß es
auch nicht, und vielleicht versucht er deshalb,
sich sofort umzubringen.

F bringt die Turnerin in die Gruppe und spricht den Turner-Chor an.

Warum bringt sich eigentlich niemand mehr
aus Liebe um?
Die Leute haben sich doch mal aus Liebe
umgebracht. Das muss doch mal was gewesen
sein, die Liebe.

F kniet vor der Turnerin.

Und Fragen gehen mir durch den Kopf, warum
sich heute niemand mehr aus Liebe umbringt.

Wieso rufst du nicht an? Du hast doch meine
Nummer, weißt du? Ich sitz zu Hause rum,
und du bist nicht da.
Ich kann mir den Rest nämlich nicht auf der
Arbeit holen, mein Schatz!
Obwohl? *(Auf den Turner-Chor guckend)*
Weißt du, es gibt doch Leidenschaft. *(Auf Chor guckend)*
Es gibt doch Leute, die aus Liebe sterben.
Die sterben, weil ihre Beziehung mit einem
Schlag weg ist, wie der Depeche-Mode-Sänger.
200 000 Leute mit einem Mal weg. Die ganzen
unpersönlichen Beziehungen werden schlagartig ausgetauscht. Das kann der nicht mehr
mitmachen, Dave Gahan, dass am nächsten Tag

wieder 200 000 unpersönliche Beziehungen vor ihm stehen, und die haben nichts mit gestern zu tun.

F löst sich wieder und steht auf / Turner setzen sich aufrecht hin.

Ich will nichts mit dir zu tun haben.
Das ist eher so ein Borderline-Syndrom, dass jeder bei jedem nur für einen Tag Kredit hat, und dann sind die Kredite schon wieder vergessen.
Nein! Ich brauche Kredit!
Ich kann ohne nicht leben.

F wirft sich hin, steht sofort wieder auf.

 Das merke ich daran, dass ich bei dem kleinsten Misserfolg
(F zieht Fratze zum Publikum)
alle meine Erfolge vergessen habe.
Ja gut, man sollte die auch vergessen, die scheiß Erfolge.
(F in die Hände klatschen / schreit)
PAINKILLER!

Turner stehen sofort auf und rennen zum Bühnenende / Stellen sich in einer Reihe auf.

Ich berühre das Thema ja nur, weil ich klarmachen will, dass kaum einer bei dem anderen noch Kredit hat, und schon gar nicht bei sich selber.

Du führst dauernd Beziehungen, aber das ist nur gut, wenn du nicht ***nur das*** machst.
Wenn du ***nur*** noch Beziehungen führst, dann

bist du beim kleinsten Anruf, den du in meiner Gegenwart kriegst, sofort weg.

Telefonklingel ertönt / Am Ende des Klingelns Turner ab hinter weißen Vorhang / F alleine auf Bühne.

Das ist ein weit verbreiteter Irrtum, dass der Kapitalismus durch Egoisten repräsentiert wird.
Nein, wo lebt ihr denn?
Der Kommunismus basiert auf Egoismus. Er weiß auch, wenn es den andern gut geht, schlagen sie auch nicht auf mich ein, wenn es zu Verteilungskämpfen
(Turner rennen auf die Bühne)
kommt.

Ich liebe dich. Warum rufst du mich nicht an?
Du hast doch meine Nummer!

Alle Turner sofort schnell von der Bühne.

Ja gut, ich weiß, es ist abschreckend, wenn man eine ernsthafte Beziehung sucht.

Ja, ich weiß, Verbindlichkeit ist keine Größe in diesen Netzwerken. Ja, es tut mir leid, dass ich nicht mehr Möglichkeiten bin als das hier.
Und du, du bist so viele Möglichkeiten, das finde ich ja so toll.
Hallo? Hallo?
Vielleicht, irgendwann, sehen wir uns wieder.
Das muss ja wirklich nicht morgen sein. Und

ein Hallo, so wie man das kennt, dass man sich morgen wieder Hallo sagt; vielleicht erst wieder in einem Jahr!
Auch gut!

Ich werde das nicht überleben.
Ich bin nicht sehr stark, weißt du.
Wir werden das nicht überleben.
Wir sind nicht sehr stark!
Andererseits sind wir doch sehr stark.
Irgendwie reicht es ja wohl dazu, weitermachen zu wollen. Ich will das ja auch. Ich will ja auch leben, deswegen habe ich ja die ganzen Probleme.

Mir ist aufgefallen, dass ich aufpassen muss, dass mein Netzwerk nicht den gesamten Freundeskreis austauscht, weil ich nicht mehr in der Lage bin, die sozialen Kontakte zu pflegen, und weitergeben kann, was so los ist, in den Straßen von Berladelphia. Denn auch, wenn ich nicht so einen aufgewerteten Beruf habe in meinem Netzwerk, bin ich derjenige, der allen sagen kann, wo heute Abend was Interessantes los *(F zum Fatzer-Vorhang)* ist in München.
Das macht mich interessant.

Die meisten Menschen sind unterwegs.
Sie sind unterwegs und wahrscheinlich auf dem Weg dahin, wo es ihnen besser geht, und natürlich können sie da unterwegs nicht anhalten. Die Zeit müsste man anhalten.
«Will you please stop time
Will you please stop pain
Please! Please! Please!»
Aber man hält nur

(F fährt mit einem Bagger rein / Bleibt in der Mitte stehen)
Wagen an.

«Halleluja»-Lied / Licht komplett aus; nur noch Beleuchtung am Bagger mit F / F zieht Kapuzenpulli an.

Ich bin so müde,
ich bin so müde,
vom Zappeln.
Mir ist so langweilig,
mir ist so langweilig.
Als Kind habe ich immer bis 1000 gezählt,
weil mir so langweilig war.

Das ist mir dauernd begegnet, freudlose alte Säcke, die vor sich hinsülzen. Das ist, was einen so verwirrt.
Sydney
Pablo
München.
Und wenn ich jetzt an dich denke, an diesen ersten Punkt, an dem du dein T-Shirt hochziehst.
Und die Szene, wo du dich verabschiedet hast, in dem Lokal, das nie läuft, oder war es der Italiener?
Dann noch ein paar Punkte bei deinem Fahrradunfall, die Erzählungen, und dann der Anruf deiner Mutter und dann deine Beerdigung und wie ich mir den Baum vorstelle, gegen den du gefahren bist, dann wären das doch, diese Punkte, diese Punkte, diese Punkte, diese Punkte.
Wir sind doch Punkte, Punkte.
Die gab es schon, Punkte, die, die etwas

erneut sagen, wieder sagen, immer wieder neu sagen.
Punkte.
Fahrradunfälle.
T-Shirts.
Lokale, die nicht laufen.
Immer wieder sagen, immer wieder sagen, erneut sagen.

F klatscht in Hände / Keine Veränderung beim Licht / Musik spielt weiter / Turner rennen auf die Bühne und setzen sich vor den Bagger.

Aus dem Weg!
Weg!
Weg da!
Hau ab!
 Aus dem Weg!

F spielt ab hier mit Bagger rum; zu den Turnern:

Du stehst meiner Verfügbarkeit im Weg, mein Schatz.
Und Verfügbarkeit ist nun mal die Größe in diesen Netzwerken.

Weg, weg.
Aus dem Weg!
Weeeeeeeg!

Ich muss Projekte ablehnen, die ein ganzes Leben lang dauern. So was wie dich, mein Schatz.

Weg, weg! Aus dem Weg!

Du Netzwerk sagst dauernd, du willst nicht machen, was man dir sagt. Du willst Freiheit.
Aber das ist doch gar nicht dein Problem.
Du machst ja eh nicht das, was man dir sagt, außer zu leben. Das ist doch der einzige Befehl, den du gelten lässt.
Und diese Gesellschaft hat tatsächlich nur noch mit der einzigen Schwächung des Subjekts zu tun, die du gelten lässt: zu leben.

Du Netzwerk sagst mir: Nein! Das war nicht langweilig. Die zehn Tage Sylt, die wir miteinander verbracht haben, im Nieselregen, das war nicht langweilig.
Ich müsste dir einfach nur zuhören, wenn du sagst: Nein, das war es nicht.
Und du sagst, ich wäre nur noch nicht reif genug, ich wäre noch nicht erwachsen genug.

F zieht Pulli wieder aus.

Aber weißt du, ich sag's dir jetzt mal: Die zehn Tage Sylt.
Das war langweilig.
Das reicht mir einfach nicht.

Das war langweilig.
Das reicht mir einfach nicht.
Das war langweilig.
Das reicht mir einfach nicht.
Das war langweilig.
Das reicht mir einfach nicht.
Weißt du, als wir zusammen im Bett waren, da bin ich davon ausgegangen, du wärst eine Linke. Du wärst ein linkes Kollektiv. Und

jetzt stellt sich heraus, du bist ein Netzwerk. Da wär ich ja schön reingefallen.

Ich bin so desorientiert vor deinem zusammenhanglosen Gesicht. Aber wo spielt sich unsere Liebe denn dann ab? Ich würde gerne wissen, wo die Bühne ist, mein Schatz?
Mich befriedigt Geld dann doch mehr als du, mein Schatz!
Und meine Arbeit ***(steigt in den Bagger)***,
die befriedigt mich dann doch mehr als mein großes Glück mit dir.
Und so was wie meine große und wahre Liebe.
Liebeeeeeee.

F spielt mit der Baggerschaufel.

Liebeeeeeee.

Liebeeeeeee.

Ja gut. Die wird nicht erhört von dir. Ich hab dir doch gesagt, du wirst niemandem Besseren begegnen als mir.
Es gibt nichts Besseres. Du musst also gar nicht mehr verfügbar sein. Ja gut, ich muss verfügbar sein, ich krieg ja auch die ganzen Anrufe und verschiebe Treffen, aber ich bin mir ja auch ganz sicher, dass ich dich liebe.

Ich habe Freunde,
(Turner bauen menschliche Couch)
die sich Sorgen machen.
Und diese Freunde erinnern mich eben dauernd daran, dass es doch auch etwas geben müsste, was zu leben ist. Aber wenn

ich uns dann beide sehe, auf der Couch, im Dämmerlicht, dann denke ich,
die Augen sind nicht zum Sehen gemacht, sondern zum Weinen. Und das ausschließlich. Nur zum Weinen. Nichts anderes. Da gibt es nichts zu verbessern.

Lichtwechsel: Dämmerlicht.

Ich gebe mich nicht damit zufrieden, dass die Dinge bei Licht betrachtet eine andere Bedeutung haben sollen als bei Dunkelheit. Ich brauche jemanden, der nicht das Licht ausmacht beim Schlafen.

Wieder Lichtwechsel / F steht von menschlicher Couch auf.

Ich brauche den Sturm.
Ich brauche die Seenot.
Ich brauche alles.
Denn wir wissen doch, dass 72 Stunden mehr sein können als 80 Jahre.
Und das meint kein Carpe Diem.
Das meint keine Goldenen Zeiten.
Das meint keine permanente After Hour.
Das ist der totale Tod.
Das ist das Gegenteil, keine Reisen, kein Jetzt wird gesoffen.
Wenn man es krachen lässt, kommt man schon gar nicht an sein Leben ran. Wenn man es krachen lässt, dann ist das der totale Tod, und wir meinen das Gegenteil.

Das Zusammen-Pizza-Essen, das ist das Problem.

Das Zusammen-Pizza-Essen-Gehen, das ist die Ausweglosigkeit.
Das Zusammen-Pizza-Essen, das ist das Stahlbad.
Das Zusammen-Pizza-Essen reicht uns nicht.
Das reicht uns nicht.
Das reicht euch doch auch nicht.
Das will doch keiner!
Das wollt ihr doch auch nicht.
Das reicht euch doch auch nicht.
Das könnt ihr mir doch nicht erzählen.
Dass euch das reicht.
Das will doch keiner!
Das wollt ihr doch auch nicht.
Das reicht euch doch auch nicht!

Noch dunklere Gesichter wollen wir doch nicht. Die Gesichter sind doch schon schwarz.

Ich seh doch die Gesichter, die all das Glück rauslutschen, die Gesichter an der Bushaltestelle. ***(Rennt zum Marketenderwagen und wieder zurück)*** Die all das Glück aus der Welt raussaugen. Das wollt ihr doch auch nicht. Das könnt ihr mir doch nicht erzählen, dass ihr das wollt.

Turnringe kommen herunter.

Das will doch keiner!
Das wollt ihr doch auch nicht.
Das reicht euch doch auch nicht.
Ich will das doch auch nicht.
Da fehlt doch was.
Da fehlt euch doch auch was.
So kommen wir doch zu keiner Größe!

Was verleiht uns denn Größe?

Turner bilden eine Pyramide.

Wir können nicht leben.
Wir können nicht lieben.
Wir können nicht sterben.
Und dazu gehören auch all die Gründe, warum wir uns verlassen können.

F steigt mit auf die Pyramide drauf.

Das Begehren kann man nicht verlassen.
Wir können die Beziehungsskulpturen, die wir zusammengeschraubt haben, verlassen, ja.

Sobald sich F auf den Bagger setzt, bauen die Turner die Pyramide ab / Dann Aufbau der zwei Pyramiden-Kreise.

Wir können die besten Szenen unseres Lebens wegschneiden.
Wir schneiden sie alle weg.
Jeden Tag.
Weil wir alle jeden Tag von der einen Tür
(F fährt Bagger raus)
zur anderen Tür gehen. Es gibt aber gar keine Türen.

Aber diese Türen gibt es vielleicht gar nicht.
Stellt euch das mal vor,
jetzt stellt euch das mal vor.
Dass es diese Türen, Geburt und Tod und das Leben dazwischen, gar nicht gibt. Sondern nur ein Sein und ein Mit und Uns und sonst nichts, sonst nichts.

Dieser Hippiescheiß ist so öde.

Abbau der zwei Pyramiden-Kreise.

Ich bin in einem Dorf
(F bewegt den Marketenderwagen / Turner versammeln sich und achten auf F)
aufgewachsen, und die Hauptanforderung an mich war, zu diesen 100 Prozent zu gehören. Dass dieses Dazugehören aus Schlag-deine-Frau, Krieg-so-und-so-viele-Kinder oder Hab-einen-Job-in-der-Bank besteht, das wird einfach weggelassen.
Von 100 Prozent auf 99 ist für mich keine Verbesserung. Das ist auch keine Grundlage für eine Gemeinschaft.

Schön finde ich es, in den Armen eines Menschen aufzuwachen, der mich liebt und versteht. Du hingegen machst so ein Gefühl von Brechen und Magenverstimmung. Meine Freundin ist vielleicht nicht reich, aber sie hat mehr zu bieten als nur Blende.

Zu deiner Information: Ich bin dir nicht hörig oder verflossen. Ich will nur endlich einen Strich durch deine Fresse ziehen. Schwarz und lang.

Hass kann ich vermeiden und Wut zurückstecken. Also handel mal schön, wie du es immer tust. Bezahl deine Strafzettel und melde den Wagen um. Damit ich deinen Gestank nicht länger riechen muss.
Dein - ich zitiere dich mal - verwester, hohler und vergammelter Versager.

Sterne am Himmel glühen auch mal aus. Eine Frage der Zeit. Aber deine Ehre ist die eines Arschlochs.

Mach's gut.
Und hör auf, Scheiße zu verbreiten.
Ich habe dich im Auge.

Tim Flemming.
Scheiß Sau!
Du Drecksau!
Unbehaart!

Iiiigitt, was für eine faule Frucht!
Du widerst mich maßlos an.
Scheiß Sau!
Brrrrrrrrrrrrr
Jrrrrrrrrrjrrrrrrrrr

Ich hatte mich auch so darauf gefreut, deine 400 Freunde kennenzulernen, bei meiner Geburtstagsparty, und dann kamen nur vier.

Wo sind denn die anderen 396?
Wo sind denn die anderen 396?

Erst Fake-Donner, dann fängt es an zu regnen / Zuerst bleiben alle im Regen stehen.

Wo sind denn die anderen 396?

Fake-Donner / Musik («Life is a Pigsty» von Morrissey) beginnt / F holt den Marketenderwagen / Schiebt ihn in die Mitte / Turner legen sich darunter / F geht nach hinten / Holt Kartoffelsack und zieht Rock an / Kommt nach vorne / Isst Kartoffeln, spuckt sie wie-

der aus / Lässt sich auf den Boden fallen / Gleichzeitig ertönt Donner / F geht zum Wagen und legt sich mit drunter / Beginnt mit der Hand zu «blinken», d.h. eine Faust zu machen und dann die Hand auf, eine Faust, die Hand auf etc. / Turner machen es nach / Machen alles nach, was F macht / Krabbeln gemeinsam mit nach vorne, stehen dann auf, fassen sich an den Händen, rennen im Kreis in einer langen Kette um den Wagen herum, rennen zur sich bildenden Wasserpfütze und rutschen mit den Bäuchen rein, «spielen» mit Wasser gemeinsam und alleine für sich / F geht zum Wagen / Drehbühne beginnt sich zu drehen / Ein paar Turner in den Wagen / Irgendwann stoppt die Drehbühne / F liegt einen kurzen Moment auf dem Boden / Wagen dreht sich kurz alleine / Drehbühne danach Stopp / Turner spielen weiter im Wasser / F nach vorne.

Nein!
Stopp!
Das ist jetzt zu schön.
Irgendwas stimmt hier nicht.
Das ist viel zu viel Freude, Scheiße!
So können wir doch nicht leben!
Das können wir nicht ertragen.
Katja, das wollten wir doch eigentlich rausschneiden! Warum ist das denn jetzt drin?

(zu Turnern / Chor) Jetzt sag doch auch mal was!

CHOR: Ich bin ein ziemlich lockerer Haufen.

F: Lauter!

CHOR: Ich bin ein ziemlich lockerer Haufen.

F: Lauter!

CHOR: Ich bin ein ziemlich lockerer Haufen.

F: Ja, deswegen bin ich ja auch so verwirrt.
Viel zu gut! Das sind zu viele Spitzen. Morgen müssen wir doch auch wieder auftreten. Habt ihr daran mal gedacht? Dingel-lingel-ling! Das war doch draußen! Das war doch auch gar nicht nass!

Jetzt kam doch etwas weniger Aufregendes! Michael!

Michael-Jackson-Clip beginnt / F holt Matte, einige Turner helfen ihm / Die ersten Turner gehen ab und ziehen sich um / F mit Trillerpfeife / Turner beginnen Turnübungen auf der Matte, d.h., sie nehmen Anlauf und springen und drehen Salti und landen auf der Matte, stellen sich wieder in der Reihe an.

Mehrwert!

F gibt Zeichen / Musik aus.

Nein, das ist es auch nicht!
Individualität sagt mir einfach nichts.
Das ist mir zu klein. Ich brauche Größe.
Das ist mir zu grau. Martin Luther King hatte Charisma.
Warum singt Lady Gaga eigentlich nicht, wie sie aussieht?

Hier wird gerade geturnt!
Das sind die 15 besten Turner Berlins.
Das ist sehr gut.
Johanna, sehr gut.
Tim, auch gut.
Anna, hervorragend.
Das ist sehr, sehr gut.
Aber würden Sie dafür 45 Euro in einer Mehrzweckhalle zahlen? Nein, das reicht nicht.
Wir müssen also noch etwas hinzufügen!

F pfeift, gibt Zeichen / Musik aus.

Dem Kapitalismus geht es ja leider um mehr als den Profit. Es geht darum, ihm einen Mehrwert zu verschaffen, einen Sinn, einen Geist.

Wenn wir uns küssen, dann muss auch noch so geguckt werden. *(Zieht Gesicht)*
Wenn man als Liebespaar auf einer Brücke steht, dann muss noch auf irgendeine Mehrwertart geguckt werden. *(Zieht wieder Gesicht)*
Auf der Brücke muss man so sein, im Kino muss man so machen. *(Gähnt und legt Arm um imaginäre Person)*
Nur Geld machen, das will doch keiner.
Nur Turnhalle, das reicht doch nicht.

Man turnt in einer Mehrzweckhalle für 45 Euro nicht über einen Barren, sondern man turnt über einen Einkaufswagen.

F holt sich Krakenkostüm aus dem Off.

Man hat auch keine Leibchen an. Man hat ein Kostüm.

F fängt an, das Krakenkostüm anzuziehen.

Wir brauchen einen Sinn.
Wir brauchen einen Geist des Kapitalismus.
Wir brauchen einen Mehrwert!

Turner turnen dabei die ganze Zeit im Rhythmus weiter / F geht nach hinten.

Turnhalle!
Mehrwert!

Musik an, «Les chants magnétiques» von Jean Michel Jarre, Licht wechselt zu buntem Licht.

Turnhalle!

Musik aus, Licht wieder «normal».

Ein Turner hilft F beim Kostüm.

Mehrwert!

Musik an, Lichtwechsel.

Turnhalle!

Musik aus, Licht wieder «normal».

F läuft nach hinten / Räkelt sich auf dem Boden / Längere Pause.

Turner turnen normal weiter.

WARUM MACHEN WIR DAS?
WARUM MACHEN WIR DAS?
WARUM MACHEN WIR DAS?

Gibt es eine
(DJ Hell)
Antwoooooort? Giiibt eees eine Aaaaaa-aaantwort? Gibt es eine Antwortttt?
Eiiiineee Aaaaanntwooooort?

Musik aus.

Ja.

Turner halten sofort an und bleiben auf der Bühne jeweils links bzw. rechts stehen.

Aber wir mussten sie rausschneiden.
Ihr hättet das einfach nicht ertragen, und wir hätten das auch nicht ertragen.
Es war eine Antwort, die nicht zu leben ist.

Sie war die beste aller Antworten, sie war richtig, aber nicht zu leben.
Nein, rätselt nicht herum! Ihr kommt nicht drauf. Sie war auch nicht einfach.
Es war die Antwort auf all unsere Fragen.
Du musst im Krakenkostüm bleiben, solange dir keiner raushilft.

Du musst allein bleiben, solange du deine große Liebe nicht gefunden hast.

Die Liebe soll uns zusammenhalten, aber glaube mir, sie kann es nicht mit dem, der nicht der Richtige ist. Es muss die Liebe schlechthin sein.

Die Liebe, die nicht zu teilen ist.
Erst diese unvergleichbare, nicht teilbare Liebe wird eine Grundlage sein, auf der die Liebe uns allen etwas sagen kann.

Etwas unerreicht Beispielhaftes, das uns allen etwas sagt.
Das ist ja immer die Frage, wie so was aussieht. Etwas, das keiner kennt, aber das jedem etwas sagt. Es wären eben nicht, und das kennen wir ja, die mittelmäßigen Lieben, die Lieben, wo man die Enden des Terrors am einen Ende und des unerhörten Glücks am anderen Ende abgeschnitten hat, die uns allein zusammenführen können.
Also kill your Darlings ist eben das, was wir leben und was eigentlich nicht zu leben ist und was vor allem keine Gemeinschaft konstituiert.
Nein, dass unerreicht Beispielhafte, das nicht Teilbare, das absolut Singuläre, da kommen wir an ein Uns heran.

Du bist ja nicht die Eine unter vielen, die vielen, in die man das verstreut, was uns zusammenführen könnte. Eine unter vielen, eine Meinung unter vielen, eine Liebe unter vielen stiftet keine Gemeinschaft.
Und das wollen wir doch!
Wir beide, und die andern auch. Das wollen doch alle. Dass uns die Liebe verbindet, und wenn sie das bei uns beiden schon nicht macht und nur in niemand und in zu viele zerfällt, wie soll denn ein «Wir» hier überhaupt gelingen?

Weißt du, diese Sekunde, als ich dich das erste Mal sah, die krieg ich einfach nicht zusammengebacken mit dem Rest meines Lebens.
Und natürlich denk ich auch nicht daran, diese Sekunde auszuschließen.

Ich kann sie irgendwo hintun, und sie meldet sich vielleicht immer wieder, diese Sekunde geht ja nicht verloren, die meldet sich ja dauernd.
Und weißt du, der Moment, als ich in Ohnmacht fiel, als ich dich sah, und die vielen Male, wo ich oder etwas in mir zitterte, bis ich nicht mehr gehen konnte, das hat doch nichts damit zu tun, dass ich sonst sehr auf mich achte. Und dass du alles mit mir machen konntest, dass du so viel mehr wusstest als ich, nein, Wissen meine ich jetzt nicht.
Ich meine, dass die Sekunde, als ich dich traf, in so einem Bereich wie Leben und sogar Liebe gar keinen Sinn macht.

Aber diese Sekunde macht vielleicht in etwas Sinn, was wir noch nicht kennen, weißt du.
Und ich werde den Gedanken nicht los, dass hier grundsätzlich etwas falsch ist.

Musik aus.

Ich hab dich schon vergessen, und keiner meiner Freunde erinnert mich an dich.
Ich hab dich schon vergessen, wie du zitternd vor mir stehst.
Da so hilflos und so geliebt von mir, und das alles wird in die absolute Vergesslichkeit eingehen, selbst das Foto, das ich von dir zerrissen habe.
Es wird nichts mehr sein von uns, und das ist das Leben und alles, was ich bin. Ich bin groß und du, weil wir das so wollen!
Ich bin gar nicht ärgerlich, dass du mich nicht anrufst, wegen der Sache, die ich für

dich getan habe, ich bin gar nicht ärgerlich, ich will dich nur vergessen!

Turner gehen sofort ab.

Black.

Helikopter startet / Fliegt Richtung Boden / Fliegt wieder hoch und dann ins Off.

Wenn Helikopter hochfliegt, treten die Turner mit Leuchtfinger auf. Dann Licht wieder an.

Stopp!
Nein!
Das haben wir doch rausgestrichen.
Das ist doch viel zu gut für ein Ende.
So können wir doch nicht weiterleben.
So können wir die Leute doch nicht entlassen.
Die krepieren doch bei so viel Schönheit.
Wir hatten doch ein anderes Ende, eins, das weniger aufregend ist.
Etwas Moderates. Etwas weniger Poetisches.
Nein, jetzt hab ich's! Das war das Ende.

Wenn wir jetzt auseinandergehen, dann tut nicht so, als wären wir Fremde. Wir hätten so glücklich zusammen sein können.
Schön, sich das auszumalen.

Das war nicht für euch.
Das haben wir nicht für euch gemacht.
Das haben wir nie für euch gemacht!
Nein!
Sondern für uns.
Das hier ist nicht für euch.

Alle gemeinsam an die Hand nehmen und nach hinten gehen.

Es war nie für euch!
Es war immer für uns.
Damit es nicht missverstanden wird.
Es ist ein großer Anlauf zu nehmen auf das «Macht es für euch», damit es verstanden wird.
Es ist ein großer Anlauf zu nehmen auf das «Er kann nicht anders».
Es ist ein großer Anlauf zu nehmen auf «Es reicht uns nicht».
Es ist ein großer Anlauf zu nehmen für «Macht es für euch; macht es für euch».
Das war nicht für euch.
Es war immer für uns.

Macht es für euch!
Zwei, drei, vier!

Musik an / Hin und her rennen / Vorne stehen bleiben / Turner spiegeln F und machen es nach / Springen etc., zwischendurch winken / Bleiben stehen.

Dann Verbeugung / Winken / Nach vorne / Verbeugung / Winken / Ins Off / Wiederkommen / Verbeugung / Musik aus / Nach vorne gehen / F gibt Zeichen für Musikwechsel, «Kiss», nur bis zum Refrain / Wieder alle ins Off / Wieder alle wiederkommen / Musik an / Verbeugen / Musik aus / Kurze Pause / Dann Neil Young / Verbeugen / Winken / Alle ins Off.

Don Juan nach Molière

Franz Beil (**F**)
Maximilian Brauer (**Max**)
Jean Chaize (**J**)
Brigitte Cuvelier (**B**)
Lilith Stangenberg (**L**)
Martin Wuttke (**M**)

Regie: René Pollesch
Bühne: Bert Neumann
Kostüme: Nina von Mechow
Licht: Lothar Baumgarte
Dramaturgie: Anna Heesen

Premiere: 15.09.2012 Volksbühne
am Rosa-Luxemburg-Platz, Berlin

Leseempfehlung: Michel Foucault, «Die Heterotopien. Der utopische Körper» (Suhrkamp Verlag, Frankfurt am Main, 2005), Robert Pfaller, «Wofür es sich zu leben lohnt. Elemente materialistischer Philosophie» (S. Fischer Verlag, Frankfurt am Main, 2011)

Das Bühnenbild ist eine riesige Holzkonstruktion in der Form eines Hauses, die schon den Inszenierungen «Der eingebildete Kranke» und «Der Geizige» in der Volksbühne als Raum diente. Sie steht vor dem Portal auf der Vorbühne, vor dem geschlossenen Vorhang.

M kommt herein, alle fallen über ihn her.

M: Was ich sagen will, ist Folgendes. Es ist ganz einfach. Also, ich seh es so, dass, na ja, ich denke, die Welt teilt sich in zwei Lager, in die Don Juanisten, die eben, die sich nehmen, was sie wollen, die einfach zupacken, wenn sie vor dem stehen, was sie begehren, und die, die es nicht tun. Richtig?

Max & L: Richtig.

M: Ich meine, die Leidenschaftlichen, die versuchen zu kriegen, was sie wollen, schön, vielleicht bekommen sie nicht immer, was sie wollen, aber wenigstens sind sie lebendig. Weißt du.

Max & L: Ja.

M: Und wenn sie irgendwann auf dem Totenbett liegen, müssen sie nichts bereuen. Stimmt's? Und die andern, die sich nicht nehmen, was sie wollen, die, die nicht zupacken, na ja, wer interessiert sich schon für diese Langweiler?

L, F & Max fallen erneut über M her.

M: Max! Ich kann, ich find dich nicht attraktiv, und du, Lily, geh runter von mir.

F: Na jedenfalls seh ich es so, dass, na, dass sich die Welt in zwei Lager teilt. Die, die sich nehmen, was gerade so um die Ecke biegt, und die andern, die das nicht tun. Die strahlen nicht. Aber andererseits will ich das ja auch. Ich will ja auch leben. Also hab ich die ganzen Probleme. Ich muss mich gesund erhalten. Und ich kann nicht so leben, als ob es der letzte Tag wäre.

Max: Ja, richtig.

M: Und wer interessiert sich schon für diese Langweiler?

L, F & Max fallen über M her.

M: Was ist denn los mit euch? Jetzt mal stopp! Was passiert denn hier? Warum fallt ihr denn dauernd über mich her? Was ist das denn hier?

Max: Ist da das Schlafzimmer?

M: Ja.

Max: Aber man will ja auch lange leben. Natürlich fragt man sich, wo die Leidenschaftlichkeit hin ist. Aber wir wollen doch auch lange leben und nicht nur intensiv. Und dann redet man sich das Leben nun mal schön, weil man nun mal leben will, am Leben bleiben will, einfach nur das. Ja, ich denke, die Welt teilt sich in zwei Lager, die, die sich nehmen, was sie wollen, und die andern. Richtig?

M: Ja. Richtig.

Max: Die, die sich nehmen, was sie wollen, die sind wenigstens lebendig, und wenn sie dann auf dem Totenbett liegen, müssen sie nichts bereuen. Stimmt's?

L: Und die sich nicht nehmen, was sie wollen, na ja, wer interessiert sich schon für diese Langweiler?

Max, F & M fallen über L her.

L: Nein, Don Juan, bitte. Ich finde dich nicht attraktiv. Und du, Baptiste, geh von mir runter. Ich liebe euch beide! Ich kann nichts dafür!
Ich bin so nervös. Es wäre alles viel leichter, wenn ihr mehr nonchalant sein könntet. Ich bin hier, um euch etwas zu gestehen. Und ein Geständnis um elf Uhr morgens ist nicht so einfach abzulegen.
Don Juan!

M: Ja bitte?

L: Setz dich zu mir. Don Juan, guter Don Juan, ich hab dir gestern etwas verschwiegen, Juan, als ich dir erlaubte, mich zu lieben. Ich konnte dir einfach nicht sagen, dass am Tag vorher Giovanni und ich uns – hat er's dir gesagt, Juan?

M: Nein.

L: Bitte versprich mir, dass du nicht das Mobiliar zertrümmern wirst. Ich habe Giovanni nicht nur gern, es ist viel mehr.

M: Selbstverständlich.

L: Es pflegt sonst nur Männern zu passieren, aber jetzt ist es mir, einer Frau, zugestoßen.

M: Hä?

L: Ich werde doch wohl noch hundert Hüte anprobieren dürfen, bevor ich mich für einen entscheide.

M: Hast du was dagegen, gegen meinen Lebenswandel?

L: Nein, aber dass sie sich dauernd vermählen.

M: Gibt es nichts Angenehmeres?

F: Um was geht es denn?

M: Darum, dass ich, hingerissen von ihren Reizen, ihr bis hierhin gefolgt bin.

L: Wem?

M: Einer andern.

F: Ihr Verlobter selbst hat sie hierher gebracht.

M: Ich weiß doch auch nicht, was ich machen soll. Ich liebe euch nun mal nicht.

Max: Ich bin doch vornehm!

F: Du betrübst mich.

L: Wieso denn?

F: Du liebst mich nicht.

L: Ah, und weiter nichts?

F: Nein, das ist aber auch schon genug.

Max: Aber wer interessiert sich schon für diese Langweiler?

Alle fallen über Max her.

Max: Schluss jetzt, aus! Ihr könnt doch nicht alle über mich herfallen! Dieses Gerangel ist doch keine Intensität! Was hat denn das damit zu tun, dass man sich nehmen will, was gerade so um die Ecke biegt!

B tritt auf.

B: Die Sache ist jedenfalls, ich seh es so, dass, na ja, ich denke, die Welt teilt sich in zwei Lager, die, die sich nehmen, was sie wollen, und die, die es nicht tun. Richtig?

Max & L: Ja, richtig.

B: Ich mein, die Leidenschaftlichen, die versuchen zu kriegen, was sie wollen, schön, vielleicht bekommen sie nicht, was sie wollen, aber wenigstens bleiben sie lebendig. Weißt du. Aber man will ja auch leben. Und wer interessiert sich schon für diese Langweiler?

Alle fallen über B her.

M: Sie ist einfach so schön!
Was mach ich denn nur? Ich liebe sie so sehr.

B: Ich fühl mich etwas in die Ecke gestellt.

M: Ja, sie hatte recht. Ich weiß nicht, woran es liegt. Ich fühl mich nur nicht zu ihr hingezogen.

330 **F:** Tut sie etwas, das Sie abstößt?

M: Nein. Nein, ich bin auch selbst schuld. Und ich belüge sie, ich sage ihr, dass die Arbeit mich zu sehr beansprucht. Dabei ist das Gegenteil der Fall. Ich bin super sexuell erregt. Nur nicht von ihr.

Max: Und wer erregt Sie?

M: Jede andere. Sie hatte eine Schwester. Ich sehne mich nach ihr. Und ihre Freundin, ich träume von ihr. Sie ist faszinierend. Die Wahrheit ist, ich treffe auf niemanden, bei dem ich mich nicht frage, wie sie denn so im Bett sind.

L: Mein Gott! Gegen dich war Casanova ein Waisenknabe. Du bist ein klinischer Fall. So war's bei deiner ersten Frau, bei deiner zweiten, bei deiner dritten …! Du weißt, dass du behauptet hast, du würdest sie lieben und dass du ohne sie nicht leben kannst. Und dabei hattest du eine Affäre und noch eine und noch eine.

M: Ich hab es dir erzählt: Eines Nachts hab ich mit ihr im Bett gelegen, und mir verging alles. Weil, so wie das Licht auf sie fiel, sah sie für mich plötzlich aus wie Max Schmeling. Und danach konnte ich keine Erektion mehr kriegen.
Ich will euch etwas über die Beleuchtung sagen. Manche behaupten, ich sehe in einem gewissen Licht einigermaßen passabel aus. Seit einiger Zeit kommt es mir aber so vor, als ob sich die Beleuchtung geändert hätte. Versteht ihr, was ich meine? Also in diesem Licht hier kann etwas, von dem ihr wisst, dass es riskant ist, sich mit ihm abzugeben, dass es euch schadet, einigermaßen glamourös und erhaben aussehen. Der Rauch dieser Zigarette zum Beispiel. Und in einem anderen Licht fangt ihr an, darüber nachzudenken, ob ihr euch nicht, wenn der Rauch zu euch rüberzieht, in eurem Bedürfnis nach Sicherheit beeinträchtigt seht. Was ihr gerade noch erhaben fandet, bringt euch jetzt eher auf den Gedanken, die Polizei zu rufen. So ist es in etwa auch mit mir. Ich kann nicht sagen, dass ich nun unbedingt der angenehmste Mensch und der verbindlichste Liebhaber wäre. Aber es gab einmal ein Licht, in dem das gerade viel attraktiver war, als sich vorzustellen, mit mir eine Familie zu gründen.

L: Ich weiß nicht, wie das passieren konnte, dass ich dich plötzlich eklig finde, obwohl du dich gar nicht geändert hast, sondern nur die Beleuchtung.

M: Wir leben in der besten aller Zeiten und Welten, das kann man so sehen, das kann man aber auch anders sehen. Natürlich leben wir länger. Weil wir wissen, was gesund ist. Richtig?

L, Max, B & F fallen über M her.

M: Warum fallt ihr denn über mich her! Das ist doch kein Leben, lange leben zu wollen. Hört sofort auf damit! Gerade eben wolltet ihr doch noch intensiv leben!

Und du, geh von mir runter! Es geht beides nicht. Und darum geht's. Dass das alles nicht geht. Man kann nicht einfach Kinder zeugen, aber man kann auch nicht einfach keine Kinder zeugen. Es geht beides nicht, da liegt die Verzweiflung.

Max: Also, ich seh es so, dass, na ja, ich denke, die Welt teilt sich in zwei Lager, in die Don Juanisten: Die nehmen sich einfach, was sie wollen, ein gegen alles Interesse der Sinne gerichtetes Wohlgefallen und was ihnen von mir aus auch schadet. Aber man will ja nicht, dass es schadet.

B, F & L fallen über Max her.

M: Ihr könnt doch nicht über ihn herfallen, weil er lange leben will. Weil er will, dass das Leben ihm nicht schadet! Was ist das denn?

F: Es ist eine Sache der Beleuchtung. In einem anderen Licht sieht das nämlich schon ganz anders aus. Das, was man eben noch genießen konnte, kann in einer anderen Beleuchtung bedrohlich wirken.

Max: Ja, du hast mich gewarnt, dass ich mich nicht in dich verlieben sollte.

M: Wie kannst du denn auf mich hören, du weißt doch, dass ich irre bin.

F: Versprich mir, dass du dich nicht in mich verlieben wirst. Ich bin zu verkorkst. Weißt du, ich hab zu viele Macken. Ich hab zu viele Phobien.

L: Aber ich war schon verliebt, bevor ich dich kennengelernt habe. Ich hab mich in deine Arbeit verliebt.

Max: Ich verstehe, aber für welchen Chapeau entscheiden Sie sich, Madame?

L: Für beide. Denn du, Baptiste, du bist für mich ein leicht ramponierter Strohhut. Naturfaser, hell, glatt und hart. Irgendwas stimmt nicht mit der Form. Aber äußerst schneidig anzusehen. Und so bequem zu tragen, wie man sich's nur wünschen kann. Und du, Don Juan, schick, schmissig, schwungvoll schräg sitzend, doch an windigen, stürmischen Tagen muss man ihn festhalten. Und beide so schmückend für eine Frau.

Max: Oh. Wie unsagbar unglücklich ich bin. Womit hab ich das nur verdient.

F: Tut mir leid. Sie sitzt wirklich schlimm in der Klemme.

L: Sch. Da habt ihr es. Du hasst ihn, Don Juan, und er hasst dich. Enden wird es aber damit, dass ihr mich hasst. Bitte, setzen wir uns hin.
Besprechen wir das Problem von allen denkbaren Seiten, mit klarem Kopf und kühlem Herzen. In der Atmosphäre einer Abrüstungskonferenz. Wir müssen nur eins aus dem Spiel lassen, damit es klappt, und zwar Sex.

M, F, B & Max fallen über L her.

L: Nein! Ich liebe dich nicht mehr! Das Licht hat sich geändert!

Max: Merkwürdig, die eben noch vertrauten Dinge, die hier herumstehen, wirken in einem andern Licht plötzlich fremd und bedrohlich.

M: Seht ihr. Und das hat mit der Beleuchtung zu tun. Etwas war immer schon gefährlich, aber es gab ein Licht, in dem das attraktiv, und dann ein Licht, in dem eher ein Leben ohne Risiko bevorzugt wurde.
Ich könnte euch sogar sagen, dass sämtliche dieser Scheinwerfer hier über uns mit mindestens zwei Karabinerhaken an der Decke gesichert sind. Vor 20 Jahren nur mit einem. Jetzt kommt ihr ins Grübeln, nicht?
Die Leute wollen lange leben. Und sie wollen intensiv leben. Ich könnte hier Dinge veranstalten, hier vor euch, die nicht unbedingt gesund sind, und sie würden keine Sekunde darüber nachdenken, dass das nicht

gut für mich ist, sondern sie würden sagen, das gefiele ihnen sogar besonders gut. «Die Stelle, wo er sich fast den Hals gebrochen hätte, sah besonders gut aus.»
Wisst ihr, was ich meine? Es kommt auf die Beleuchtung an. Und die hat gewechselt.

L: Don Juan! Ich kann, ich find dich nicht attraktiv. Baptiste, und dich auch nicht! Und du, Lily, geh runter von mir.

Max: Was fallt ihr denn immer über mich her? Das war doch keine Einladung!

M, F, B & L fallen über Max her.

Max: Don Juan! Ich kann, ich find dich nicht attraktiv. Baptiste, und dich auch nicht! Und du, Lily, geh runter von mir.

L: Also, ich seh es so, dass, na ja, ich denke, die Welt teilt sich in zwei Lager, die, die sich nehmen, was sie wollen, und die, die es nicht tun. Richtig?

F: Richtig.

Max: Wir können doch eben nicht verhehlen, dass die Art von Genüssen, in der etwas Ungutes zur Quelle triumphaler Lust wird, für uns die Gesamtheit dessen bilden, wofür es sich zu leben lohnt.
Ohne all das wäre das Leben eine abgeschmackte Abfolge von Bedürfnissen. Eine geistlose Angelegenheit ohne irgendwelche Höhepunkte.

F: Und dann muss man doch sagen, dass, na ja, die Welt sich vielleicht in zwei Lager teilt, in eine asoziale Dimension der Liebe, in eine gewalttätige also, auf der einen Seite, und in eine Seite der Liebe, die ganz sicher und in absoluter Übereinstimmung mit den Sicherheitsvorkehrungen ist. Richtig?

Max & L: Richtig.

L: Ja, du hast recht, es könnte sein, dass ich in kürzester Zeit verlernt habe, dasjenige zu schätzen und zu würdigen, wofür es sich zu leben lohnt.

M: Wann dieser Beleuchtungswechsel da draußen ungefähr stattgefunden hat und seit wann

wir in dem, was einmal als genauso schädlich galt wie heute, diese Zigarette zum Beispiel, nichts Erhabenes mehr sehen können …? Keine Ahnung.

L: Du rauchst ja.

M: Aber ich rauche doch schon die ganze Zeit.

L: Mach sofort die Zigarette aus!

M: Genussmenschen rufen im Moment auffällig schnell nach der Polizei. Und warum verzichten die plötzlich so schnell auf das, was sie vom Leben so alles haben können?
Wenn wir auf das verzichten, was wir vom Leben haben könnten, hat das vielleicht mit einer ästhetischen Schwächung zu tun. Wir sind unfähig geworden, die Bedingungen herzustellen, unter denen so etwas Anstößiges

wie Tabak als lustvoll erlebt werden kann. Das hier ist lustvolles Licht. Und das hier ist unser ästhetisches Unvermögen, die Rahmenbedingungen herzustellen, unter denen das Risiko ein Genuss darstellt. Das ist die ästhetische Schwächung. Und das ist das Licht, in dem wir an das Leben herankommen.

Max: Richtig. Dass das Rauchen plötzlich gehasst wird, ist doch nicht das Ergebnis eines Erkenntnisgewinns. Wir haben doch schon immer gewusst, dass Rauchen schädlich ist. Ich würde sogar sagen, wenn wir das nicht gewusst hätten, dann hätten wir niemals Zigaretten geraucht. Es ist ja gerade ihre Schädlichkeit, die sie so erhaben macht.

F: Ja gut, deine Küsse schmecken wie ein
nasser Mopp. Aber wir können doch auch entgegen dem Interesse unserer Sinne genießen. Also, na ja, ich denke, die Welt der Liebhaber teilt sich in zwei Lager, die einen sind wie das Rauchen, es ist gerade ihre Schädlichkeit, die sie erhaben macht. Richtig?

Max & F: Ja. Richtig.

L, F, B & Max fallen über M her.

M: Das faszinierend Erhabene ist immer eine in einem anderen Licht wahrgenommene negative Eigenschaft. Ein gegen alles Interesse der Sinne gerichtetes Wohlgefallen. Und das ist wenigstens lebendig, und wenn man dann auf dem Totenbett liegt, muss man nichts bereuen. Stimmt's? Und die, für die das Schädliche einfach nur hassenswert ist, na ja, wer interessiert sich schon für diese Langweiler?

Alle fallen über M her.

M: Baptiste, ich kann, ich find dich nicht attraktiv, und du, Lily, geh runter von mir.

Max: Weißt du, in meiner Zuneigung zu dir hat etwas stattgefunden, was man im Theater einen Wechsel der Beleuchtung nennen würde. Dieselben bereits vertrauten Dinge, die auf einer Bühne herumstehen, wirken in einem anderen Licht plötzlich bedrohlich und fremd. Es hat ein Beleuchtungswechsel stattgefunden, Donna Anja. Eben warst du mir noch so vertraut, und plötzlich – Lichtwechsel – schaut dasselbe so fremd und bedrohlich aus.

M: Zigarette?

Max: Ja, ich weiß.

L: Ich meine, die Leidenschaftlichen, die versuchen zu kriegen, was sie wollen, schön, vielleicht bekommen sie nicht, was sie wollen, aber wenigstens sind sie lebendig. Weißt du. Und die, die sich nicht nehmen, was sie wollen, na ja, wer interessiert sich schon für diese Langweiler?

CLIP

F: Giovanni Battista! Ich kann, ich find dich nicht attraktiv, und du, Don Juan, geh runter von mir.

Max: Ich kann es doch nicht immer nur krachen lassen. Ich will doch auch lange leben.

L: Ja, es gab eben einen Beleuchtungswechsel.

F: Die Welt teilt sich in zwei Lager. In die Genossen mit der größten Klappe, auf die immer die meisten Verehrerinnen warten, und in die anderen Genossen. Auf die niemand wartet.

Max: Der Genosse mit der größten Klappe erwartet die meisten Verehrerinnen.

L: Darin besteht doch ein wesentlicher Unterschied zur Freundschaft. Die Freundschaft braucht keinen körperlichen Beweis.

F: Oh doch!

Max: Aber es muss doch auch Treue geben und Dauer! Ich will doch nicht immer weglaufen, wenn es anstrengend wird. Ja gut. Es ist ganz schön, übereinander herzufallen. Aber ich möchte doch auch, dass der andere oder ich bleiben, wenn es anstrengend wird.

L: Es muss doch auch um die Dauer gehen! Unglaublich viele Philosophen denken wie ich plötzlich über die Dauer der Liebe nach.

F: Gibt es zu den Heterotopien, den Gegenräumen, nicht auch eine Gegenliebe? Also Hetero… ich weiß nicht … Heterosexualität? Die eben nicht das ist, was wir uns erzählen, als Orte. Eine Liebe, die eine ganz andere Realität hat. Vor allem, dass sie einfach nicht aufhört. Heterotopien und Heterosexualität, das sind die Themen, da müsste sich eine Wissenschaft drum kümmern.

J tritt auf.

J: Und wer interessiert sich schon für diese Langweiler?

Alle fallen über J her.

J: Giovanni Battista! Ihr könnt doch nicht alle über mich herfallen! Ich steh nicht auf euch. Ihr wollt doch bloß, dass ich euch abweise, und aus dem anschließenden Unglück wollt ihr euch einen Charakter zusammenbauen. Ihr langweiligen Scheiterer!

B: Es ist unglaublich, wie sich immer mehr Leute spontan vor Sexualität und Tabak ekeln. Das war doch eben noch ganz anders.

L: Was ist los mit dir? Du siehst so merkwürdig aus.

M: Was?

L: Ich seh dich kaum.

M: Wie? Du siehst mich kaum …

Max: Du bist so dunkel geworden.

M: Dunkel? Tja … ich weiß auch nicht. Ich hab gestern Abend einen deprimierenden Film gesehen. Und manchmal, in letzter Zeit, beschäftigen mich Gedanken über den Tod …

Max: Nein, ich meine *wirklich* dunkel.

L: Don Juan ist nicht richtig ausgeleuchtet.

B: Wir haben aber schon alles probiert. An den Scheinwerfern liegt es nicht.

L: Er scheint alles Licht zu schlucken.

F: Du, ich weiß nicht, wie ich's dir sagen soll. Aber du bist nicht …

Max: Du bist nicht beleuchtet. Du bist nicht zu erkennen.

M: Ich weiß auch nicht. Ja, du hast recht, es ist nichts zu sehn.

F: Ich kann ihn nicht sehen, aber es liegt nicht an der Beleuchtung.

B: Du bist so schlecht zu sehen.

M: Ich kann das jetzt nicht brauchen, ja! Es ist demütigend. Halt's Maul!

J: Don Juan! Was ist passiert?

M: Ich weiß nicht. Zuerst dachten sie, es liegt an der Beleuchtung. Aber dann sagten sie, ich bin es selbst. Ich bin nicht richtig beleuchtet.

B: Hast du vielleicht irgendwas Falsches gegessen? Meeresfrüchte oder so!

M: Nein, das ist keine allergische Reaktion. Ich muss mich nur hinlegen und brauch mal 'ne anständige Mütze Schlaf.

J: So was hab ich noch nie gesehn. Eigentlich stimmt alles an dir. Es hat sich nur die Beleuchtung geändert.

L: Kann man nicht die Beleuchtung wechseln?

M: Es ist nicht die Beleuchtung. Das bin ich selbst. Ich hab's dir doch gesagt!

J: Ich befürchte, sie erwarten, dass die Menschen in ihrer Umgebung sich auf die Verzerrung einstellen, die sie geworden sind.

342 **M:** Ja, natürlich. Hach, ich erwarte gar nichts. Na ja, ich mache etwas durch, und ich weiß nicht, was. Ich weiß nur, dass ich … zum ersten Mal in meinem Leben … es will nichts kommen.

L: Schlecht ausgeleuchtet ist gar nichts.
Erinnere dich doch mal an den «Geizigen»!
Als du gar nicht da warst.
Weißt du, dein größter Erfolg war der Abend, an dem du *gar* nicht aufgetreten bist.

M: Ja, sie hat recht. Ich kann mich sehr gut erinnern. Sie hatte recht. Mein größter Erfolg war der Abend, an dem ich nicht aufgetreten bin.

L: Ja, siehst du.

M: Niemals vorher hatte ein Theaterabend, den ich miterlebt hatte, eine größere Wirkung als dieser, der nicht stattfand.

L: Ja, genau, Sie standen schon vor dem Theater oder saßen sogar schon drin, und dann kamst du nicht. Allein die Gespräche, die Sie beim Verlassen des Theaters führten! Sie wurden zwar um Ihre Meinung gebracht über den Theaterabend, aber es fand zumindest etwas statt, von dem Sie sich eine … eine Verbindung mit anderen Menschen erwarten: Empathie!

M: Hier geht's doch gar nicht um Empathie. Das wird eh immer verwechselt. Durch Empathie lässt sich nichts genießen. Allerdings: Ich kann mich nicht erinnern, dass sich jemals ein Publikum oder ein Theater, in dem ich arbeitete, mehr Sorgen um mich gemacht hätte als an diesem Tag.
Es fanden Gespräche über meine Gesundheit statt und nicht über die ästhetische Schwäche der Inszenierung.

B: Wie leicht denkt man, man hätte so melodramatisch sein Leben versäumt, aber wir feiern unsere größten Erfolge und Genüsse da, wo wir nicht aufgetreten sind.

L: Man hat mir die Wimpern wieder abgenommen. Ich war gerade dabei, ein bisschen Text zu memorieren, als ich sah, wie mein Kostüm schon wieder runter in den Keller getragen wurde.

M: Warum lässt sich das nicht wiederholen? Nicht aufzutreten, um sowohl für sie als auch für mich das größtmögliche an Empathie herauszuholen, und auch das größtmögliche an Genuss. Aber wie könnte ich an das herankommen, ihnen heute Genuss zu verschaffen, indem ich paradoxerweise auftrete und nicht auftrete? Ich wünschte, man könnte das immer haben. Diese Empathie. Diese Wirkung. Dieses Interesse an meiner Kondition.

J: Unter den Zuschauern gab es eine immense Steigerung der Affekte, und warum sagten sie trotzdem hinterher, sie haben ja nur eine Vorstellung gesehen, die nicht stattfand.

Bühnenarbeiter sind hereingekommen und schieben das Bühnenbild / die riesige Holzkonstruktion durch den geöffneten Vorhang nach hinten.

M: Was ist denn mit der Bühne los? Was macht ihr denn da?

L: Sie haben gehört, dass du nicht kommst, und bauen jetzt das Bühnenbild ab.

M: Aber das können die doch nicht machen. Ich bin doch da.

L: Sie können dich nicht hören. Weißt du, und zu diesem Zeitpunkt sind wir gerade im Theater.
Es ist der Abend, an dem du nicht aufgetreten bist.
Es gab sogar einige, die dachten, du wärst schon tot. Es gibt so viele Geschichten über dich, es wäre gar nicht so aus der Luft geholt gewesen, dass du gestorben wärst. Nie-

mand hätte gesagt: «Aber er war doch eben noch bei bester Gesundheit.» Was ich damit sagen will: Es war recht nahe liegend.
Also, die Bühnenarbeiter schoben das Bühnenbild des «Geizigen» zurück auf die Seitenbühne, um früher Feierabend zu machen, und wie, ja, wie auch die Nachrufe, die die Zeitungen bereits aus ihren Schubladen holten, denn die Artikel über dein Nichtauftreten klangen wie die schon lange in den Schubladen liegenden Nachrufe, erschien auf der Bühne, wie durch einen Zauber und wie das, was man gemeinhin memento mori nennt, plötzlich …
Aber erst mal langsam …

Das Bühnenbild wurde abgebaut und nach hinten geschoben, der Vorhang ist geschlossen. M und L vorm Vorhang.

L: Du hörst jetzt auf meine Stimme. Meine Stimme wird dir helfen, dich an den Abend zu begeben, an dem du nicht aufgetreten bist. Jedes Mal, wenn du meine Stimme hörst, wirst du tiefer und tiefer sinken. Ich zähle jetzt von eins bis zehn, bei zehn wirst du am 7. Juni 2012 sein – die Premiere, zu der du nicht erscheinst.
Eins – Konzentriere dich auf meine Stimme, und du spürst, wie du dich langsam entspannst.
Zwei – Deine Hände, deine Finger erwärmen sich und werden schwerer.
Drei – Du spürst die Wärme.
Vier – Das Haus ist voller Leute, manche sitzen sogar schon drinnen, und du wirst nicht kommen.

Fünf - Du wirst eine nie vorher da gewesene Wirkung entfalten.
Ich sage: Sechs - Und alles an dir beginnt langsam zu sinken.
Sieben - Du sinkst tiefer und tiefer, dein Blut steigt dir zu Kopf, du läufst blau an, manche sagen sogar grün.
Acht - Du schwebst.
Neun - Auf den Höhepunkt deiner Karriere zu.
Ich sage: Zehn - Es ist der 7. Juni 2012, Vorhang!

Vorhang auf. Hinten steht, wie eine Krypta, die Miniaturversion der Holzkonstruktion vom Anfang.

B: Was ist denn das? Na, ob das ein gutes Omen ist. Es sieht aus wie eine Krypta.

M: Oh, dann sind wir hier richtig. Mir sagen nämlich nur Orte etwas, an denen ich gleichzeitig bin und nicht bin, wie auf einem Friedhof. Oder Orte, an denen ich ein anderer bin, wie etwa im Puff oder in einem Feriendorf. Wir leben, wir lieben, wir sterben nicht auf einem rechteckigen Stück Papier.

L: Kann man dich denn gar nicht verletzen? Bleibst du einfach immer?

M: Ich weiß einfach, was mir blüht, wenn ich von dir weggehe. Wie dumm das auch ist, dass andere von einem besseren Leben danach reden. Nach dir gibt es kein besseres Leben. Wissen die denn gar nichts?
Wissen die denn nicht, dass das Leben dann

vorbei ist? Dann beginnt doch das, also wenn die Menschen mit ihrer herkömmlichen Zeit brechen, was für das Individuum der Verlust des Lebens ist und die Quasi-Ewigkeit, in der es nicht aufhört, sich zu zersetzen und zu verwischen. Und alles ohne Friedhof. Ohne Heterotopie. Diese Ewigkeit, die das dauert! Lebendige Leichen aller Altersstufen.
Aber jetzt hier! Ja, ich weiß, der Friedhof ist der absolut andere Ort. Aber auch hier, die Schwelle dieses Freudenhauses. Noch heute trete ich nicht ohne eine gewisse schülerhafte Emotion über diese Schwellen besonderer Erregbarkeit. Dort folge ich dem großen abstrakten Begehren, das sich zuweilen in denen abzeichnet, die ich einst geliebt habe.

F: Oh Gott, ich wusste, dass er geistesgestört ist, und zwar schon vor der Ehe. Aber ich dachte, dass ich als ausgebildete Psychologin ihm da helfen könnte.

M: Du hast mich doch hypnotisiert, und deshalb sind wir jetzt an einem Ort, an dem wir gleichzeitig sind und nicht sind. Wo ich auftrete und gleichzeitig nicht auftrete. Die Heterotopien sind häufig an Zeitschnitte gebunden, das heißt an etwas, was man symmetrischerweise Heterochronien nennen könnte. Die Heterotopie erreicht ihr volles Funktionieren, wenn die Menschen mit ihrer herkömmlichen Zeit brechen. Man sieht daran, dass der Friedhof ein eminent heterotopischer Ort ist; denn er beginnt mit der sonderbaren Heterochronie, die für das Individuum der Verlust des Lebens ist und die Quasi-Ewigkeit, in der es nicht aufhört, sich zu zersetzen und zu verwischen.

Was ist denn der Verlust des Lebens? Wie sieht das denn aus? Ich kann nicht davon sprechen, dass das hier, meines, ein Leben ist. Wann fand denn dieser Bruch mit meiner herkömmlichen Zeit statt? Wann begann denn diese Quasi-Ewigkeit hier ohne dich?

Ich sage euch nur: Verlasst euch nicht! Es gibt nichts Besseres als die Liebe, auch keine neue Liebe und keine andere Liebe. Es kommt nichts danach. Denkt nicht, es könnte sich bessern, wenn man der Qual entkommt, es kommt nur Dunkelheit nach der Qual. Verlasst niemanden! Auch die Liebe lässt sich nicht verbessern. Sie kann nicht sicherer werden. Sie muss gewalttätig bleiben. Es gibt kei-

ne Befreiung! Von was denn? Von aufregenden Nächten, die man verlassen daliegt? Aber er oder sie kommt ja wieder. Keine Rache. Kein Nachtragen. Es geht nicht darum, sich zu erneuern. Das ist der miese Therapeutenwitz, der alle Unglückliche aus uns macht. Oder der Tipp von Freunden, der uns immer tötet, wenn sie sagen, dass jemand nicht der Richtige ist. Den Freundeskreis austauschen, würde ich da jetzt sagen. Es gibt keine Befreiung. Treue heißt nicht Ausschließlichkeit, sondern: nicht wegrennen, wenn es anstrengend wird. Und ich möchte hinzufügen: «Wenn es zur unaushaltbaren Qual wird. Wenn man euch umbringen will. Bleiben! Immer bleiben!» Nur die Unwissenden werden sagen: Das ist keine Liebe. Man findet niemals eine bessere Liebe. Niemals. Wenn man das denkt, hat man nie geliebt.

Ja gut, das ist jetzt zu einfach: zu dissen, nur um auf den Punkt zu kommen.

J: Das hier scheint ein Stück darüber zu sein, dass du nicht aufgetreten bist. Und ich finde, ich komme nicht gut weg dabei!

M: Warum denn?

J: Weil ich darin nun mal auftrete. Du hast die viel bessere Rolle. Du trittst nicht auf, hast aber den meisten Text.

M: Und an diesem Tag wurde mir klar, es fehlt uns beiden eine Heterotopie.
Ich glaube … wir müssten … das einfach mal durchspielen … Ich bin Heterotopist.

Max: Sie sind Hetero?

M: Nein, das ist nicht, was ich sage, ich bin Heterotopist.

L: Und er hier ist Heterologist.

J: Ich beschäftige mich mit der Wissenschaft der Heterotopien.

M: Die Anhänger der Heterotopologie sind keine Heteros!

J: Ich bin aber Hetero und Heterotopologist.

Max: Dieses Haus ist speziell für Jugendliche in der Pubertät.

L: Aber du bist gar kein Architekt.

J: Ach, dann sind es wohl heterosexuelle Jugendliche?

B: Sie sind ja geradezu besessen von diesem Haus.

J: Wissen Sie, Miss Plotka. So ein Haus zu bauen ist in etwa so wie Liebe zu machen mit einer wunderschönen Frau. Sie zeichnen einen Plan, stellen Ihre Pfosten auf, und dann gehen Sie irgendwann rein.

B: Ich dachte gerade eher darüber nach, welche Teppiche ich legen sollte.

J: Einen Teppich zu legen ist ungefähr so ähnlich wie Liebe zu machen mit einer wun-
 derschönen Frau. Sie legen ihn hin, nageln ihn fest und laufen auf ihm herum.

B: Und die Tapeten. Ich brauche natürlich auch Tapeten.

J: Also, Tapeten aufhängen ist ungefähr so wie Liebe zu machen mit einer wunderschönen Frau. Sie müssen Ihr Zeug sauber halten. Sie legen sie auf einen Tisch, und dann nehmen Sie den Pinsel und hängen sich auf.

B: Sie meinten sie! Sie hängen sie auf! Die Tapeten. Sie haben das Wort nicht richtig ausgesprochen.

J: Ganz recht. Ich gehöre auch zu den Unaussprechlichen.

Max: Hey, zu denen gehör ich auch!

M: Schluss jetzt! Ruhe! Aus! Sind wir hier in einem Haus für pubertierende Jugendliche, oder was? Ich möchte mal eine Frage stellen. Wer von euch ist Lily Garland?

Alle gucken weg.

M: Was für eine Mauer des Schweigens soll das denn jetzt sein? Ist das eine Verschwörung? Ich will einen Ort für dich und mich, aber wir konnten ihn nie finden, und jetzt weiß ich auch, warum!
Wir können nicht da sein, wo unsere Leiche ist. Das heißt … eigentlich … wir dürfen es nicht. Wir können nicht die Friedhöfe bewohnen, das ist irgendwie verboten. Obwohl wir natürlich alle da landen werden und sie bevölkern. Und wir können nicht da sein, wo unsere Körper sind. In der Liebe eben auch nicht, wenn wir mit ihr eine Utopie verbinden. Also wie könnte es gelingen, dass unsere Körper in eine Liebe verwickelt sind und einen Ort für sie, der nicht in Vorstellungen existiert, sondern genau hier. Es gibt anscheinend keinen Ort für die Liebe. Das Wohnzimmer ist es nicht, die Küche auch nicht mit ihrem ohrenbetäubenden Zusammen- und Zweisamsein und in Joghurtbechern zu kratzen, und auch nicht in Schlafzimmern, die ja die Körper auch nur verstecken, wie Krankenhäuser. Schlafzimmer und Krankenhäuser sind dasselbe. Sie existieren nur, weil wir die Friedhöfe nicht bewohnen dürfen.

L: Ja, siehst du, ich hab's gerade selbst gesehn! Du sprichst nicht mit denen, die du liebst. Du sprichst nur mit mir. Wirklich.

Die Liebenden sprechen nur mit uns. Mit ihrer Liebe sprechen sie nie. Und das muss doch etwas zu bedeuten haben, dass ich in meinem Wunsch, bestimmte Ereignisse logisch nachzuvollziehen, gedacht habe, dass es etwas Wertvolles ist, was die Liebenden da austauschen an Worten. Und da lag immer mein Missverständnis, weil du so viel mit mir gesprochen hast. Aber wenn es deine Liebe war, nämlich ich, oder etwas, das mit mir zu tun hatte, dann wäre es unmöglich gewesen, Worte an mich zu richten. Wie konnte mir das entgehen?
Wie konnte ich die ganze Zeit nur annehmen, dass die Tatsache, dass du mit mir sprichst, dass das so etwas wie Liebe wäre? Meine Beobachtung kommt ja jetzt zu einem völlig anderen Schluss.

M: Ja, genau. Das wollte ich dir doch die ganze Zeit klarmachen, dass wir nicht lieben können, wenn wir sprechen. Und dass das nicht meine Schuld ist. Wir brauchen einen Umweg.

L: *Ich* kann schließlich lieben, wenn ich spreche.

M: Nein, kannst du nicht.

L: Ich tu's doch gerade, ich liebe und ich spreche.

B: Don Juan, gib es auf. Sie hat einen anderen.

M: Ja, aber der Typ ist viel zu alt für sie.

B: Aber er ist jünger als du.

M: Ja, und ich bin *viel* zu alt für sie. Aber wegen meiner Unreife hab ich etwas Jugendliches an mir. Und deshalb bin ich ja auch in diesem Haus für pubertierende Jugendliche gelandet.

L: Don Juan. Ich werde unsere Liebe auf den letzten Tag meines Lebens verschieben. Ich muss das tun, weil, ich muss ja leben und das übliche Tagesgeschäft. Ich kann nicht diese Sensation teilen mit der Straße und den Bäumen. Diese Sensation, die du bist. Das kann ich nicht. Ja, ich weiß, dass das Sterben schwer wird, aber auf diese Zeit werde ich meine Liebe zu dir vertagen müssen. Wenn meine Augen beim Sterben die ewig gleichen Kreise an der Decke ziehen und kurz bevor die Dinge ihre Funktion ändern, dann fällst du mir wieder ein. Es war so gut: Diese Entscheidung mit der Verschiebung, der Vertagung meiner Liebe, anders hätte ich das nicht ausgehalten. Ich hätte nicht mehr sagen können: Jetzt liebe ich dich. Keiner wollte das mehr hören mit der Liebe. Wenn meine Augen die ewig gleichen Kreise drehn an der Zimmerdecke eines Krankenzimmers, würde ich meine Liebe so vor mich hinleiern, vor mir kreisen lassen, was die Augen ja tun im Sterben, die sehen ja nicht mehr, die kreisen, die machen etwas ganz anderes. Wie ich. Ich mache auch etwas anderes mit unserer Liebe, ich verschiebe sie auf den letzten Tag, an dem dieses Herz schlägt und gerade noch nicht seine Funktion geändert hat.
Don Juan! Don Juan!

Don Juan, ich glaube fast, dass die wichtigste Zeit, die Zeit, die mir alles über mich sagen könnte, die letzten siebeneinhalb Jahre sind, die ich nun ohne dich bin. Und in denen ich alles probiert habe: «vergessen», das nicht geht, «halten», das nicht geht, «festhalten», das geht alles nicht. Dass alles nicht geht. Und nicht die Jahre mit dir, die ja auch nicht gegangen sind. Nein, das, was mir etwas über mich erzählen könnte, ist nicht zu finden, wo wir leben und uns begegnen. Und die Zeit, in der jede Sekunde ein Irrtum war, jeder Schritt, um damit irgendwie fertig zu werden oder was anzufangen. Jede Sekunde, in der ich irgendwas versuchte, damit zu machen oder wegzuwerfen oder vor mich hinzustellen, und das alles nicht ging, die scheint mir wichtiger zu sein … Und deshalb weiß ich auch, dass das Leben nicht geht. Jedenfalls nicht, solange ich an Orten herumsitze, die für ganz andere Dinge gemacht sind, als sich zu entziehen, als sich aus der Welt zu nehmen, als anzuhalten und sich mit dem Unglück zu beschäftigen, nicht als Tragödie, sondern als Komödie. Man will nicht ausgehen in die Dramen und Tragödien, zu den Leuten, die mit ihrem Scheitern und ihrem Unglück herumlaufen, das gibt es zu viel da draußen, da kann man kein unglückliches Bewusstsein entwickeln. Ich brauche einen Ort, und die Tragödie ist nur Unglück ohne Ort.

Die, die zusammen sind, denen geht es ja auch nicht besser. Es gibt ja Leute, die bleiben nur mit jemandem zusammen, damit es dem danach, ohne einen, nicht besser geht als dann einem selber.

F: Das kann ich nicht ertragen. Ich will das nicht, dass es dir besser geht. Ich bleib eigentlich nur mit dir zusammen, um zu verhindern, dass es dir mit jemand anderem einmal besser geht.

M: Sie pubertierende Jugendliche, Sie!
Weißt du, Liebling, ich bin heute Morgen einem jungen Mann begegnet. Weiß, männlich, Alter: 21 Jahre. Bei uns wegen offensichtlicher Suizidtendenz. Dieser Junge ist absolut durchgeknallt. Sie glaubt, sie sei Don Juan. Also ich. Ich übernehme den Fall. Ich sagte noch zu mir: Sei doch vernünftig, du bist in zehn Tagen hier raus. Du müsstest ihn an Bill abgeben. Du läufst seit Monaten nur noch mit halber Kraft. Du bist ausgebrannt. Warum machst du dir dein Leben so viel schwerer, als es notwendig wäre!
Denk doch an die Pyramiden. Den Sand.

L: Warum denn das?

M: Halt's Maul!
Ich bin der Einzige, der je geliebt hat. Ja, sicher, natürlich denken auch andere, sie sind schwer verliebt in ihre Partner, aber ich weiß auch, dass sie sich durch mich da nicht mehr allzu sicher sind.
ICH BIN DON JUAN!
Ruhe!
Natürlich darf man so was nicht sagen. Dass man der Einzige ist, der je geliebt hat. Sie wollen es ja alle.

F: Ich habe auch geliebt.

L: Ich auch.

Max: Ich auch.

M: Halt's Maul!
Nicht einmal deine letzte SMS hatte was von der Größe von früher. Und dass du lieben kannst, jede halbe Stunde jemand anderen, und mein Unmut darüber, das hat auch keine Größe mehr.

L: Erzähl du mir nichts von Größe!

M: Und deine Unmutsäußerungen über mich, gegenüber anderen, deine Verachtung mir gegenüber, mit der du bei anderen geprahlt hast. Und wer sind die jetzt für dich? Nichts.

Jeder Satz über mich gegenüber den Typen, die dir eine Stunde was bedeuteten, und ich bedeutete ein Leben und wurde verachtet. Und das ist Liebe! Ja, genau. Wir müssen uns verachten, damit wir lieben können.
Das wär's, das wär ganz schön. Aber das lässt sich nicht leben. Jedenfalls nicht für mich. Ich kann deine andauernden Beleidigungen nicht unendlich lange in Liebesschwüre umdeuten.
Weißt du, und auch wenn sie sagen, der Kapitalismus in China hätte ein unmenschliches Gesicht, das dringend reformiert werden müsste. Aber dein Gesicht … an deinem Gesicht, weißt du, werden die Reformen alle abprallen. Ja gut, kann sein, dass eines Tages ein Gesicht auftaucht, das uns etwas sagt, aber das ist hier eben nicht die Welt für dieses Gesicht, in so was leben wir nicht. Und der Beweis: Das ist die Sekunde, in der

ich dich traf. Ich meine, dass die Sekunde, als ich dich traf, in so einem Bereich wie Leben und sogar Liebe gar keinen Sinn macht. Aber diese Sekunde macht vielleicht in etwas Sinn, was wir noch nicht kennen, weißt du. Und wenn wir es betreten würden, wäre es eine Heterotopie. Ausgerechnet wir beide. Und weil ich oft den Gedanken nicht loswerde, dass hier grundsätzlich etwas falsch ist, finde ich dein Gesicht doch immer noch das, was ich lieben kann.
Ich weiß ja auch nicht, warum in diesem Albtraum ausgerechnet dein Gesicht das Leichteste ist, was man küssen könnte.
Sagt es mir was, oder ist es nur schön, wie man das so sagt.
Weißt du, und der Ort, an dem ich gleichzeitig bin und nicht bin, das bist auch du. Oder da neben dir, das ist es. Diese Heterotopie ist doch auch nicht zu verachten. Oder Heterosexualität, was auch immer das da war zwischen uns.
Natürlich ist auch an deinem Gesicht der Albtraum abzulesen, aber man hat auch immer das Gefühl, man könnte jemanden aus ihm wachküssen.
Und nur davon will ich mich ernähren, dass du so unverschämt bist, dass man es nicht fassen kann.

F: Ich sage, wie schön du bist, und habe genau dein Bild vor Augen von vor acht Jahren, wie du so schön warst da vor mir immer. Du warst so schön immer. Ich kann es nicht anders sagen, und jetzt, in meinem Kopf, bist du immer noch so schön wie damals, obwohl du natürlich immer noch herumläufst und älter wirst und eigentlich nicht tot bist, aber ich eher mit dir sterbe als mit dir lebe. Und dann müsste ich doch dafür auch einen Ort haben. Du bist ja nicht auf dem Friedhof, dieser Heterotopie. Ich brauche einen Ort hier, an dem diese Begegnungen möglich sind, an denen ich mit dir eher sterbe und dein Bild von dir sich nicht verändert, du aber herumläufst und älter wirst und auch nicht mehr so schön, weißt du?

L: Wir konnten uns gerade so, und wir wissen nicht, wer uns dabei geholfen hat, einen Ort, eine kurze Zeit aus dem herausschneiden, was man so lebt und wie man so arbeitet und wie man sich so begegnet. Es hätte auch anders kommen können. Es hätte die Dunkelheit blei-
 ben können, die das alles ist. Die Räume, in die das menschliche Leben gesperrt ist. Aus Zufall oder irgendeinem anderen Grund haben wir es geschafft, einen Ort herauszuschneiden, an den wir jetzt nicht mehr kommen, und eine Zeit, mit einer Sekunde, von der wir nicht mehr wissen, wohin damit.

M: Die Liebe ist eine Begegnung, auf die man sich nicht vorbereiten kann. Und deshalb kann sie auch nicht an den Orten unserer normalen Begegnungen stattfinden. Ja gut, als Utopie kann sie irgendwo im Nirwana bleiben. Aber wenn du und ich einen Ort auf dieser Welt brauchen für unsere Liebe, dann gilt das nur für utopische Orte, die wir auch wirklich vorfinden. Das kann natürlich auch deine Wohnung sein, aber nicht meine. Deine Wohnung, die war ja auch anders. Ich kenne ja dich und deinen Ort. Und das ist erst mal einer am Rand, in dem Ingrid und die andern wohnen. Du kommst ja woanders her, aus einem anderen Sprechzimmer, aus einer anderen Vertrautheit mit Ärzten, und wenn du sagst, was deine biologische Krisensituation ist, wirst du in der Charité zuerst drangenommen. Und du hast ja einen Ort, genau damit vielleicht.

F: Es gibt eine Utopie von Liebe, die aber die Körper versteckt. Aber wie könnte sie hier stattfinden? Ich hab nämlich gerade gedacht, dass sich mein Leben nicht geändert hat. Es hätte es nur und es hat es nur mit dir. Wie kommt das? Und wenn ich das Ganze denke ohne die Psychotherapie um mich herum, dann kann das nur heißen: dass jeder Ort ein Gefängnis ist ohne dich. Dass die Liebe doch dieses Loch schlägt in die Welt. Ich will nicht, dass das irgendein therapeutischer Begriff von Liebe macht. Oder dieser Streit, den ich mit Anja hatte, die ich gar nicht kenne, auf Facebook. Anja hat 'nen Film gesehn, in dem eine Frau trotz Autismus es zu etwas bringt, indem sie Vorschläge macht, wie Tiere stressfrei geschlachtet werden können, also eine große Erfolgsgeschichte der Liebe. Und ich hab 'nen Film gesehen, in dem eine Autistin die Pubertät als Schlachthof markiert, wenn zwei oder drei zusammen stehen, als Schlachthof markiert, eine Party, einen Supermarkt etc., und in diesem Schlachthof – zum Beispiel ihr Wohnzimmer – eine Maschine stehen hat, die sie selbst gebaut hat und die Druck ausübt und sie mit ihr dieses pubertierende Wohnzimmer überhaupt erst aushält. Wo Druck ist, ist es warm.

Und diese Maschine zeigt doch ganz deutlich, dass wir verloren sind ohne die Häuser für pubertierende Jugendliche. Was da alles herumsteht in so einem Wohnzimmer, wenn man das zu Hause machen muss. Diese riesige Maschine, die Druck ausübt.

Alle fallen über F her.

F: Nein! Maxine! Geh von mir runter. Und du, Don Juan, ich liebe dich nicht.

J: Es scheint mir, dass über alles andere mehr zu erfahren ist als über die Liebe.

M: Lily Garland, ich liebe dich nicht!

J: Du berufst dich auf die Liebe, um mich loszuwerden. Und das ist nun mal ganz bestimmt nicht das, was man mit der Liebe machen sollte.

F: Könntest du bitte mit dem Rauchen aufhören, ich vertrag das nicht.

M: Apropos Vertrag, du willst doch bestimmt auch 'ne Verlängerung.

Max: Die Liebe muss einfach ganz etwas anderes sein als das, worauf man sich berufen sollte, um andere Menschen loszuwerden.

M: Sie hat recht. Aber ich muss sie aus Liebe verlassen. Aus Liebe zu einer anderen.

F: Ich hatte mich schon gewundert, dass ich hier aus Gründen der Liebe entlassen werden soll. Ich sage zu mir immer: Liebe, das ist doch die Sache, die mich so stark beschäftigt. Und da vor mir steht jetzt jemand und benutzt sie als Instrument, um mich loszuwerden.

B: Das größte Unglück ist, wenn sie uns verlassen haben. Das Leben danach, wenn wir nicht geblieben sind oder wenn wir sie nicht zurückgenommen haben.

J: Ich weiß, ich muss die Qual hier mit dir über die Jahre voller Dunkelheit stellen, die danach kommen werden. Aber was bedeutet das? Ist das sozialer Fortschritt?

B: Es gibt logische Aussagen, die weder wahr noch falsch sind. Jean-Baptiste!

J: Kurt Gödel meinte, es gibt wahre Aussagen, die nicht belegbar sind.

L: Ich liebe dich.

M: Moment mal, ich habe jetzt irgendwie den Faden verloren. Wir müssen uns konzentrieren.

Max: Das ist Donj… Dunju… Dujoh… Djuo-jun-do… Dojuhun… Doh… der Kerl eben. Der größte Liebhaber aller Zeiten.

F: Ah ja?

Max: Und dieser junge Mann heißt Baptiste De… Deb… Debeurs… örski… Debauwski… Demörski…

F: Da muss ein Irrtum vorliegen. Darf ich mich vorstellen? Baptiste Gi… Giab… Gibci… Girabic…

M: Das hier ist meine rechte Hand. Miss Plo… Pol… Polk… Plotokol… Plokolo…

Max: Ah ja.

L: Sie können hier nicht bleiben. Giovanni Battisi… Battiti… Giova…jivijo Battisi… Giovatti Battini…

M: Und hier haben wir Madame Samo… Semau… Somo… Sakau… Chan-Cho… Cho-Chi… Sie da.

B: Das kann lange dauern. Also ihr beiden werdet zusammen an dem Fall arbeiten. Joe. Ich will Sie Sergeant Börsen… Breursen… Bösen… Bursen… Brörösren… diesem jungen Mann hier vorstellen.

L: Halten Sie das mal! Tony. Ich will, dass Sie meine rechte Hand kennenlernen. Das hier ist Johnny Walskyow… Worski… Morski… Warlowowski… Johnny Walksi.

M: Es heißt Wurlski… Worski… Wlosnikikolo kolodzeisko… kolizeisku…koloweiski…

B: Warten Sie … Johnny Warski… Werskilo… der Blonde.

Max: Ich hab eine Idee … ich frag meine Sekretärin. Misses Chen-Chou… Miss Chen-Schu… Chan-Chou… Chou-Chew…

L: Was gibt's denn, Leutnant Mac… Mac… Mac… MacCowny… MacHorny…

M: Ah, vergessen Sie's.

F: Jedenfalls ist es mir ein großes Vergnügen, mit Ihnen zu arbeiten und natürlich mit dem Fbi, Fbi.

M: Was?

L: Fbi

Max: Fbi?

M: Fibi.

F: Fibi?

Max: Das hier ist übrigens Miss Lilly Garlu… Garli… Garlandili… Liligarlilli…illig…gilli… Garlilli…

M: Angenehm. Ich bin Pla… I… wasweißdiewassow …

Max: Sagen Sie noch mal!

L: Fbi.

M: Fibi?

F: Fbi.

L: Wie buchstabieren Sie das?

F: Fibi.

Max: F.B.I.

M: Hört sich ungewöhnlich an.

L: Buchstabieren Sie es einfach!

Max: Dee. O. Enn. Jo… Ji… Ju… An… Ai… ani… Aiduju…

J: Kommst du endlich, Liebling? Wir grillen hier draußen. Willst du Hamburger?

M: Hamburger! Es heißt Hamburger.

J: Hamburger.

M: Nein, Hamburger.

J: Hamburger.

M: Hambur-

J: Hambur-

M: -ger.

J: -ger.

M: Hamburger. Und Sie? Wer sind Sie?

B: Das ist nicht wichtig. Aber ich möchte, dass Sie ihn kennenlernen. Monsieur Öll… Äll… Allö… Wu… Wuda… Wudde… Den Kerl hier neben Ihnen.

F: Sehr erfreut. Wer grillt denn da draußen?

Max: Das ist Jee… Jo… Che-Chou… Jean-Bappa… Beppä… Bapptiti… Che-Chou Bapptiti… Es ist ihr Mann.

B: Ihr Ma…? Mö… Mee…

M: Buchstabieren Sie's!

L: Jbp… Jöpp…

F: Nein, ich wollte wissen, wer da draußen grillt.

Max: Und wer sind Sie, junger Mann?

M: Ach, sieh mal an! Wenn das nicht Enrico Faz… Fazdem… Fazdetti… Demetetti… Enrico Fazdemelli… delleli… detti… Enrilellilo… der Mann mit dem Do… Doju… Duju… dem Di… Didi… ings… dem Komplex ist.

L: Zu wem wollten Sie denn?

F: Sie können nicht mich dafür verantwortlich machen, Inspektor Mollo…

M: Halt's Maul!

L: Sie dürfen es Ju… Joju… ann… Kulo… Koludett… Kulenti… *ihm* nicht übel nehmen. Er hat nichts getan.

B: Ach, ist das so, Miss Samo…Selow…Samalelo… Semett… Semettow… Sie da?

M: Ja, Monsieur Vendet… Vidett… dettiwenn… Mü… Müsi… ör… Vendell… Sie da. Wir wurden nur gefragt, ob wir Hamburger mögen, und man wollte mich Joe Villi… Lilliv… Villi… Joe Villi… li…lijoe, ihm hier vorstellen.

Max: Aber das bin doch ich.

F: Wer?

Max: Joe Villi… Vi… li… livi… vili…lilli-vili.

L: Was gab's denn zu essen, Mister Fazde… zedell… Fezdell… Dazfell… Dilidell… lifaz… Sie da?

F: Wir hatten Linguini und Fetti… Fettijel-li… jelili… lilifettili… lingi… lingu… ini… und fff… felll… fetutell… tschelli… felli… wir hatten Fisch.

Max: Sehen Sie, was ich hier habe?

F: Nein.

L: Ich hab eine Wu… miwu… das hier.

M: Ich kann hier leider nichts sehn, Lilli… Grillili… Garliilygarla… Garlandili… Sie! Die Frau da.

F: Sie hatten was mit ihr, Sie Bas… Bestar… biestibar… rastatt… Sie Kerl, Sie!

Max: Hatten Sie nichts auf dem Grill, Lilly?

M: Wen meinen Sie?

Max: Na, Miss Garla… endili… Miss Gari… Garilari… Digell… Miss Lilly… Garlia… na die Sie eben nannten!

L: In Ordnung, Mister Deschmi… schemidi… Mister … Sie mit dem Dings da … Dangs di …

J: Liebling, die Hamburger sind fertig.

M: -ger.

J: -gör.

M: -ger.

J: -gör.

M: I would …

J: Ei wüüd …

M: I would …

B: Ei wuad …

M: … like

B: Lö … lö … ki … li … ei wüüd lök.

M: I would like to have a …

J: Ö.

M: A.

J: Ö.

M: A.

J: Ö.

M: Ham…

J: Emm…

M: -bur…

J: -ü… -bü… -bö…

M: -er.

J: -gö… -gö… -er.

M: I would like to have a hamburger.

B: E wü de lök tu äf ö …

J: Hamburger.

Max: Jetzt hörn Sie schon auf, Madame Garli… la… li… gar… Miss Lagi… Garli… Ligali… lagilli… Sie da!

F: Legen Sie das hin!

M: Gute Arbeit, Monsieur Batti… bisi… tibili… Battis… tiribili… Giovanni… Bat… Bati… Battist… tisti… annivi… vannibatt… Sie mit dem Fleischklops.

L: Er ist nicht fertig. Er fragte nur.

Max: Sind Sie Fran… anzo… Franzoanzo… Fran… kommen Sie aus Frankreich?

F: Nein.

L: Nein?

M: Sie sehn doch: Nein.

Max: Wieso seh ich: Nein?

L: Sie wollten doch einen Hamburger.

M: Ich bin aber kein Franz… anzofran… zosef… zo es fan… Fran… Ich komm aber nicht aus Frankreich.

Max: Battisti… Jean Batti… isi… Jo… n… Battis… Batti… Fran… Franz Battisti… Jo… vanni… Was wollten Sie da eigentlich sagen?

M: Sprechen Sie mit mir?

L: Mit wem denn sonst. Ich hab Sie sofort erkannt, Do… Ju… Dohujo… Donni… Jua… Do…

Max: Jetzt sagen Sie doch! Batisirisi… Bamiz… wa… ascii… asciibamizwa…

M: Also, ich seh es so, dass, na ja, ich denke, die Welt teilt sich in zwei Lager, in die Orte, die die Grundlage unserer normalen Begegnungen sind, und in Heterotopien. Richtig?

L & Max: Richtig.

M: In die Lager und in die Gegenlager. In Utopien und in verwirklichte Utopien, die unter anderem zeigen können, in welche Räume das menschliche Leben gesperrt ist.

L & Max: Ja.

F: Wo anders gibt es sozialen Fortschritt als in Heterotopien?
Sozialer Fortschritt, darum müsste es hier gehen. Und was hat bitte der größte Liebhaber aller Zeiten damit zu tun?

Max: Vielleicht, weil es über die Liebe nichts zu sagen gibt, als dass sie nicht dazu taugen sollte, andere Menschen loszuwerden. Das könnte uns vielleicht vereinen, dass wir nicht die Liebe ins Feld führen, neu verliebt zu sein, um einen anderen loszuwerden. Es ist nun einmal so, es gibt keine Liebe nach der Liebe, es kann nicht sein, dass die Liebe aufhört. Darüber müssen wir uns

einig sein, Don Juan, die Liebe ist nichts, was aufhört. Sie hört einfach nicht auf und kennt nichts Neues, um Menschen loszuwerden. Alles Neue kann von mir aus Menschen loswerden, aber es darf nicht die Liebe sein.
Dieses Haus für pubertierende Jugendliche ist die einzige Utopie, der einzige Ort, der den Körper nicht versteckt. Oder er versteckt ihn und gleichzeitig nicht. Deshalb bin ich auch und eben auch nicht auf einem Friedhof.
Du hattest immer Zugang zu allem. Jedenfalls kam es mir so vor. Dein Körper kam immer überall hin, vielleicht geht es um die Zugänge … aber zu was? Dem Leben? Sicherlich nicht … wo ist denn bei dir Leben? Zu den Gebäuden? Was ist das? Was ist mein Neid auf die Geschichten, die immer von deinem Zugang zu allem Möglichen, nein, nicht der Welt, aber zu sonst allem erzählen? Und ich

dann bloß ziellos herumgeirrt bin, alleine, ohne dich, die eine Woche, und du sofort die Schlüssel hattest zum Opernhaus in Sydney? Weißt du, Don Juan, ich bin mit dir damals dorthin gefahren, um dir stolz das Opernhaus zu zeigen. Und dann fuhrst du auf eine Dirigentin ab, und die hat es dir dann eine Woche von innen gezeigt.
Weißt du, und der Ort, an dem ich gleichzeitig bin und nicht bin, das bist auch *du*. Oder da neben dir, das ist es. Diese Heterotopie ist doch auch nicht zu verachten. Oder Heterosexualität, was auch immer das da war zwischen uns.

F: Und ist es umso verwunderlicher, dass die Gesellschaften einmal Orte ausgeschnitten haben aus dem, was sie sonst so besetzen,
zum Beispiel ein Haus für Jugendliche in der Pubertät. Und die sind nicht das Zuhause, die sind nicht die Familie. Die Familien wollen mit der Pubertät eigentlich nichts zu tun haben.
Die ersten Äußerungen männlicher Sexualität sollten nicht in der Familie, sondern anderswo erfolgen. Ach, wie schön wäre das gewesen, aber so musste ich zu Hause da durch.

Max: Und das muss es doch auch irgendwie als Ort geben, dass das mit uns beiden nicht funktioniert. Warum kann ich nirgendwo hingehen, wenn das mit uns beiden nicht funktioniert. Das kann nicht zwischen den normalen Begegnungen der Menschen stattfinden. Sonst wüsste ich ja, ich müsste nur in die Kneipe um die Ecke gehen, zu den Tragikern. Aber ich hab noch keine Schwelle gefunden, die mir etwas darüber sagt, warum das, was ich möchte mit dir, nicht funktioniert. Das liegt an dem Ort, der für die Liebe fehlt.

F: Ich weiß ja, dass ich diejenigen, die ich geliebt habe, auf ewig geliebt habe. Ich liebe dich, heißt nun mal, ich liebe dich für immer. Nur leider finden wir dafür keinen Ort, der wirklich existiert. Und so werfen wir die ewige Liebe immer aus dem Büro, aus der Firma. Die Erzählungen von Ewigkeit können wir ja nicht einhalten, die zielen immer auf utopische Orte, die gar nicht da sind. Hier müsste es einen geben, hier, wo wir stehen, müsste es einen Ort geben, der für die ewige Liebe gemacht ist.
Warum ausgerechnet Foucault einen Begriff wie Heterotopien erfand. Gibt es zu den Heterotopien, den Gegenräumen nicht auch eine Gegenliebe? Also Hetero… ich weiß nicht … Heterosexualität? Die eben nicht das ist, was wir uns erzählen, als Orte. Eine Liebe, die eine ganz andere Realität hat. Vor allem, dass sie einfach nicht aufhört. Heterotopien und Heterosexualität, das sind die Themen, da müsste sich eine Wissenschaft drum kümmern.

M: Mir ist schlecht. Ich hab zu viel von dem Zeitreisezeug geschluckt.

CLIP

M: Ihr müsst mich jetzt unbedingt in ein Haus bringen für Menschen in biologischen Krisensituationen.

Nein, was macht ihr denn? Da ist zu wenig Leben! Sucht mal alle nach der goldenen Uhr. Nein! Nein! Da ist zu wenig Leben! Sucht mal alle nach der goldenen Uhr. Nein!

CLIP ENDE

M: Das Schädliche hatte doch mal Glamour. Seit wann können wir denn nichts Erhabenes mehr sehen in dem, was uns umbringt? Hier, an diesem Ort, gibt es eine ganz einfache Erklärung dafür. Das Licht hat gewechselt.

B: Diesen Beleuchtungswechsel kennen wir ja auch von der Liebe, ein und dasselbe können wir den einen Tag lieben und den anderen Tag hassen, ohne dass das Objekt unseres Begehrens sich geändert hätte. Geändert hat sich nur die Beleuchtung.

L: Don Juan!
Ach, da bist du!
Don Juan, wo bist du?

M: Na hier.

L: Wo? Ich seh dich nicht.

M: Jemand hat das Licht ausgeknipst.

L: Ich wollte dir sagen … ich finde dich nicht mehr attraktiv.

M: Das Licht ist ja auch aus.

L: Nein, ich meine nicht, dass ich dich nicht finde. Ich meine, du bist nicht mehr attraktiv für mich.

M: Ich bin doch derselbe wie gestern, und gestern fandst du mich noch attraktiv.

L: Ja. Was hieße das, zu wissen, dass es nie mehr so wird, wie es war, und sich trotzdem in jeder Sekunde an die Zeiten erinnern, in denen du noch jung und bei mir warst? Was hieße das? Sich seines Unglücks bewusst werden? Etwas muss sich doch ändern in dem dauernden Versuch durchzuhalten.
Warum bin ich nur so unfähig, an mir selbst und nicht nur an den andern das trostlose Schicksal einer gescheiterten Existenz zu erkennen? Deine gescheiterte Existenz erkenn ich ja auch.

B: Man denkt immer, die, die leiden, die könnten leichter sterben. Aber ich sage dir, die, die leiden, die können schon gar nicht sterben. Sterben können die, die sterben können. Die nicht ein so überzogenes Selbstbild haben, das aus der dauernden Beschäftigung mit sich selbst und dem, was ihnen nicht gelingt in der Welt, auf eine Bühne wechseln, auf der sie sich einen Charakter zusammenschmieden.
Ich will mir aus dem Unglück keinen Charakter zusammenbauen. Ich will mich aber trotzdem mit meinem Unglück beschäftigen. Weißt du, ich bin so unglücklich. Aber Schluss mit der Tragödie!

J: Ich bin anscheinend nicht depressiv. Ich dachte, ich wäre es, aber dann gabst du mir dieses Zeug, und du wolltest, dass ich es schlucke, aber ich hab's nicht getan … nur einmal, einmal, und es war schrecklich, also kann man sagen, dass alles, was mir die Depression nehmen will und mir nicht gut tut, ein Hinweis dafür ist, dass ich nicht depressiv bin.

L: Zwei sind mit Handschellen aneinander gefesselt, und sie hassen sich, und für die Umstehenden sieht es so aus wie eine Liebesgeschichte. Und darum geht's. Nicht um das, was in uns vorgeht.

Max: Man kommt nicht, ohne sie zu spielen, an die Liebe heran. Du musst schon irgendetwas machen, das wie Liebe aussieht, und dann liebst du auch. Das kommt nicht tief aus dir drinnen. Wenn man aufhört, die Liebe zu spielen, ist sie weg. Wenn man aufhört zu spielen, ist alles weg. Angesehen werden wir nur von denen, die uns verachten. Die, die uns lieben wollen ohne die Verachtung, die sehen uns gar nicht.

M: Es ist ja nicht der Genuss, der uns verbindet, sondern Handschellen. Weißt du, und wenn du Körper zusammenbringst und erst mal ignorierst, dass sie nichts miteinander zu tun haben und sie auch überhaupt nichts voneinander wissen wollen, aber es für die Umstehenden immer so aussieht, als wäre es Liebe. Dann ist es das wohl auch. Dann muss keiner zu sich nach innen fliehen oder in eine Utopie von Liebe, nein, das hier ist

die beste aller Welten. Und zwei, die sich hassen, können für alle Außenstehenden für ein Liebespaar gehalten werden.
Kannst du dich noch erinnern, als wir uns wie Könige fühlten? Das waren nicht die Hoch-Zeiten. Das waren nicht die Zeiten, über die wir heute noch reden und sagen: Ja, damals, das war groß. Nein, erinnere dich! Die Male, wo wir uns wie die Könige fühlten, das waren die von uns heute verachteten Zeiten. Die, die niemand mitgeschrieben hat. Auch meine Kalender sind leer, die Seiten sind leider leer, mit denen ich dir jetzt in Erinnerung rufen könnte, dass wir uns damals wie die Könige fühlten. Die Verachtung klebt an dem, woran wir uns kaum noch erinnern können. Und wir denken, wir müssten uns an die Zeit erinnern, wo die Verachtung füreinander oder für das, was wir da aufführten, kurz weg war. Weil im Nachhinein jede Rede über Verachtung alles trüben würde. Nein, nein, nein. Sie war es. Sie war die Zeit der Könige.

F: Die Frage ist doch, was hat Macht über uns, was hat eine Wirkung. Eben nicht das, von dem wir glauben, dass es mit uns zu tun hat und mit unserem Glauben an uns selbst, nein, das, worauf wir keine Besitzansprüche anmelden würden, das, was wir weit von uns weisen würden, da sind wir, das ist das, was wirklich Macht über unsere Handlungen hat.

M: Ich bereitete dir Vergnügen, weil du mich verachtet hast. Und meine ganze Arbeit bestand darin, dich zu etwas anderem zu bewegen. Und das heißt, dass ich unentwegt dein

Vergnügen abschaffen wollte. Und deshalb bist du auch gegangen. Und stell dir mal jemand vor, der dich dauernd zu einem Ernst bewegen will. Die Leute kennt man doch. Der Ernst, das war doch gerade dein Vergnügen. Das war der Ernst.

Max: Warum wollen die alle immer genießen trotz der Verachtung. Warum können sie nicht sehen, dass der Genuss genau in der Verachtung besteht. Als ich einmal genoss und die Verachtung spürte, wollte ich sie loswerden, wollte ich etwas aufwerten, weil ich dachte, diese Verachtung trübt doch den Genuss. Ich war mir über den Zusammenhang nicht klar. Oder ich konnte die Zeit mit dir genießen, trotz deiner Verachtung. Ja, und auch meiner, weil das alles so durchschaubar war. Das dachte ich immer, während ich genoss. «Das ist doch so durchschaubar.» Und auch für die Umstehenden war es das, auf eine ganze andere Weise. Durchschaubar. Zu transparent, um einen gehobenen Genuss darzustellen. Aber genau darin bestand das Glück. Der Genuss beruhte ganz und gar auf der Verachtung.

J: Warum verkennst du denn immer, dass aus Spaß Ernst wird? Warum siehst du denn nicht, dass es gerade darum geht? So wie die ganz und gar Naiven oder die ganz Reflektierten, die sehen doch, dass hier aus Spaß Ernst wird. Nur dein Mittelfeld hat keine Ahnung, und es entgeht ihm dauernd. Worauf der Ernst hier beruhen könnte. Den ganzen Therapeuten und Kleinkarierten.

M: Weißt du, natürlich liebe ich dich nicht, und ich möchte auch nicht, dass du denkst, ich tu es. Ich will gar keine Besitzansprüche anmelden auf so was Albernes, wie dich zu lieben. Und ich hab dir ja auch gesagt, es bedeutet nichts, wenn ich es sage. Es verschafft mir ganz einfach nur Genuss. Und dann machen wir was, und ich sage dauernd: Ich liebe dich. Und du wirst doch jetzt nicht leugnen, dass der Satz «Ich liebe dich» jemals eine größere Wirkung hatte als eben gerade. Schluss endlich damit, dass man alles meinen muss, was man sagt. Dadurch kommt man zu gar nichts außer einem noch aufgeblaseneren Selbst. Nein! Ich lass mir das nicht dadurch madig machen, dass ich jetzt auch noch mei-

nen soll, was ich sage. Wir können uns jetzt nicht zurücklehnen und darüber nachdenken, ob nicht vielleicht doch was dran ist. Nein, ich hab nicht die geringste Lust dazu. Es ist höchstens so, dass aus dem Spaß vielleicht einmal Ernst werden könnte. Also dass man sich nicht liebt, aber dauernd sagt «Ich liebe dich», bis man es irgendwann mal tut. Aber bis dahin möchte ich bitte noch die Gelegenheit nutzen, den Satz «Ich liebe dich» so zu gebrauchen, dass er eine Wirkung hat. Die Liebe ist ein albernes, wirkungsloses Zeug, und der einzige Ort, an dem sie uns noch etwas sagt, ist die Verachtung.

L: Warum sprichst du denn immer von Verachtung? Was ist denn das? Wo doch von Liebe gesprochen werden sollte, also hier, zwischen uns.

M: Ich weiß, dass ich dich mehr geliebt habe als er, obwohl er sein Leben für dich geben wollte. Und mein Beweis ist nicht, dass er es dann doch nicht machte und ich ihn der Angeberei entlarven könnte. Der Beweis ist: Ich hab kein Drama gespielt, sondern eine Komödie. Ich lag nicht vor dir und hab mit meinem Tod gedroht. Sondern ich hab all das gemacht, was erst ein Ausruf wie «Schluss mit der Komödie!» beenden konnte. Ich hab groß davon gedacht, dass man das Glück spielen kann. Dass man um das Glück spielen kann und gewisse Tricks braucht. Weißt du, ich war der, der niederkniete wie zum Gebet und der dadurch glaubte. Egal, was in mir vorging, ob ich da Erbsen zählte oder so was. Mein Körper war ja bei der Sache, und das wird verkannt, wenn wir nach dem Echten fragen. Und der in der Tragödie, der kniet vor Turnschuhen nieder, mit seinem großen Gefühl für dich, und das macht ihn zu einem Schuhverkäufer. Kein Liebender. Die große Geschichte darf ruhig hohl bleiben. Wichtig ist, zu wissen, dass eine spezielle Liebe wie deine und seine, so einzigartig sie auch ist, für die Umstehenden aussieht wie die kleine Geschichte eines Schuhgeschäfts und den Menschen darin. Wir müssen auf die Gesten vertrauen. Dass du immer nach dem Innersten fragst, egal, wie erbärmlich das von außen aussieht, das ist lächerlich. Es wird nichts dadurch besser, dass wir es auch wirklich meinen. Ein hässlicher Stuhl auf einer Bühne wird nicht dadurch besser, dass er auf eine andere Welt verweist. Das Material, die Geste, das Niederknien. All das, was als hohle Form verkannt wird, wie der Körper die hohle

Form der Seele sein soll. Ich kann nur «Ich liebe dich» sagen, kurz bevor jemand ruft: «Schluss mit der Komödie!», und garantiert nicht, bevor ich mich umbringe. Es muss nicht mit Wahrheit belegt werden, um wahr zu sein. Oder um es genießen zu können, und zwar wir beide. Sich umzubringen aus Liebe ist völlig unbrauchbar. Das zielt nur auf eine bessere Welt, die diese hier nicht ist und irgendwo anders sein muss.
Und wer interessiert sich schon für diese Langweiler?

Alle fallen über ihn her.